国家社会科学基金项目“影响因子缺陷的多维度矫正与学术期刊的跨学科评价研究”（编号：15BTQ061）

河南省重点研发与推广专项（软科学）“不同学科引证指标基准线的建立及其在学术人才跨学科评价中的应用”（编号：192400410053）

期刊影响因子及其缺陷的矫正

刘雪立　著

Qikan
Yingxiang Yinzi
Jiqi Quexian De
Jiaozheng

中国社会科学出版社

图书在版编目（CIP）数据

期刊影响因子及其缺陷的矫正／刘雪立著．—北京：中国社会科学出版社，2019.12

ISBN 978－7－5203－5236－9

Ⅰ.①期…　Ⅱ.①刘…　Ⅲ.①期刊研究　Ⅳ.①G255.2

中国版本图书馆 CIP 数据核字(2019)第 216456 号

出 版 人　赵剑英
责任编辑　田　文
责任校对　张爱华
责任印制　王　超

出　　版　中国社会科学出版社
社　　址　北京鼓楼西大街甲 158 号
邮　　编　100720
网　　址　http://www.csspw.cn
发 行 部　010－84083685
门 市 部　010－84029450
经　　销　新华书店及其他书店

印　　刷　北京君升印刷有限公司
装　　订　廊坊市广阳区广增装订厂
版　　次　2019 年 12 月第 1 版
印　　次　2019 年 12 月第 1 次印刷

开　　本　710×1000　1/16
印　　张　16.75
字　　数　290 千字
定　　价　79.00 元

序

我与雪立相识缘自共同的职业（期刊编辑出版）和共同的兴趣（学术期刊研究）。雪立经常参加科技期刊领域的学术会议或研讨会，并担任中国科学技术期刊编辑学会学术工作委员会副主任，承担了学会很多有关期刊研究与评价的工作，成效卓著，贡献突出。近日得知他的《期刊影响因子及其缺陷的矫正》一书即将出版，我十分高兴。作为该著作的首批读者，我非常乐于把我了解的关于作者的基本情况和著作的主要内容介绍给广大读者。

雪立同志 1988 年大学毕业后即从事医学期刊的编辑出版工作，迄今已逾 30 个春秋。30 余年来他始终敬业爱岗，敢为人先。1991 年他主持《新乡医学院学报》在全国率先使用结构式摘要，并推广应用于我国医学期刊。更加难能可贵的是，在从事期刊编辑出版工作的同时，他一直坚持着文献计量学与期刊评价研究，提出了很多独到的见解或观点，目前在国内外行业主流期刊发表了 160 余篇研究论文。2015 年他以“影响因子缺陷的多维度矫正与学术期刊的跨学科评价研究”为题，申请并获批了国家社会科学基金项目，这可能是目前唯一专门研究期刊影响因子的国家社会科学基金项目。该项研究取得了大量优秀成果，本书内容主要依托于这一项目的最终研究成果。

对于期刊影响因子，目前学术界存在着截然对立的态度：崇拜迷恋者有之，诅咒谩骂者有之；有人把它奉为天使，有人把它比作魔鬼。究其原因，可能是影响因子被广泛地滥用和误用，而滥用和误用的根源在于忽视了影响因子自身存在的缺陷。可以说，影响因子的应用已经十分普遍，在某种程度上已经成为研究评价中的一个重要工具，在新的、更加合理的科研绩效评价方法被建立之前，要阻挡影响因子的应用似乎是不可能的。既然这样，那么我们面临的任务就只能是改造它和完善它！基于这个背景和认识，雪立同志在本书中先是深入浅出地介绍了影响因子的概念和应用情况，继而结合影响因子的计算与结构分析，从引证时间窗口、文献类型、被引频次计数方法、被引频次偏态分布等方面分别论述了影响因子诸多缺陷的矫正，并基于实证研究来探讨矫正后的影响因子应用于学术期刊评价的效果。

值得指出的是，本书作者建立的期刊 PR8 指数（第八章和第九章）较好地解决了学术期刊的跨学科评价问题，这是本书的一大亮点。另外，本书还介绍或摘编了国外学者有关期刊影响因子的代表性研究或影响因子应用的主要评论，对读者全面、客观地认识影响因子的优势和局限性有一定指导价值。

我相信，《期刊影响因子及其缺陷的矫正》的出版，能够使国内期刊出版、图书情报、科研管理等领域的学者和管理工作者对期刊影响因子的认识更加客观、全面，对影响因子的应用更加科学、合理。

任胜利

中国科学技术期刊编辑学会副理事长兼秘书长

2019 年 5 月 21 日于北京

前　言

期刊影响因子由 Garfield 博士于 1955 年首次提出，经过 60 余年的不断发展，已经成为期刊评价最重要的文献计量学指标，在学术期刊评价方面发挥了积极和重要的作用。随着科学技术的飞速发展，科学合理的学术评价显得越来越重要，国内外不约而同地把目光聚焦于影响因子。

随着影响因子在期刊评价中应用的不断深入和普及，不可避免地出现了影响因子的滥用和误用，如应用期刊影响因子评价该期刊发表的单篇论文，将影响因子不加区分地应用于不同学科的所有期刊评价，根据发表论文所在期刊的影响因子发放科研酬金，甚至将影响因子应用于科学家个人评价，科学项目审批，大学、科研机构和国家排名，科学奖项评审，学会会员准入标准以及教师职称晋升等，而且愈演愈烈。因此，影响因子遭到众多学者的围攻、谩骂甚至诅咒，恨不得尽快将影响因子推向断头台。法国学者 Moustafa 认为，影响因子给学科评价带来了灾难。2014 年 1 月，*Nature Cell Biology* 发表述评文章，强烈呼吁要结束影响因子暴政。当然，也有众多学者赞赏有加，十分钟情于影响因子。比如，英国西苏格兰大学社会科学学院的 Brody 认为，影响因子并不完美，但依然无法替代。澳大利亚阿德莱德大学的 Bradshaw 指出：无论你喜欢还是厌恶，用文献计量学指标评价学术期刊及相关研究绩效它就在那里；无论正确与否，学术组织评价申请人业绩、学者选择期刊投稿、学术期刊选择出版公司合作它都无所不在。英国帝国理工学院生命科学与医学院的 Tregoning 于 2018 年 6 月在 *Nature* 杂志撰文提出，如果不用影响因子，你将如何评价我？

我作为一名医学期刊的编辑，自从《中国科技期刊引证报告》发布期刊影响因子以来，就已开始关注期刊影响因子。早期对影响因子的关注是带有功利性的，那就是为了提高自身期刊的影响因子。2003 年我真正开始从事影响因子的研究，发表的第一篇影响因子研究论文的题目是：《参考文献的继承性引用、指示性引用和批判性引用与影响因子的标准化》（《中国科技期刊研究》2004 年第 15 期）。这篇文章的发表对我是个极大的鼓舞，也是从那时开始对文献计量学产生了浓厚的兴趣，并逐步迷恋上了影响因子研究。2007 年新乡医学院顺利获批情报学硕士点，2015 年获批国家社会科学基金项目（影响因子缺陷的多维度矫正与学术期刊的跨学科评价研究），使我对影响因子的研究产生了两次质的飞跃。截至目前，以第一和通信作者发表影响因子研究论文 50 篇，其中 11 篇被 SSCI 收录，39 篇被 CSSCI 数据库收录。

基于以上研究，我个人认为，盲目崇拜影响因子是错误的，但在更加科学的评价方法尚未建立之前就抛弃影响因子也是不可取的。正确的做法是尽可能全面矫正影响因子的缺陷，建立相对更加科学的学术期刊评价指标，谨防期刊评价指标应用的扩大化。这就是我们研究的初衷，也是撰写该书的前提和基础。

感谢我研究团队的成员和新乡医学院河南省科技期刊研究中心各位同仁的鼎力协助！盛丽娜协助整理了第二章内容；盖双双（2013 级研究生，现在中国人民大学攻读博士学位）协助进行数据获取、整理和分析；魏雅慧（现在武汉大学攻读博士学位）、孟君、申蓝等在读研究生协助翻译了部分国外学者述评；方红玲、王燕、郑成铭、付中静、董建军等同志在国家社会科学基金项目研究中也做了大量工作。

特别感谢中国社会科学出版社及田文编辑对该著作出版提出的合理化建议和付出的辛勤劳动。

借此机会，也要特别感谢我的夫人丁君！她几乎放弃了自己的事业和追求，工作之余承担了一切家务，殷殷地鼓励我，坚定地支持我，全然地信任我，默默地忍受我 30 年的早出晚归！如果说我的事业是成功的，那么这成功的果实里凝结了她太多的心血和汗水，甚至还有 1% 的泪水。

由于作者水平和知识结构所限，疏漏和错误之处在所难免，衷心希望、诚恳期待各位专家学者批评指正。

刘雪立

2019 年 5 月 15 日于新乡医学院

目　　录

第一章　影响因子的概念及演进

最早的引文索引 *Mafteah ha-Derashot* 可以追溯到公元12世纪，是在希伯来宗教文献里发现的一种犹太法学博士文献使用的按照字母顺序排列的、圣经引用的索引。这些引文索引既应用于学术研究，也应用于法律实践，而真正意义上的现代引文索引要追溯到发行于1860年的 *Labatt's Table of Cases*，以及紧随其后发行于1872年的 *Wait's Table of Cases*。但最重要并广为人知的则要数始于1873年的 *Shepard's Citations*[①]。该书由法律出版商（Frank Shepard）编印，在判例和援引案例之间建立索引，统一进行编列，并标记判例是否已被推翻、撤销、修改或加入限制条件。这种工具书能帮助律师快速了解一个判例是否仍然适宜援引，出版后大受欢迎，法律界人士几乎人手一册。Shepard 的名字甚至衍化成了一个法律术语"Shepardize"，意为查阅《谢帕德引证法》。

最早的科技期刊是伦敦皇家学会的 *The Philosophical Transactions*，创刊于1665年。但科技期刊数量显著增长，并因此带来的信息爆炸问题则是进入到20世纪以后的事情[②]。信息爆炸带来了很多问题，信息科学家们也在努力去研究相应的对策，但大都是针对单个学科的，比如1927年 Gross & Gross[③] 夫妇为解决学校、科研机构及图书馆有限的精力、经费与快速增长的科技期刊数量之间的突出矛盾，在化学领域提出了解决方案，即通过引文数量对科技期刊进行排名，进而为选择订阅和保存期刊提供参考信

① Shapiro F R, "Origins of Bibliometrics, Citation Indexing, and Citation Analysis: The Neglected Legal Literature", *Journal of the American Society for Information Science*, Vol. 43, No. 5, 1992.

② Grzybowski A, "Impact Factor-Benefits and Limitations", *Acta Ophthalmologica*, Vol. 93, No. 3, 2015.

③ Gross P, Gross E M, "College Libraries And Chemical Education", *Bulletin of the American Association of University Professors*, Vol. 66, No. 1713, 1927.

息。这也是通过引文数量来进行期刊评价的雏形，为日后影响因子的提出奠定了理论基础。

一 影响因子概念的提出

谈到影响因子，被提及最多的就是 Garfield 博士[①] 1955 年发表在 *Science* 上的一篇论文，题目是：Citation Indexes for Science：A New Dimension in Documentation Through Association of Ideas（科学引文索引：通过思想关联评价文献的一个新维度）。在这篇文章中，Garfield 第一次提出影响因子的概念，而且至少 2 处明确提到"impact factor"，原文如下：

The "Impact factor" is similar to the quantitative measure obtained by Gross in evaluating the relative importance of scientific journals……

（参考译文："影响因子"是一种定量的测度方法，类似于 Gross & Gross 夫妇当年评价科学期刊相对重要性时使用的方法……）

Thus, in the case of a highly significant article, the citation index has a quantitative value, for it may help the historian to measure the influence of the article——that is, its "impact factor".

（参考译文：因此，就非常重要的论文来说，引文索引拥有定量价值，因为它能够帮助历史学家去测度论文的影响力——也就是，其"影响因子"。）

而在此之前，在西方学术界，尤其是法律界，通过参考文献等形式以循证、引证来保持论文（文献）、案例的严谨性早已形成惯例，比如前文提到的 *Shepard's Citations*，也就是谢帕德引证法。

但当时影响因子的提出主要停留在概念层面，其定义和计算方法也还没有明确的规范，甚至也没有明确"impact factor"是用来评价期刊还是评价论文。时至今日，当大部分学者提起影响因子时，仍会提到 Garfield 博士 1955 年发表在 *Science* 上的那篇著名论文，并普遍认为是影响因子的起源。

① Garfield E, "Citation Indexes for Science: A New Dimension in Documentation Through Association of Ideas", *Science*, Vol. 122, No. 3159, 1955.

二 SCI 的创刊及影响因子概念的确立

1955 年后，Garfield 一直致力于推动影响因子的实际应用，于 1956 年推出了第一款信息产品 *Current Contents*，并于 1960 年正式将 Eugene Garfield Institute（尤金·加菲尔德研究所）更名为 Institute for Scientific Information（ISI），也就是我们今天熟知的科学信息研究所。同年 ISI 与美国国家健康研究院和国家科学基金会合作，参与共建遗传学引文索引（*Genetics Citation Index*）项目。次年基于该项目对 613 种期刊的 140 万余条参考文献建立了引文索引，扩充后汇编成了包括遗传学引文索引在内的 5 卷，计量指标采用了 1 年、5 年和 14 年被引频次。直到 1963 年将此成果出版，加入了影响因子作为其指标之一，并命名为《科学引文索引》（*Science Citation Index*，*SCI*）。在这个过程中 Garfield 和 Sher[①] 一起，通过实证研究，进一步明确了影响因子的具体概念。研究中在使用 Gross & Gross 夫妇的方法把绝对引文数量当作科技期刊排名的法则时，*J Am Chem Soc* 排在了第一位，但这样更多的是体现了该期刊发表文章数量大于其他期刊，与使用期刊发文数量去做排名相比没有太大改善。为了更好地体现科技期刊发文的质量而非数量，Garfield 和 Sher 进一步提出了用引文数量除以发文数量，得出引文率，这样去评价期刊更科学。在新方法中，*J Am Chem Soc* 不再排名第一，排名靠前的成了 *Proc Nat Acad Sci USA*，*Nature*，*Science* 以及其他一些期刊。这些排名靠前的期刊里既有那些发文很多的杂志，也有一些发文数量较少的杂志。当然这种方法也不完美，尤其是涉及某些具体学科时。但通过这种方法，即使图书馆员对某一学科没有很深的了解，也能在这些数据的引导下作出相对正确的判断，而影响因子是其中最重要的指标。这也是部分学者[②③④]把 1963 年当作影响因子首次被提出年份的原因。

---

① Garfield E *et al*, "New Factors in the Evaluation of Scientific Literature Through Citation Indexing", *Journal of the Association for Information Science & Technology*, Vol. 14, No. 3, 1963.

② Grzybowski A, "Impact Factor-Benefits and Limitations", *Acta Ophthalmologica*, Vol. 93, No. 3, 2015.

③ Pendlebury D A *et al*, "Comments on a Critique of the Thomson Reuters Journal Impact Factor", *Scientometrics*, Vol. 92, No. 2, 2012.

④ 徐晓泉等：《我国眼科类学术期刊主要计量指标统计与分析》，《中国科技期刊研究》2008 年第 3 期。

值得一提的是，当年 Garfield 和 Sher 就已经提出了影响因子不太适合应用于诸如评选诺贝尔奖之类的个人层面评价。

三 《期刊引证报告》的出版及影响因子计算方法的界定

随着 *SCI* 的发展，其收录期刊从最初的 600 多种不断增加，于 1972 年达到了 2400 多种。后来，随着计算机技术的发展，美国 Thomson Reuters 知识产权与科技事业部* （以下简称汤森路透集团）将 *SCI* 进行了可机读化处理，逐步建成了 SCI 数据库。在此背景下，Garfield 系统提出了影响因子的计算方法和更广泛的应用前景①，比如通过对整个科学和技术文献的系统性引文分析，以评价包括多学科在内的科学文献的学术价值，这样就把 *SCI* 整合成了一个整体，而不是最初的 5 卷。尽管此时文中还在提及为解决图书馆、大学、研究机构以及科学家个人等在选取、订阅和保存期刊时提供一个参考标准，比如列举影响因子对个人选择期刊的作用时，提到之前靠经验和印象来选择期刊的方法可以被影响因子和引用频次所取代，并且 Garfield 称当时正规划中的《社会科学引文索引》（*Social Science Citation Index*，*SSCI*）也是用该方法筛选期刊名单。但众多图表中的排名，无不在引导影响因子在期刊评价体系中的指导作用，并且也是此时正式提出了影响因子计算方法，并正式建议将影响因子用于期刊评价和排名。

他们认为，引文次数可以当作一种衡量期刊重要程度和重要性的可靠指标反映了期刊的价值及其用途。鉴于期刊规模的大小和被引频次的关系，当使用引文数据去评价期刊的重要性时，似乎更倾向于适当牺牲引用次数的影响。因此，我们尝试去计算一种相对影响因子：通过用同一时期内某期刊的引文数除以该期刊发表的文章数实现。这样，期刊影响因子就能反映出篇均引文率。Martyn 和 Gilchrist 在使用 1965 年 *SCI* 数据对英国杂志进行排名时，使用了类似的方法。

---

① Garfield E，"Citation Analysis as a Tool in Journal Evaluation"，*Science*，Vol. 178，No. 4060，1972. * 美国 Thomson Reuters 知识产权与科技事业部于 2016 年 10 月被 Onex 公司（Onex Corporation）与霸菱亚洲投资基金（Baring Private Equity Asia）收购。新独立出来的公司正式被命名为 Clarivate Analytics（科睿唯安）。目前，原汤森路透集团的数据库（SCI、SSCI、A&HCI、InCites、JCR、ESI 等）均隶属科睿唯安。

影响因子的计算方法至此初步形成，也许这就是部分学者①②认为期刊影响因子起源于 1972 年的根源。之后 *SCI* 衍生出了《期刊引证报告》(*Journal Citation Reports*，*JCR*)，从 1975 年开始以 *JCR* 的名称按年度发布，正式作为期刊评价的系统数据进入公众视野，影响因子被确定为衡量期刊影响力的重要指标③。因此，也有个别学者认为期刊影响因子起源于 1975 年④⑤。

四　影响因子引证时间窗口的确定

关于 2 年时间窗口的选择，Garfield 在 1972 年已经解释了原因：这种分布显示，典型的被引用文献主要在其发表后 2 年内被引用（在某一年，21%—25% 的引用文献都是 3 年内发表的）⑥。但仍有不断的批评声质疑 2 年时间窗口在不同学科的适用性。汤森路透集团于 2009 年 1 月发布了 2007 年增强版的 JCR，增加了 5 年影响因子（Five-year Impact Facter，5IF）这一指标。当然，影响因子的地位并未被撼动，5 年影响因子以及特征因子分值(Eigenfactor Score，EFS）等依然处于参考指标地位。

五　可被引文献和非可被引文献的界定

关于文献类型，WoS 数据库中界定的文献类型有很多种，主要包括研究论文（Article）、综述（Review）、述评（Editorial Materials）、信稿（Letter）、简讯（Note）、新闻（News Item）、重印文献（Reprint）、人物传记

① Marks M S *et al*, "Misuse of Journal Impact Factors in Scientific Assessment", *Traffic*, Vol. 14, No. 6, 2013.

② 王春香等：《基于 CSSCI 的〈情报科学〉载文被引情况分析》，《情报科学》2015 年第 7 期。

③ 刘雪立等：《基于被引频次分布特征的影响因子缺陷矫正——位置指标应用于期刊评价的实证研究》，《图书情报工作》2016 年第 9 期。

④ Mcveigh M E *et al*, "The Journal Impact Factor Denominator: Defining Citable (Counted) Items", *JAMA*, Vol. 302, No. 10, 2009.

⑤ Zietman A L, "Too Much Impact? Scientific Journals and the Impact Factor", *International Journal of Radiation Oncology Biology Physics*, Vol. 90, No. 2, 2014.

⑥ Garfield E, "Citation Analysis as a Tool in Journal Evaluation", *Science*, Vol. 178, No. 4060, 1972.

(Biographical Item)、书评（Book Review)、更正（Correction)，等等。为了精准表述数据库中的文献类型，下文在集中或重点表述文献类型时尽可能使用英文名。Garfield 在 1972 年已经提到了可被引文献的问题，但当时并没有明确界定。在实际应用中，早期的文献中把 Article、Review 和 Note 定义为可被引文献，其他文献均为非可被引文献（Non-citable Document)。而近期的文献中仅把 Article 和 Review 定义为可被引文献。事实上，早在 1997 年后，WoS 数据库中已经检索不到 Note 类型的文献。图 1－1—图 1－4 分别展示了 1995—1998 年 WoS 数据库中文献分类及各类型文献的数量。1995 年 WoS 数据库收录文献中 Note 文献共 64277 篇（图 1－1)，1996 年锐减到 305 篇（图 1－2）（估计数据库是想在 1996 年取消 Note 类型文献，这 305 篇 Note 文献可能是情报加工人员既往习惯延续造成的)，1997 年和 1998 年不再有 Note 类型的文献（图 1－3、图 1－4)。事实上，自 1997 年以后，WoS 数据库中再也没有了 Note 类型的文献。因此，目前影响因子计算公式中的

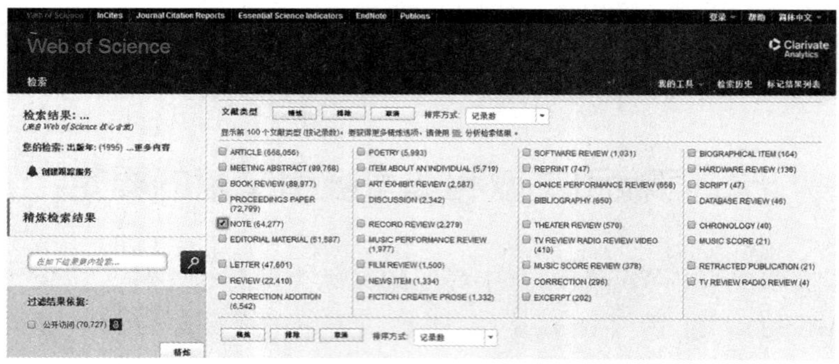

图 1－1　1995 年 WoS 数据库全部文献分类及文献数

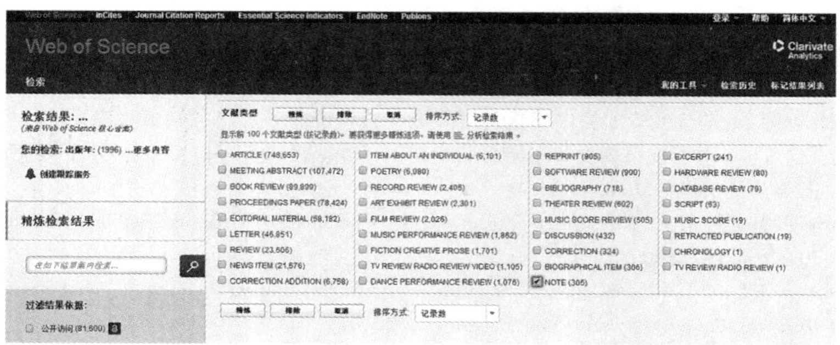

图 1－2　1996 年 WoS 数据库全部文献分类及文献数

图 1－3　1997 年 WoS 数据库全部文献分类及文献数

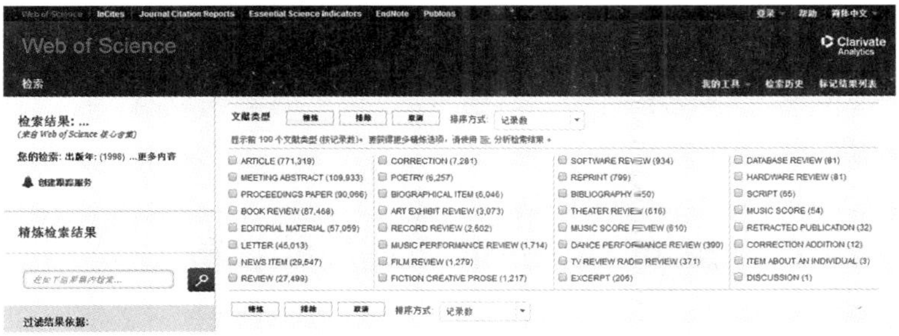

图 1－4　1998 年 WoS 数据库全部文献分类及文献数

分母，即可被引文献仅包含 Article 和 Review 这两类文献的数量。

相应的，非可被引文献包括 Editorial Material、Letter、Reprint、News Item、Book Review、Biographical Item 和 Correction 等①。但非可被引文献，尤其是 Letter 和 Editorial 实际上是可被引用的，而且确实对期刊影响因子作出了一定贡献，个别期刊非可被引文献对影响因子的贡献还比较明显。由于这部分文献量不计入影响因子的分母，而其被引频次被计入分子。因此，这部分被引频次通常被学术界称为“免费的午餐”②。

值得注意的是，有国外学者提出汤森路透集团在界定可被引文献时，并

① 刘雪立等：《“非可被引文献”的引证特征及其对科技期刊影响因子的贡献》，《编辑学报》2015 年第 5 期。

② 刘雪立：《基于文献类型矫正的影响因子及其实证研究》，《中国科技期刊研究》2016 年第 3 期。

没有一个严格统一的标准，甚至说影响因子分母中可被引文献的界定是可以讨价还价的①。汤森路透集团在可被引文献的界定上并没有一个严格统一的标准，这导致了很多相关的讨论。让人吃惊的是，影响因子的分母组成居然是可以讨价还价的。爱思唯尔（Elsevier）的副主管 David Tempest 说过："我会很确信地对出版商说，如果他们有疑问，可以去找汤森路透集团达成一些协议。"

PLoS Medicine 的主编们跟汤森路透集团就影响因子问题进行了商讨后宣称：*PLoS Medicine* 的影响因子由于"可被引文献"界定的不同，上下浮动的幅度可以从不足 3 上浮到 11。编辑们提到"我们意识到汤森路透集团在界定除了 Article 外其他可被引文献时，并没有一个明确的标准。我们得出了一个结论，目前是在用一种不科学的、主观的并遮遮掩掩的标准来评估科学的"。

至于这种现象是不公平的现象还是约定俗成的游戏规则，还有待国内外出版界学者进一步探讨。

六 影响因子的精确定义和计算公式

明确了影响因子的引证时间窗、可被引文献和非可被引文献以后，期刊影响因子（JIF）的计算公式就可以精确表述为：某期刊前两年发表的所有类型文献在统计当年的被引用次数，除以该期刊前两年发表的可被引文献数，这是目前公认的期刊影响因子的最恰当、最精准的表述，常用的计算公式②如下：

$$JIF_Y = \frac{\text{某期刊 } Y-1 \text{ 和 } Y-2 \text{ 年发表的文献在 } Y \text{ 年的被引用次数}}{\text{该期刊 } Y-1 \text{ 和 } Y-2 \text{ 年发表的可被引文献数}} \qquad (1-1)$$

七 影响因子的缺陷概述

期刊影响因子作为学术期刊重要的评价指标，近 20 年来，被广泛地应

① Metze K, "Bureaucrats, Researchers, Editors, and the Impact Factor: A Vicious Circle That Is Detrimental to Science", *Clinics*, Vol. 65, No. 10, 2010.

② Campanario J M *et al*, "Journal Self-citations That Contribute to the Impact Factor: Documents Labeled "Editorial Material" in Journals Covered by the Science Citation Index", *Scientometrics*, Vol. 69, No. 2, 2006.

用于期刊评价[①]，甚至滥用于以期刊评价为基础的学术评价，包括科学家个人评价，科学项目审批，大学、科研机构和国家排名，科学奖项评审，学会会员准入标准以及教师职称晋升等[②]。随着影响因子在期刊评价中应用的不断深化和普及，逐渐暴露出诸多局限性，如被引频次计数方式不合理[③]，即计算影响因子所用的被引频次（分子）是指某期刊前2年发表的可被引文献在统计当年的被引频次；引证时间窗口设定不科学[④⑤]，即影响因子时间窗口2年过短，大部分文献的被引频次还没有达到高峰；分子和分母包含的文献类型不统一[⑥⑦]。影响因子计算公式中，分子是某期刊发表的所有类型文献的被引频次，而分母仅包含 Article 和 Review 等两类文献的数量；用篇均被引频次表征期刊影响因子[⑧]。任何期刊文献的被引频次均不呈正态分布，不宜用平均数表征其总体水平，而影响因子恰恰是某期刊前2年发表的文献在统计当年的篇均被引频次；不同学科影响因子没有可比性，因此，影响因子无法应用于期刊的跨学科评价等[⑨]。该书第四章到第十章详细介绍了影响因子缺陷矫正的思路和方法，尽可能完善期刊影响因子，使其更加科学合理地应用于期刊评价，使学术期刊的跨学科评价成为可能。

---

① Brody S，"Impact Factor：Imperfect But Not Yet Replaceable"，*Scientometrics*，2013，Vol. 96，No. 1，2013.

② Subbiah G，"The Impact Factors of Open Access and Subscription Journals Across Fields"，*Current Science*，Vol. 107，No. 3，2014.

③ 杜志波等：《期刊累计影响因子的设计及应用》，《中国科技期刊研究》2007年第3期。

④ 俞立平：《历史影响因子：一个新的学术期刊存量评价指标》，《图书情报工作》2015第2期。

⑤ Liu X L *et al*，"An Analysis of Peer-Reviewed Scores and Impact Factors with Different Citation Time Windows：A Case Study of 28 Ophthalmologic Journals"，*PLoS ONE*，Vol. 10，No. 8，2015.

⑥ Dorta-Gonzalez P *et al*，"Journal Topic Citation Potential and Between-Field Comparisons：The Topic Normalized Impact Factor"，*Journal of Informetrics*，Vol. 8，No. 2，2014.

⑦ Zupanc G K H，"Impact Beyond the Impact Factor"，*Journal of Comparative Physiology*，Vol. 200，No. 2，2014.

⑧ "Editorial Board Position Statement Regarding the Declaration on Research Assessment (DORA) Recommendations with Respect to Journal Impact Factors"，*Research Quarterly for Exercise and Sport*，Vol. 85，No. 4，2014.

⑨ Pyo S *et al*，"A Novel Journal Evaluation Metric That Adjusts the Impact Factors Across Different Subject Categories"，*Industrial Engineering and Management Systems*，Vol. 15，No. 1，2016.

第二章　影响因子的应用、滥用和误用

自 1955 年 Garfield 首次阐明可以通过论文被引频次来测度期刊的影响力，并在 1963 年 ISI 出版的 *SCI* 中正式使用影响因子后，影响因子即成为衡量期刊学术影响力的重要指标之一。随着时间的推移，影响因子在全球范围内影响力越来越大，应用的范围也逐步扩大，甚至出现了大量的滥用和误用。时至今日，影响因子除了用于期刊评价外，还延伸至职称晋升、成果奖励、基金申请、学位授予、大学或科研机构排名，甚至地区、国家科研实力排名等。全球范围内的“影响因子综合征”“影响因子神话”等不断上演，将影响因子逐步推上神坛。鉴于影响因子滥用和误用的不断升级，国际诸多影响力较大的学术团体不断发表声明，呼吁人们正确对待影响因子，认识其局限性和适用范围，如 2008 年欧洲科学编辑学会发布了“关于影响因子不合理使用的声明”，2012 年旧金山科研评价小组发布了“关于科研评价的旧金山宣言”，2014 年在荷兰莱顿召开的一次科技评价指标会议后提出的“关于科研指标的莱顿宣言”等。现就影响因子的应用、滥用和误用现状做一简要总结。

一　影响因子的应用

影响因子用于评价期刊的影响力，其主要优点在于：（1）客观、公正。使用影响因子对期刊进行评价，排除了个人情感因素可能造成的偏差，以具体数据评价期刊，结果更客观、公正。（2）数据易获取，计算方法简单，透明度高。计算影响因子的公式简单，在数据库内获得相关数据后，各期刊自身即可核实，故而透明度高。（3）兼顾了期刊的质和量。影响因子采用平均被引频次进行计算，一定程度上消除了因期刊办刊时间长短、出版周期快慢、篇幅大小等因素而造成的期刊评价中的偏差。

鉴于影响因子在期刊评价中至今无可替代的重要作用，无论在国内还是国外，对影响因子的使用均极为普遍，各界人士对其重视程度都在不断加强。当然，不同人士使用影响因子的目的不同，如图书馆员可以根据期刊影响因子的大小决定购买哪些期刊；期刊编辑可以通过分析影响因子的变化，制定有效的编辑出版规划或调整办刊方案；出版商可以利用它监测出版动态，指导自己作出新的出版决策；科研人员可以参考该指标确定投稿方向；信息分析研究人员可以利用它进行文献计量学研究等。影响因子优点如此之多，以至于 2018 年 Scopus 数据库参照影响因子的计算方法设计了 CiteScore，其一经提出，即引起诸多学者的关注。由于 Scopus 数据库收录期刊量约为 JCR 的 2 倍，且覆盖的国家范围更广，较多人士认为 CiteScore 有可能成为影响因子的强大对手①②。

（一）影响因子在期刊评价中的应用

1. 影响因子在国外期刊评价中的应用

影响因子的思想源头可追溯至 Gross 夫妇 1927 年发表在 *Science* 上的一篇文章。他们试图解决这样一个问题：在图书馆预算有限的情况下，应该参照什么标准为学生购买供查阅的化学期刊？最简便的方法，当然是找一个权威专家为图书馆开列一个目录清单，但这会受到专家个人知识水平和兴趣爱好等的局限。Gross 夫妇的解决方案，是选取知名刊物《美国化学会杂志》，对它 1926 年发表的 247 篇文章的 3633 条参考文献进行统计，按引用次数对所有被引刊物进行排序，刊物重要性与排序结果直接对应，图书馆可参照此清单进行购买。这种筛选方式操作简便，且不存在太高专业“门槛”，很快被其他信息科学家借鉴，并推广到别的学科领域。1960 年，Garfield 与美国国家健康研究院合作，共同承担建设遗传学文献引用索引库项目。项目对 1961 年 28 个国家出版的 613 种期刊 20000 期杂志上的 140 万条参考文献建立引用索引，进行编目，最终结果共得 5 卷，其中遗传学文献的引用索引独立成 1 卷。1963 年，遗传学引文用索引数据库顺利结项，Garfield 独立承担

① Poljak M, “Coverage of Acta Dermatovenerologica Alpina, Pannonica et Adriatica in Elsevier’s Citescore Index: A New Tool for Measuring the Citation Impact of Academic Journals”, *Acta Dermatovenerologica Alpina Pannonica et Adriatica*, Vol. 26, No. 1, 2017.

② 盛丽娜：《CiteScore 与影响因子评价对比研究——基于 2015 年 SCI 收录的美国眼科学期刊》，《中国科技期刊研究》2018 年第 4 期。

了其余4卷的出版事宜，并将其统一命名为 *Scientific Citation Index*，即学界现今所熟知的 *SCI*。Garfield 在此时明确提出了影响因子的概念，并作为期刊评价的主要客观指标用于后来出现的 *SSCI* 和 *A&HCI*①。可见，影响因子最初的目的是为了筛选出影响力较大的期刊，且至今仍是图书馆选择订阅期刊的重要依据。

Tsay 等②对医学期刊使用率和影响因子与期刊被引频次之间进行比较分析，结果表明，期刊使用率与影响因子间具有显著相关性（相关系数 $r=0.35$）。同样，期刊使用率与被引频次间也具有显著相关关系（$r=0.55$）。此外，临床医学、生命科学及综合性期刊的引用率和影响因子与期刊使用率之间也存在显著相关。Saha 等③从美国医学会注册内科医生中选取对象作为开业医师组（$n=113$），从 Johnson 临床研究计划（一项全美博士后医生培训项目）中筛选的研究人员作为研究组（$n=151$）。调查涉及9种内科学杂志，包括《美国医学会杂志》（*JAMA*）、《美国医学杂志》（*AJM*）和《内科学纪事》（*Archives of Internal Medicine*）等。被调查者根据自己认为的期刊质量对以上9种杂志进行排序，结果表明，内科医师对期刊排序的结果与根据影响因子排序的结果具有高度的相关性（$r=0.905$），而这种相关性在研究组（$r=0.911$）中比开业医师组（$r=0.905$）中更为显著。Ralston 等④以美国第二大医学院印第安纳大学医学院的精神病学系为研究对象，评估使用影响因子选择书籍是否能满足该校研究人员的需要，结果表明，从该校学者出版物中引用的参考文献来看，影响因子能够相当准确地反映该院精神病学研究的重点，该校图书馆馆藏满足了该校精神病学研究人员高达95%的研究需求。因此认为，在图书馆藏书资源开发中可以继续使用影响因子作为选择标准。以上研究均表明，使用影响因子对期刊进行评价并作为图书馆选刊依据是合理和有效的。

目前，全球范围内，期刊影响因子的变化受到诸多学者的极大关注，包

---

① Garfield E, "How ISI Selects Journals for Coverage: Quantitative and Qualitative Considerations", *Current Contents*, Vol. 22, No. 2, 1990.

② Tsay M Y, "The Relationship Between Journal Use in a Medical Library and Citation Use", *Bulletin of the Medical Library Association*, Vol. 86, No. 1, 1998.

③ Saha S *et al*, "Impact Factor: A Valid Measure of Journal Quality?", *Bulletin of the Medical Library Association*, Vol. 91, No. 1, 2003.

④ Ralston R *et al*, "Do Local Citation Patterns Support Use of the Impact Factor for Collection Development?", *Journal of the Medical Library Association*, Vol. 96, No. 4, 2008.

括办刊人、出版商、投稿者等。我们曾对 2009 年 SCI 数据库收录的男性学、变态学、解剖学、麻醉学、临床神经病学、皮肤病学、急诊医学、胃肠学与肝脏病学、遗传学、血液学、健康护理学、免疫学、感染性疾病、内科学、妇产科学、肿瘤学、眼科学、耳鼻喉科学、病理学、儿科学、药理学、生理学、精神病学、心理学、老年病学等学科的 1259 种医学期刊网站主页逐一查询影响因子公布位置[①]。其中，36 种期刊未找到网站或网站主页不能打开，7 种期刊网站主页为非英语语种。能顺利打开网站并可读懂信息的 1216 种期刊中，770 种（63.3%）期刊可在网站查找到影响因子，其中 389 种期刊的影响因子位于网页显著位置（网站首页明显图标标示、杂志图片上方或侧边栏、杂志介绍栏显著图标、首页通栏标示）；187 种（15.4%）期刊同时给出了影响因子在同类期刊中的排名，513 种（42.2%）期刊列出了所入选的检索系统，108 种（8.9%）期刊还给出了 5 年影响因子。国际权威期刊 *Nature* 的网站上，在“About the journal”一栏，首先给出了“Citation and Impact Factor”，明确声明该刊的影响因子为 34.480。*Science* 也在其网站上声明：“The 2009 ISI Impact Factor for *Science* is 29.747!”2009 年影响因子最高的 10 种 SCI 医学期刊中，有 7 种期刊给出了影响因子，5 种期刊的影响因子位于其网页的显著位置。

通常情况下，期刊网站发布其影响因子被认为是一种炫耀的心理和行为。据我们调查，无论是欧美等西方发达国家和地区还是亚洲地区（包括我国的 SCI 期刊），影响因子较高的期刊或近年来影响因子有明显增加的期刊均会在其网站适当位置公布影响因子，以吸引作者投稿。这从一个侧面说明，期刊入选 SCI 数据库及其影响因子高低已被全球学术领域广泛关注。

国际上公认的 *Nature* 和 *Science* 等均在其网站上公布了最新的影响因子，这在很大程度上反映了国际科学领域对 SCI 和影响因子的崇拜。2008 年，美国的 *Plasmonics* 在其被 SCI 收录、影响因子公布之后，及时与读者分享了这一消息，并认为 SCI 收录对杂志的进一步发展尤为重要，希望读者继续关注杂志发展，同时提出向该领域专家约稿的请求。2008 年 *BMJ* 在其杂志消息一栏中，曾发表了一篇以“*BMJ* 的影响因子提高了 24%”为题的文章，不仅告知作者 *BMJ* 当年影响因子大幅度提高，还以图的形式描绘了 *BMJ* 近几年来影响因子不断增长的趋势，并提出向作者约稿的请求。英国 *Briefings in*

① 刘雪立：《全球性 SCI 现象和影响因子崇拜》，《中国科技期刊研究》2012 年第 2 期。

Bioinformatics 当年影响因子一跃达到 24.37 的高值时，迅速向读者报告了这一好消息，并明确提出感谢当年被引频次最高的论文，因为其对该期刊当年影响因子的提高作出了卓越的贡献。英国 Karram① 在其杂志影响因子由 2006 年的 1.828 上升为 2007 年的 2.523 时，也撰文对读者和编委表示感谢。*CMAJ* 以述评的形式提出该刊当年 JCR 发布的影响因子有误，希望作者继续关注 *CMAJ*，并一如既往地向 *CMAJ* 投稿②。Abbasi③ 提出作者希望自己的文章见刊于 *Lancet* 的最主要动机是因为该刊在医学领域拥有较高的影响因子，杂志的声望可相应地提高其文章的知名度，以至于一些期刊工作者进行有目的的操纵，旨在提高其杂志的影响因子，增加稿源。在生物学领域排名第一的期刊，影响因子达到 35 到 40，出版商和编辑们庆祝影响因子任何程度的增长，而影响因子的下降可以使他们陷入忙乱，以想尽办法找出提高影响因子的方法。

从上述实例中可以看出，国际期刊界对待影响因子异乎寻常的热切关注度，办刊人以进入 SCI 为荣，将影响因子提高视为学术影响力的提高；投稿者的稿件若能被高影响因子期刊录用，将可能获得高额的奖金和职称晋升。

2. 影响因子在国内期刊评价中的应用

20 世纪 80 年代末期，由于期刊品种大量增加、期刊价格连续上涨，图书经费严重不足，图书情报部门只能裁减期刊订购的数量和品种。当时特别需要对学术期刊进行评价的参考工具，以帮助确定必须订购期刊和可以裁减期刊的名单。此外，图书情报部门在期刊读者导读工作中也十分需要这方面的参考工具。于是，研究和编制一种兼具科学性、客观性、实用性的中文学术期刊评价工具便成为图书情报部门和期刊工作者的共同责任和心愿。在这种情况下，1990 年，北京大学图书馆与北京高校期刊工作研究会共同发起了中文核心期刊研究工作，北京 40 多所高校的两百多位期刊工作者参加了研究，于 1992 年出版了第 1 版《中文核心期刊要目总览》。《中文核心期刊要目总览》的问世，结束了长期以来人为的、主观的期刊评价和科学评价的历史，开创了用文献计量学方法进行期刊评价和科研绩效评价的先河，是科

---

① Karram M M, "The Impact Factor Has Dramatically Increased", *International Urogynecology Journal*, Vol. 20, No. 1, 2009.

② Joseph K S *et al*, "*CMAJ*'s Impact Factor: Room for Recalculation", *CMAJ*, Vol. 161, No. 8, 1999.

③ Abbasi K, "Why Journals Can Live Without Impact Factor and Cluster Bombs", *Journal of the Royal Society of Medicine*, Vol. 100, No. 3, 2007.

学技术发展到一定阶段的必然产物①。

由于第1版《中文核心期刊要目总览》选择的3个定量指标——载文量、文摘量和被引量——均是绝对量指标，期刊刊登的论文越多，期刊的载文量、文摘量、被引量可能就越大，这就使载文量特别大的期刊优势明显，直接鼓励期刊大量刊载论文，而无法全面体现期刊的学术质量。至1996年出版第2版时，由于计算机技术在图书情报界的普遍应用，计算手段和能力大为改善，替代了以前手工统计、工作量巨大的弊端，使得进一步增加、改进期刊定量评价指标成为可能。但当时国内能对期刊进行评价的指标很少。就在人们苦于寻找适宜的期刊评价指标时，影响因子走入人们的视野，故而第2版《中文核心期刊要目总览》增加的3个指标中，影响因子赫然在目（新增的3个指标分别为影响因子、被摘率和被索量）。鉴于影响因子的客观性、可获得性、透明性及普适性等优点，之后各个版本的《中文核心期刊要目总览》中，影响因子一直都是最为重要的核心期刊评价指标之一。正如蔡蓉华等②所指出的：《中文核心期刊要目总览》因其学科核心期刊表具有较好的客观性、科学性和实用性，在学术界奠定了作为重要参考工具的地位，并已形成了一定的权威性。同时，也因其在核心期刊评价理论和评价方法方面的研究进展而积极推动了我国文献计量学研究的发展。果然，此后国内相继出现了多种核心期刊评价体系，如中国科学院文献情报中心于1996年出版了我国第一种印刷版《中国科学引文索引》（*Chinese Science Citation Index*，*CSCI*），1998年以后出版了光盘版，2004年以后每年出版《中国科学计量指标：期刊引证报告》。中国科学技术信息研究所在1997年出版了《中国科技期刊引证报告》，南京大学中国社会科学研究评价中心于2000年创建了《中文社会科学引文索引》（Chinese Social Sciences Citation Index，CSSCI）数据库，中国社会科学院文献信息中心2004年出版了《中国人文社会科学核心期刊要览》等。这些引文检索工具无一例外地将影响因子作为重要的期刊影响力定量评价指标。

对于大部分国内期刊而言，入选SCI或SSCI等在国际上影响力较大的数据库较为困难，很多期刊将目标放在国内几大期刊评价体系中，如CSCD、CSSCI、中文核心期刊、中国科技论文统计源期刊等，加上国内在职称晋升、

① 刘雪立：《中文核心期刊评价指标体系：演进·问题·建议》，《编辑学报》2014年第1期。

② 蔡蓉华等：《〈中文核心期刊要目总览〉研究综述》，《大学图书馆学报》2002年第5期。

成果奖励、基金申请或结项、学位授予等审核时都对论文刊发期刊的等级有要求，所以各评价体系更新期刊收录目录时，都会在学术界掀起一阵热潮。鉴于影响因子在各大期刊评价体系中均占有较大权重，故同国外一样，国内各界人士对影响因子也有异常高的关注度。各期刊均会在其封面或期刊主页的显著位置标注被何种数据库收录，当年影响因子一般放在“期刊简介”内给出。同时，在期刊影响因子明显提高时，多数期刊会专门撰文向读者、作者和编委报告。在中国知网内搜索题名含“影响因子”的论文，发现诸如“热烈庆贺《核农学报》2018 影响因子稳步提升”“《中国环境科学》核心影响因子学科排名实现五连冠”“《中国种业》影响因子再创新高”“《临床肝胆病杂志》核心影响因子 1.401，消化领域排名第 2 位”“喜报：《粉末冶金工业》科技核心期刊影响因子首次超过 1”“《环境与可持续发展》2017 年学术影响因子位列全国收录 72 种环境科学类期刊第九名位列生态环境部主管期刊第二名”等消息比比皆是。部分期刊列图以显示近年影响因子的提高趋势，如“国际眼科杂志中文版（IES）近 5 年影响因子趋势图”“预防医学情报杂志影响因子趋势图”等。

随着期刊评价体系的不断涌现，另一个问题也逐渐显现，即由于不同评价体系使用的数据库不同，或者计算影响因子使用的分子、分母的文献类型不同等，同一个期刊在不同期刊评价体系中拥有的影响因子也不同，对其的命名有时也略有差异，如在中国科学技术信息研究所出版的《中国科技期刊引证报告（核心版）》内，每个收录的期刊拥有一个“核心影响因子”，即计算期刊影响因子的分子使用的是核心版内收录期刊产生的被引频次。而在《中国科技期刊引证报告（扩刊版）》内，上述每个核心期刊又同时拥有一个“扩刊影响因子”，计算期刊影响因子的分子使用的是扩刊版内收录期刊所产生的被引频次。由于扩刊版内收录期刊量多，故一般来讲，扩刊影响因子比核心影响因子大。中国科学文献计量评价研究中心与清华大学图书馆共同发布的《中国学术期刊影响因子年报》中，同时给出了期刊的“复合影响因子”和“综合影响因子”，其中复合影响因子计算所用的被引频次包括期刊、硕士和博士学位论文、会议论文的引用，而综合影响因子计算所用的被引频次仅仅包括期刊引用数据，故一般复合影响因子大于综合影响因子。可见，影响因子反映的是一种期刊在数据库来源期刊范围内的影响，不同的数据库有不同的来源期刊，且来源期刊的数量也有很大的差别，所以，对同一种期刊统计和计算出的影响因子不尽相同，且无法直接对比。

影响因子评价期刊学术影响力虽然有诸多优点，被人们广泛接受和认可，但由于不同评价指标评价角度和计量方法各不相同，人们期望可以将不同评价指标综合在一起以对期刊进行评价。各评价体系也在不断尝试“综合”的方法，如中国科学技术信息研究所在国内率先提出了中国科技期刊综合评价指标，即期刊综合评价总分（Comprehensive Performance Scores，CPS），并通过《中国科技期刊引证报告》（核心版）发布。CPS是基于各学科类别中各项期刊指标的极值，计算出每个期刊各个指标在学科内的相对位置得分，并加权得到的综合评价指标，其中共涉及总被引频次、影响因子、他引率、基金论文比、引文率、开放因子等6个指标，而影响因子和总被引频次的权重最大，均占26%，他引率占18%，其余3个指标均占10%；又如《中国学术期刊影响因子年报》2013年提出了学术期刊影响力指数（Clout Index，CI），是对期刊评价中最常用的期刊评价指标影响因子和总被引频次进行组内线性归一后向量平权计算所得的数值。

综上，影响因子作为重要的文献和情报计量学指标，在期刊评价中具有举足轻重的作用，也得到了国内外各界人士的广泛关注。

（二）影响因子位置指标的应用

由于影响因子仅提供绝对数值，而不同学科期刊的影响因子又不具有可比性，故为了可以更加直观地了解期刊在学科内的大概排序，并利于不同学科间的期刊做简单的对比，JCR对其收录的期刊按学科进行了分区，即Quartile in Category。JCR给出的分区方法是对所有期刊分学科后，按照期刊当年影响因子由高到低降序排列，将学科内期刊平均分为4个区，即Q1区为学科内影响因子最高的四分之一期刊，Q4区为学科内影响因子最低的四分之一期刊。期刊分区一定程度上解决了不同学科期刊影响因子无法直接比较的弊端。我们以2017年JCR为例，数学学科的*Annals of Mathematics*影响因子为4.768，处于该学科的第二位，为Q1区；而同年细胞生物学（CELL BIOLOGY）的*Nature Medicine*影响因子为32.621，也处于该学科的第二位，为Q1区，二者虽然影响因子大小差异很大，但在各自学科内的影响力是相近的。可见，通过分区，可以大概对比不同学科期刊在学科内的实际影响力。许多高校的科研评价机构对处于相同分区的期刊给予相同等级的奖励，较直接使用影响因子更合理一些。西班牙政府甚至在科研绩效评定时仅认可刊发于JCR Q1区期刊的文章。

当然，期刊分区也有其弊端，如果一个学科的期刊量特别大，那么同一个分区的期刊量很多，而同一分区排位第一和排位最后期刊的实际影响力可能差异非常大，将它们同等看待显然也并不公平。如 BIOCHEMISTRY & MOLECULAR BIOLOGY 学科 2017 年共收录 292 种期刊，*Nature Medicine* 与 *Amyloid-Journal of Protein Folding Disorders* 虽然均在 Q1 区，但二者影响因子数值分别为 32.621 和 4.048。另外，JCR 内交叉学科的期刊较多，对于该部分期刊而言，JCR 将其划分为两个或两个以上的学科，故同一种期刊可能在不同学科中拥有完全不同的分区，从而导致对其实际影响力难以评估。如 *International Journal of Biometeorology* 被分在 4 个学科，分别为 PHYSIOLOGY、METEOROLOGY & ATMOSPHERIC SCIENCES、ENVIRONMENTAL SCIENCES 和 BIOPHYSICS，但均在 Q2 区；而 *Planta Medica* 同样被分在了 4 个学科，但分区并不相同，分别为 INTEGRATIVE & COMPLEMENTARY MEDICINE 学科的 Q1 区、PLANT SCIENCES 学科的 Q2 区、PHARMACOLOGY & PHARMACY 学科的 Q2 区和 CHEMISTRY，MEDICINAL 学科的 Q3 区。

在这种情况下，2015 年 JCR 设置了新的影响因子位置指标——影响因子百分位（Journal Impact Factor Percentile，JIFP），用于表征某期刊影响因子在所属学科的排序位置。相对于期刊分区来说，其区分度更高，对比度更强。另外，对于分属多个学科的期刊，其 JIFP 取值是该刊在各学科的 JIFP 的算数平均值，使得每种期刊仅有一个 JIFP，利于直观了解期刊的大概影响力。但由于其是基于影响因子计算而得，故其同时继承了影响因子的所有弊端①。

另外，由于将学科内期刊平均分为 4 个区，并不符合布拉德福定律，故中国科学院文献情报中心世界科学前沿分析中心创立了中国科学院期刊分区，即我们常说的中科院分区，它包括大类分区和小类分区：大类分区是将期刊按照自定义的 13 个学科所做的分区，大类分区包括 Top 期刊；而小类分区是将期刊按照 JCR 学科分类体系所做的分区。其依据 3 年平均影响因子将期刊划分为 Q1、Q2、Q3 和 Q4 等 4 个区，Q1 区为前 5%，其余 95% 的期刊计算它们的 3 年平均影响因子总和（S），再将 S 平均分为 3 个区，即 $S2 = S3 = S4 = S/3$。各区的期刊数量由高到低呈金字塔式分布。

① 刘雪立等：《影响因子百分位在学术期刊跨学科评价中的局限性》，《中国科技期刊研究》，2018 年第 10 期。

SCI 期刊的两种分区方法在国内使用均较为普遍。

二　影响因子的滥用和误用

虽然 Garfield 一再强调影响因子仅作为图书馆选择期刊的工具，是测度期刊影响力的指标，而并非作为科研评价的工具 是期刊质量的度量指标；虽然学术影响力与学术质量间存在关联，但二者显然并不完全一致。近年来影响因子已从一个单纯的期刊影响力评价指标转变为一个普遍的学术质量评价标准，研究论文、撰写这些论文的研究人员，甚至是他们工作的机构都在被评价之列。这是由于在实际操作中，很难做到对每一篇论文的学术质量或水平进行定量评价。由于人们通常认为，发表在特定期刊上的文章预期收获的引文数量与该期刊的影响因子基本一致，加之利用影响因子从事科研评价，评审专家不需要通读全文，甚至不需要计算收到的引文数量就能直接根据期刊影响因子大概判断论文水平，导致影响因子的使用范围不断扩大，进而导致全球性的影响因子崇拜现象愈演愈烈。如今，图书馆或研究机构优先选择订阅影响因子较高的期刊；研究者选择高影响因子的期刊发表文章以提高自己的学术地位；高影响因子期刊的稿源丰富，编辑有充分的余地选择高质量的论文发表；一些研究机构甚至规定其研究人员必须在影响因子高于多少的杂志上发表论文；研究人员的职称评审也受到高影响因子期刊的影响。Kirschhof 等①指出，在德国及其他欧洲国家，影响因子的应用已远远超出其最初的目的，政府根据研究机构在高影响因子期刊上发表论文的多少来决定基金资助的额度；研究机构及大学根据科研人员发表论文所在期刊的影响因子高低决定职称的晋升和奖金的发放；教育管理部门经常用其进行大学的评估，所以国外许多大学的年终总结中一般都有本校发表论文的影响因子这一指标的统计。由此可见，在欧美等发达国家，影响因子广泛用于科研绩效评价。

早在 2002 年，印度学者 Bachhawat② 就提出了“影响因子综合征”这一

① Kirchhof B *et al*, “The Delicate Topic of the Impact Factor”, *Graefes Archive for Clinical & Experimental Ophthalmology*, Vol. 245, No. 7, 2006.

② Bachhawat A K, “The Impact Factor Syndrome”, *Current Science*, Vol. 82, No. 11, 2002.

概念，2009 年被美国迈阿密大学的 Mohamed 等①称为“影响因子神话综合征”。最近，印度的 Lakhotia② 再次提起“影响因子综合征”。因此认为，“影响因子综合征”正在全球蔓延。2011 年 7 月 4 日国家科技部发布的国家“十二五”科学和技术发展规划中，明确提出了我国科技发展总体目标，并首次将 SCI 论文及其被引频次列入国家科技发展战略。具体要求是，到 2015 年，我国 SCI 论文被引用次数由世界排名第 8 位提高到前 5 位，这在中国掀起了新一轮的“SCI 热”。中国科学院原院长路甬祥指出，我国“权威期刊”效应日趋风行，期刊以被 SCI 收录为荣，个人以在高影响力期刊或 SCI 收录期刊发表文章为最终目标，甚至有一篇定“乾坤”之誉。

许多研究者提示，使用影响因子应注意其局限性，包括 Garfield 本人。但影响因子的滥用和误用依然愈演愈烈，并逐渐引起各界人士的普遍关注。正如 Garfield 2005 年所说：“在 1955 年，我没有想到影响因子有一天会变得如此有争议。就像核能一样，其影响是喜忧参半的；我期望它能被建设性地使用，同时认识到它可能被滥用在错误的人手中。”

（一）影响因子的滥用

1. 影响因子应用于不同学科期刊的评价

不同学科间影响因子差异可能是巨大的。这是由于，影响因子并不仅仅单纯与发表的论文数量和被引用次数有关，它还与学科领域、引文密度、文献的半衰期、被引用文献的语种以及研究人员的引证习惯、引证行为、引证周期等因素相关。Ortner③ 认为影响因子的大小受到社会因素和统计因素的影响，其中社会因素包括该期刊的学科领域（可以理解的是，一个领域中的研究人员越多，论文被引用就越多）、期刊刊载的文献类型（不同类型文献被引频次差异巨大）、每篇论文的平均作者数量（每篇论文的平均作者数与主题领域的平均影响因子之间存在着强烈而显著的相关性），统计因素包括期刊的规模和引证时间窗口的大小。由此得出结论，影响因子仅适用于相同

---

① Mohamed E, “Impactitis: the Impact Factor Myth Syndrome”, *Indian Journal of Dermatology*, Vol. 54, No. 1, 2009.

② Lakhotia S C, “‘Impact Factor’ and ‘We Also Ran’ Syndrome”, *Current Science*, Vol. 99, No. 4, 2010.

③ Ortner H M, “The Impact Factor and Other Performance Measures-Much Used with Little Knowledge About”, *International Journal of Refractory Metals & Hard Materials*, Vol. 28, No. 5, 2010.

学科的期刊进行对比。Lluch① 认为，在使用影响因子这一指标时，必须考虑不同学科引用习惯的差异，不同学科之间不应该直接比较期刊的影响因子。同样，在不同领域工作的研究小组的规模也存在很大的差异，这意味着被引用的可能性和具有高影响因子的期刊在不同学科领域也存在差异。2002 年 JCR 收录的 438 种给出影响因子的心理学相关期刊，其中 SCI 收录的 61 种期刊均被列为“心理学”学科，而 SSCI 中的 423 种期刊被划分为 10 个学科，期刊的排名与其所在的学科关系密切，同一期刊在不同学科中所处的位置可能明显不同，甚至会极其悬殊。

Hansson② 认为，影响因子具有明显的学科属性，其 2 年引证时间窗口对于那些引用高峰到来时间较早的学科明显有利，即活跃学科期刊的影响因子大大超过不活跃学科期刊的影响因子。以 2017 年 JCR 为例，数学学科共收录 309 种期刊，该学科集合影响因子为 0.852，影响因子最大的为美国期刊 *Acta Numerica*（影响因子为 9.724），第 2 位为美国期刊 *Annals of Mathematics*（影响因子为 4.768）；而同年细胞生物学共收录 190 种期刊，该学科集合影响因子为 5.803，是数学学科集合影响因子的 6.8 倍，其中影响因子最大的为英国期刊 *Nature Reviews Molecular Cell Biology*（影响因子为 35.612），第 2 位为美国期刊 *Nature Medicine*（影响因子为 32.621），数学学科处于第 1 位的影响因子 9.724 的期刊在细胞生物学学科内排在第 17 位，处于第 2 位的影响因子为 4.768 的期刊在细胞生物学学科内排在第 56 位。那么，是否就说明细胞生物学比数学学科的期刊好，或者处于数学学科第 1 位的期刊比处于生物学学科第 16 位的期刊差，处于数学学科第 2 位的期刊比处于生物学学科第 55 位的期刊差呢？显然不是。

即便是在相近的学科内，影响因子的差异也可能较为明显。Baethge③ 分析的 2006 年 JCR 收录的 27 个临床医学相关学科中，学科中位影响因子最大相差 2.6 倍，不同专业期刊的最高影响因子之间的差异较 2005 年变得更加明显。最好的肿瘤学期刊 *CA-A Cancer Journal for Clinicians* 的影响因

① Lluch J O, “Some Considerations on the Use of the Impact Factor of Scientific Journals as a Tool to Evaluate Research in Psychology”, *Scientometrics*, Vol. 65, No. 2, 2005.

② Hansson S, “Impact Factor as a Misleading Tool in Evaluation of Medical Journals”, *Lancet*, Vol. 346, No. 906, 1995.

③ Baethge C, “Impact Factor-A Useful Tool, but not for All Purposes”, *Deutsches Rzteblatt International*, Vol. 109, No. 15, 2012.

子是法医学相应期刊 *International Journal of Legal Nedicine* 影响因子的 30 倍。可见，仅以影响因子数值大小对相近学科的期刊进行比较也是没有意义的。研究还显示，影响因子与给定研究领域的文章数量之间存在相关性：对于 46 个选定的医学亚专业（不包括基础学科）中学科最高的期刊影响因子与学科发表的论文数量作 Spearman 相关性分析，二者呈显著正相关，相关系数为 0. 67；学科中位影响因子与学科内论文数量也呈显著正相关，相关系数为 0. 25。这些数据表明，研究领域的大小可能对影响因子有一定的影响。

据统计，20 世纪 80 年代 JCR 数据库覆盖了约 3200 种期刊，世界期刊总数约为 126000 种，各个研究领域的覆盖率差别很大：在一所大学中，化学系 90% 的出版物在数据库中，而生物系仅 30% 的出版物在数据库中。一项对西班牙研究成果的统计结果表明，92. 1% 的物理学论文发表在国外期刊上，而仅有 62. 5% 的神经心理学论文和 28. 1% 的地球科学论文发表在国外期刊上，后者是一门面向地理的学科。根据这些数据，西班牙物理学研究论文的质量会比神经心理学或地球科学研究论文的质量更好吗？或者西班牙物理学家的表现会比他们的神经心理学和地球科学同事要好，这仅仅是因为前者在国际高影响因子期刊上发表论文的比例更高？如果要得出这个结论，我们将忽视某些科学领域的特殊性。最近一项对来自挪威的 128000 篇学术论文的研究表明，WoS 收录了自然科学 88% 的论文，但仅收录人文学科 31% 的论文。由于任何期刊的影响因子都与其研究领域的数据库覆盖率成正比，这种差异意味着规模较小领域期刊的影响因子要明显低于较大学科领域的期刊。另外，在许多研究领域，很大一部分科学产出以书籍的形式出版，这些书籍不作为数据库中的统计源，因此它们没有影响因子。据统计，在挪威，人文学科仅有约 46% 的成果是以期刊论文形式发表的，而在自然科学中该比例达到了 86% 。在数学领域，SCI 数据库中未收录的主要出版物被引用的频率高于所收录的主要出版物的被引频率。显然，数据库中的这种系统性遗漏可能造成基于影响因子评估的严重偏差。

2. 影响因子导致的功利化办刊

鉴于各方人士对影响因子的极大关注，期刊编辑为提高影响因子想尽办法，导致“指标导向”的功利化办刊在全球范围内愈演愈烈。如由于 JCR 明显偏向于收录以英文为出版语言的期刊，导致各个国家纷纷创办英文期刊，这促使了优质期刊的“英文化”。在 20 世纪中叶入选 SCI 的四种德语期刊中，今天只剩下 *Medizinische Wochenschrift* 了。影响因子导向的文献类型设置变化也较为明显。如有些期刊利用减小计算影响因子的分母而提高影响因子，故意削减了刊发的 Article 和 Review 等两类文献的总量，如法国半年刊 *Geochemicl Perspecties*，每期仅刊登 1 篇文献，且为 Review，将影响因子的分母压缩为最小，即 1。该刊创刊当年即被 SCI 收录，在法国期刊中影响因子连续 3 年排名第一（2014 年至 2016 年的影响因子分别为 8.1、8.2、8.8）。英国的 *Progress in Solid State Chemistry* 从 20 世纪 80 年代开始将每年发表的文章数量从十余篇削减为 4 篇左右，并于 1998 年开始逐渐转为综述类期刊。有些期刊利用增加计算影响因子的分子而提高影响因子。如由于 Review 类文献较 Article 可以获得更多的被引用，部分期刊为了一味追求影响因子的提高，有意更改了期刊文献类型的设置，增加了 Review 类文献的数量。部分期刊在编辑加工时有意通过替换、增补文献以提高期刊自引，从而人为增加影响因子，使 JCR 不得不通过“镇压”部分期刊以遏制期刊过高的自引率，并在 1997 年增加了期刊自引率这一指标。有些期刊间“相互合作”，增加互引，以使影响因子提高的同时不至于使自引率太高。这些人为操纵行为迫使国内期刊评价系统不断推出新的指标，如扩散因子、开放因子和互引指数等①。另外，由于期刊的非可被引文献，诸如 Letter、Reprint、News Item、Correction、Biographical Item、Book Review 等，在计算期刊影响因子时，其被引频次可计入分子，而文献量却不计入分母，对影响因子属于“净贡献”②，故部分期刊有意增加了非可被引文献量。我们曾分析了 2007—2016 年我国 SCI 期刊可被引文献占比的变化，发现已由 2007 年的 97.34% 降低至 2016 年的 91.36%，10 年平均占比为 94.57%，但仍高于美国和英国期刊 10 年可被引文献占比（平均为 89.61% 和 89.19%）③。也就是说，我国 SCI 期刊的非可被引文献占比已由 2007 年的 2.66% 提高到 2016 年的 8.64%，但美国和英国非可被引文献占比 10 年平均为 10.39% 和 10.81%。

① 刘雪立：《论期刊影响因子人为操纵的识别》，《编辑学报》2018 年第 1 期。

② Liu XL *et al*, “Journal Impact Factor: Do the Numerator and Denominator Need Correction?”, *PLoS ONE*, Vol. 11, No. 3, 2016.

③ 盛丽娜等：《我国科技期刊 SCIE 进程的国际对比——基于 SCIE 2007—2016 年》，《中国科技期刊研究》2018 年第 8 期。

朱剑[1]指出："科学的发展早已呈现出两种不同的趋势，即复杂课题的跨学科综合研究与专业分工日趋细微，综合性期刊与专业期刊的共存恰好分别适应这两种趋势。"当今正是工业化与信息化交集的时代，一方面学科专业化、细分化，另一方面学科之间形成了交叉、渗透、融合、整合的关系，反映在办刊实践上，专业期刊和综合期刊必不可少，但影响因子仅适用于相同学科领域期刊的比较。那么，综合性的期刊如何相比呢？在 JCR 中，同一个期刊可以分属于 2 个或 2 个以上学科，虽然只有一个影响因子数值，但在不同学科中所处的地位可能相同，但也可能差异很大。而国内一般将具有多学科属性的期刊归为"综合"类，如"自然科学综合""自然科学综合大学学报""医学综合""临床医学综合""内科学综合"等。对于"综合"性期刊，有些论文所属学科可能较为活跃，会带来较多引用，对期刊影响因子贡献较大，而有些论文所属学科不太活跃，带来的被引用可能较少，对期刊影响因子贡献较小。在这种情况下，若仅以影响因子大小评价期刊学术影响力大小，致使部分期刊舍弃了原来擅长但被引频次相对较低的学科，转向不擅长但被引频次相对较高的学科，其结果便是以牺牲自己的特色和个性为代价的功利化办刊。这种状况的出现无疑是极不正常的，学科与学科之间并无优劣、好坏之分，只是应用的范围不同而已，都是科学体系中不可或缺的一部分。影响因子导向的功利化办刊违背了期刊评价的本意，也会对某些学科的健康发展带来不利影响，而这些学科领域对科学整体而言却是必不可少的。

综上，国内外均可见到指标导向的功利化办刊现象，这也是影响因子评价期刊的价值受到质疑的原因之一。功利化办刊容易使期刊工作者迷失办刊方向，不利于期刊长期稳定发展。

3. 影响因子导致科学家行为发生变化

近年来，各国竞相鼓励科研人员将自己的研究成果刊发在国际权威期刊中。例如，韩国、巴基斯坦和我国的科研人员若能够在 *Nature*、*Science*、*Cell* 等高影响因子期刊上发表论文，他们将获得高额的现金奖励。在巴基斯坦，根据科学家的年度累计影响因子，科学家可以得到 1000 美元到 200 万美元不等的奖励。在许多机构中，科研人员的累计影响因子是职称晋升的最重要

① 朱剑：《高校学报的专业化转型与集约化、数字化发展：以教育部名刊工程建设为中心》，《清华大学学报》（哲学社会科学版）2010 年第 5 期。

标准。据2006年*Nature*的一篇文章报道，当年中国科学院对一篇*Nature*上的文章给出的奖金是25万人民币，而我国某农业大学*Nature*的一篇论文奖励高达30万人民币，这样的奖励标准让*Nature*杂志都感到有点受宠若惊[①]。

政策导向一定程度上影响科学家们的行为。如有些作者为了引起刊物编辑和评审人的关注，放弃小刊物上的原文作者的论文引用，转而引用著名刊物上的第二手资料，使科学的首次发现权受到损害。另外，科学家们更倾向于将稿件投往影响因子更高的期刊，而非选择更适合的专业期刊上，即便专业期刊实际上可能更适合于所讨论的问题。武夷山研究员举了一个例子，如果某科研人员写了一篇自认为高质量的物理学论文，假定期刊影响因子在本单位科研绩效评价与奖励的考察标准中权重较高甚至最高，或者他即将准备申请一个重要的项目，那么他很可能会将这篇论文投给影响因子很高的某综合类期刊，而不投给影响因子稍低的物理学专业期刊，即便该期刊的影响因子在物理学领域是名列前茅的。“而且这样也不利于科研成果的传播”，他进一步指出，优秀的物理学论文发在物理学期刊上，不是更容易获得较好的传播效果吗？与此同时，科学评价对影响因子的过度依赖也驱使期刊竞相“提高”自己的影响因子，形成一个恶性循环。另外，鼓励向国际权威期刊投稿对于大多数国家来说就意味着优质稿件外流，学者写出的论文不愿刊发在自己国家的期刊上，这极其不利于本民族期刊的发展。

（二）影响因子的误用

现今，在职称晋升、成果奖励、基金申请、学位授予等方面，国内外均有使用期刊影响因子代替论文学术质量进行科研绩效评价的现象，且该现象已较为普遍。这种对影响因子的误用，是国内外现今对影响因子不满的主要原因。出现这种状况的原因主要与单篇论文真实的学术质量难以评估有关。理论上来说，论文的学术质量应该由该领域的小同行专家进行审查，并根据既定规则给出质量评价分数。但在实际操作过程中，每篇论文都请领域内的小同行专家审查并不现实，一是需求量大，但评审人有限；二是难以判断寻找的专家是否具备相应的洞察力或评审能力；三是为了防止个人主观判断造成的偏差，往往需要综合数人的结果才更可信，这无疑加大了实施的难度。有人提出使用论文的被引频次这一客

① Fuyuno I, “Cash for Papers: Putting a Premium on Publication”, *Nature*, Vol. 441, No. 7095, 2006.

观指标作为论文学术影响力评价的标准，但论文被引频次受到很多因素的影响，如学科差异性、时效性差等，论文被引频次会随着刊发时间的延长逐渐增加，若使用较短时间窗口的被引频次，由于被引高峰还没有到来，被引频次可能都很低，实际区分度不大，敏感性不强，意义有限。若使用较长时间窗口的被引频次，又难以达到即时评价的需求，且不同学科被引频次绝对数值间可比性欠佳等。另外，根据作者的目的不同，文献被引用分为继承性引用、指示性引用和批判性引用[①]，不同引用的效力也有明显差异，等等。这些弊端使采用论文被引频次评价论文学术质量并不能令人满意。而论文刊发期刊的影响因子可以达到客观、即时评论的目的，且区分度高、易获取，公信力也相对较高，使用论文刊发期刊的影响因子代替论文的学术质量进行评价似乎水到渠成，尤其对于处于职业生涯早期的研究人员，学术声望和领域内的学术影响力还没有建立起来，这时候也很难评估他们的科研能力有多强。因此，用人单位、资助机构、学术部门或其他机构经常使用作者发表论文所在期刊的影响因子来评估他们的科研绩效，并以此为基础为今后的科研工作提供资源和奖励。这也是造成影响因子误用的根源。

由于期刊影响因子如此容易获得，所以使用它们来评估个别科学家或研究小组是很诱人的。在假设期刊质量能够反映论文水平的前提下，可以简单地将作者发表论文期刊的影响因子相加，以评价研究者的科学成就，这样也显得更容易。在实践过程中，评审者在评审基金项目申请书的时候，在考察申请职称者的成果履历的时候，在职务任免的时候，是否在高影响因子期刊上发过文章确实也是受到关注的一个点。跨多个学科的学者已经观察到期刊影响因子作为研究质量指标的广泛和日益增长的使用[②]。在意大利，曾经出现了提倡使用期刊影响因子来纠正所谓的主观性和对高级学术职位任命的偏见[③]。在北欧国家，期刊影响因子有时被用于评价个人和机构，并且被提议或实际用作分配大学资源和职位的前提之一。加拿大[④]和匈牙利[⑤]等国也报

① 刘雪立：《参考文献的继承性引用、指示性引用和批判性引用与影响因子的标准化》，《中国科技期刊研究》2004 年第 3 期。

② Seglen P O, "Why the Impact Factor of Journals Should Not Be Used for Evaluating Research", *British Medical Journal*, Vol. 314, No. 7079, 1997.

③ Calza L *et al*, "Italian professorships", *Nature*, Vol. 374, No. 492, 1995.

④ Taubes G, "Measure for Measure In Science", *Science*, Vol. 260, No. 5110, 1993.

⑤ Vinkler P, "Evaluation of Some Methods for the Relative Assessment of Scientific Publications", *Scientometrics*, Vol. 10, No. 3 -4, 1986.

告了基于影响因子的资源分配情况，另外几个国家也通俗地报告了基于影响因子的资源分配情况。很多时候，评审委员会对期刊影响因子的关注度远远大于对科学贡献本身质量的关注度。Dijk 等[①]研究表明，期刊影响因子已经成为评估专业研究者论文级别的重要依据。Reich[②] 报告指出，在一些发展中国家，在高影响力期刊上发表论文会带来研究人员的奖金或薪水增加。

那么，期刊影响因子是否可以代表论文的学术质量呢？杨乐[③]院士指出："用影响因子来评价学术论文，至少已经经过了 4 次近似过程。每次近似都有着很大的误差。"刘勇[④]认为，同一期刊发表论文的质量并不相同，相同影响因子的期刊发表论文的质量也不可能都相同。如果要用影响因子来评价论文的质量，甚至通过影响因子的加减乘除来评价论文的作者，在逻辑上我们只能假设同一期刊、相同影响因子的不同期刊上发表的论文质量相同。我们认为，使用期刊的影响因子来评价论文的质量或论文作者的水平是基于两个假设，一是影响因子代表了期刊的质量；二是期刊质量代表了其发表的所有论文的质量。那么这两个假设成立吗？

从影响因子的定义我们可以看出，影响因子是期刊的篇均被引频次，是以篇均被引频次的高低评价期刊影响力的。而期刊的被引用主要是一种科学效用的度量，而不是科学质量的度量，作者对参考文献的选择也受到很大的、与质量无关的偏见影响。因此认为，期刊影响因子不是一个质量指标，"高质量"不一定是所有高引用论文的最佳描述。Elliott[⑤] 使用他自己的一篇文章举例，他与其他人合著的一篇论文获得了 194 次的被引用，但该文仅提供了瞳孔大小随年龄、亮度、虹膜颜色和折射率变化的数据。作者认为，这篇文章获得如此之多的被引用仅是因为它提供了一个来自大样本的类似标准的数据集，但文章本身并不是非常有创新性，也就是说，文章本身不是最高"质量"的，只是确实对学术界非常有用。可见，影响因子代表了流行程度

① Dijk V *et al*, "Publication Metrics and Success on the Academic Job Market", *Current Biology*, Vol. 24, No. 11, 2014.

② Reich E S, "Science Publishing: The Golden Club", *Nature*, Vol. 502, No. 7471, 2013.

③ 杨乐：《要十分审慎地对待"影响因子"》，《中国科学院院刊》2004 年第 2 期。

④ 刘勇：《论用期刊影响因子评价论文作者的逻辑前提与局限性》，《编辑学报》2007 年第 2 期。

⑤ Elliott D B, "The Impact Factor: A Useful Indicator of Journal Quality or Fatally Flawed?", *Ophthalmic and Physiological Optics*, Vol. 34, No. 1, 2014.

（Popularity），而非声望（Prestige）[①]。另外，作者使用参考文献的目的各异，这也许是导致期刊被引频次差异的一个重要因素。Beatty 等[②]以主题内容相近但 5 年影响因子差异很大的 *Human Communication Research* 和 *Communication Monographs* 2007—2009 年刊发的所有论文为研究对象的分析结果表明，尽管 *Human Communication Research* 的影响因子较高，但作为概念或方法学的来源引文时，来自 *Human Communication Research* 的引文量并不多于 *Communication Monographs*。因此，期刊影响因子高，说明被使用的次数相对较多，但不能说明其质量就高。

针对期刊质量是否能代表其发表论文的质量这个问题，国内外均有较多研究。为了使期刊的影响因子能够合理地代表其发表论文的质量，期刊中所有论文的被引情况应该在平均值（期刊的影响因子）附近呈现窄分布，最好是正态分布。但事实并非如此。Seglen[③] 对 *Biochimica Biophysica Acta*、*Biochemical Journal* 和 *Journal of Biological Chemistry* 3 种生物化学期刊的被引分布情况进行了研究，结果显示，3 种期刊的论文篇均被引频次均呈偏态分布，被引频次最高的前 15% 的论文贡献了 50% 的被引量，被引频次最高的前 50% 的论文贡献了 90% 的被引量，被引频次较高的一半论文的被引频次可以达到被引频次较低一半论文的 10 倍。据 *Nature* 的编辑[④]统计，在 2004 年所有引用 *Nature* 2002 年和 2003 年发表的论文中，大约 90% 的被引频次是由 25% 的论文贡献的，而大部分论文的被引频次少于 20 次，在被频繁引用的论文中，排名前四分之一的论文被引用的频率平均为排名后四分之三论文的 24 倍。2009 年，在德国 *Deutsches Ärzteblatt Inter-National* 期刊上发表的所有论文的引用中，65% 的被引用是由 15% 的论文贡献的。可见，期刊的影响因子主要是少部分论文贡献的，高影响因子期刊并不意味着发表的所有文章都具有同等的科学价值。被接受并发表在高影响因子期刊上是研究工作质量评价的间接指标，但并不意味着该文章随后会获得高的被引频次。若将一种期刊的所有论文

---

① Kumar V *et al*，"Impact of the Impact Factor in Biomedical Research：Its Use and Misuse"，*Singapore Medical Journal*，Vol. 50，No. 8，2009.

② Beatty M J *et al*，"Journal Impact Factor or Intellectual Influence? A Content Analysis of Citation Use in Communication Monographs and Human Communication Research（2007 - 2009）"，*Public Relations Review*，Vol. 38，No. 1，2012.

③ Seglen P O，"Why the Impact Factor of Journals Should not Be Used for Evaluating Research"，*British Medical Journal*，Vol. 314，No. 7079，1997.

④ Editors，"Not So Deep Impact"，*Nature*，Vol. 435，No. 7045，2005.

等同看待，就掩盖了这种巨大的差距，那些未被引用的论文也会因为少数几篇高被引论文的影响而被过度高估，这显然是不合理的，达不到评价论文真实影响力的效果。事实上，影响因子较低的专业期刊中的一篇论文获得的被引次数可能与影响因子较高的期刊中的一篇论文一样多，甚至更多。

只有当期刊内论文的被引频次都在平均值附近时，期刊影响因子才可以代表其刊发论文的影响力。然而，事实上，即使像一个国家的科学产出这样大的样本也远不能用期刊平均影响因子代替论文被引频次。如在1989—1993年期间，土耳其的综合医学论文基于期刊影响因子的预期篇均被引频次为1.3次，但实际引文仅为0.3次。因此，期刊影响因子的使用对国家和地区以及个人的评价同样具有误导性。

Hecht等①认为，影响因子不宜作为论文或研究者真正影响力的衡量标准。当然，影响因子是非常有吸引力的，因为它是一个简单的定量测量指标。问题在于，它是一种无法量化的质量定量度量，该指标不宜应用于评价研究者或研究项目的学术质量，尤其是在决定资金分配、就业和任期时。莱顿大学科学技术研究中心的Noorden②认为，“如果每个文献计量学家都同意一件事，那就是，你永远不应该用影响因子来评价一篇文章或一个人的研究——那是一种致命的罪恶。”或者，用影响因子的设计者Garfield③自己的话：“用影响因子来比较期刊是一回事，用影响因子来比较期刊的作者则是另一回事。”

三 影响因子滥用和误用的对策

鉴于影响因子滥用和误用的不断升级，国际诸多影响力较大的学术团体不断发表声明，呼吁人们正确对待影响因子，认识其局限性和适用范围，如2008年欧洲科学编辑学会发布了“关于影响因子不合理使用的声明”（附录一），2012年旧金山科研评价宣言小组发布的“关于科研评价的旧金山宣言——让科研评价更加科学”（附录二），2014年在荷兰莱顿召开的一次科

① Hecht F *et al*, “The Journal ‘Impact Factor’: A Misnamed, Misleading, Misused Measure”, *Cancer Genetics & Cytogenetics*, Vol. 104, No. 2, 1998.

② Van Noorden R, “A Profusion of Measures”, *Nature*, Vol. 465, No. 7300, 2010.

③ Garfield E, “The History and the Meaning of the Journal Impact Factor”, *JAMA*, Vol. 295, No. 1, 2006.

技评价指标会议后提出的关于“科研指标的莱顿宣言”（附录三）等。

正如 Seglen① 所说，“科学应该由其内容来判断，而不是由其包装来判断”。期刊本来是科学论文的载体，它是为科学的传播服务的。现在，科学的奴仆变身为主人，人们不是追求科学论文中的科学精神，而是祈求著名科学刊物的权威和灵光。即使是一篇平庸的文章，一旦被著名刊物录用，立刻就身价百倍，奖金和项目就会滚滚而来。科学评价的第一原则是公平，如果论文由于自己的出身不同（期刊本身影响力的不同）而受到不同的待遇，这不仅说明当前科学评价的低下水平，而且会导致文章作者为在著名刊物上发表论文而不得不阉割论文的创新和灵魂。美国微生物学会首席执行官（CEO）Bertuzzi 博士认为，对抗“影响因子滥用”的斗争注定将是长期的，因为这是一种文化上的改变。最大的问题在于，科学界本身成了科研评价中影响因子滥用的受害者，而任何一种文化上的改变都需要时间。值得欣慰的是，越来越多的各界人士认识到了影响因子的局限性，并不断发表声明或宣言以规范影响因子的使用。在英国、美国和荷兰等研究评价体系较为完善的国家，越来越多地考虑其他方面，如科研质量、实用性和社会研究质量、研究人员培训、国际科学合作和工业合作等。

① Seglen P O, “Causal Relationship Between Article Citedness and Journal Impact”, *Journal of the American Society for Information Science*, Vol. 45, No. 1, 1994.

第三章　影响因子的计算与结构分析

JCR 每年 6 月中下旬（个别年度在 7 月上旬）发布 SCI 收录期刊新一年度的影响因子和 5 年影响因子。但若对影响因子进行深层次研究，顺利实现对影响因子缺陷的全面矫正，必须掌握各种条件下自行计算 SCI 来源期刊影响因子的方法，而不仅仅是从 JCR 数据库获取给定的各期刊 2 年影响因子和 5 年影响因子。因此我们以 WoS 为数据来源，对 SCI 来源期刊影响因子的计算和结构分析方法进行了深入研究，并以权威期刊 *Nature* 为例，对其影响因子的结构特征进行了详细分析。

一　基于 WoS 数据库影响因子的计算

（一）计算期刊影响因子的意义

我们所说的影响因子计算，是指根据 WoS 的期刊引证数据，自行计算 SCI 数据库收录期刊的影响因子。影响因子的计算分为两种情况，一是预测性计算，即在 JCR 未发布新一年影响因子的情况下，提前计算出某期刊或一组期刊最新一年的影响因子；二是验证性计算，即在 JCR 已发布某一年影响因子的情况下，根据 WoS 的引证数据重新计算某期刊影响因子，目的是验证 JCR 数据的正确性。计算（预测）期刊影响因子具有以下几方面的意义：

第一，对于学术期刊编辑从业人员来讲，了解学术期刊影响因子的计算方法、提前精确计算其影响因子能够提前了解目标期刊新一年的影响因子，正确把握国际学术期刊影响力变化趋势；对于情报学研究工作者，能够提高情报分析与预测的科学性，提升科技信息咨询和情报服务的时效性、针对性和有效性；对于科研管理和科学评价研究人员，能够科学合理地进行科研绩效评价，在一定程度上提高科研绩效评价的时效性。

第二，对于SCI来源期刊的管理者来讲，了解精确计算影响因子的方法，可以核对JCR公布的各自期刊的影响因子是否正确，有无较大出入。如*CMAJ*就曾经发现1999年JCR公布的*CMAJ*的影响因子有误，希望作者一如既往地关注该刊。

第三，对于科研人员来讲，了解计算影响因子的方法能够极大地提高投稿的针对性、期刊选择的合理性。目前，国内外许多大学和科研机构出台了形形色色的科研绩效评价和奖励政策，对本单位科研人员发表论文期刊的影响因子提出了各种要求。所以，很多科研人员投稿时非常关注期刊的影响因子。但让他们困惑的是，每年6月份前瞄准影响因子$\geqslant m$的期刊投稿，结果论文录用或发表后，新一年JCR公布的该刊影响因子有明显下降。提前计算科技期刊的影响因子对指导作者投稿就显得很有必要。

（二）数据获取和影响因子的计算方法

1. 单一期刊影响因子的计算方法

现以2012年*Nature*影响因子计算为例，对影响因子计算方法进行介绍。

（1）被引频次获取方法。登录WoS数据库，检索该期刊2010年和2011年发表的全部文献。我们选择通过期刊的ISSN号进行高级检索，检索式："IS = 0028 - 0836 AND PY = 2010 - 2011"。点击检索结果，显示出*Nature*杂志2010年和2011年发表的所有类型文献，再点击页面右上角的"创建引文报告"（图3-1），该期刊前2年发表的所有文献在2012年的被引频次总和就清晰地显示出来（图3-2）；

（2）可被引文献数的获取方法。回到上述检索结果列表页面，点开左边工具栏中的"文献类型"，查看Article和Review等两类文献的总数，即为该刊可被引文献数。

（3）影响因子计算。带入影响因子计算公式，精确计算该刊2012年的影响因子。

2. 同时计算多种期刊影响因子的方法

同时计算多种期刊影响因子和单一期刊影响因子计算的原理是相同的，只是文献检索和数据处理的方法有所区别，现介绍如下。

图 3－1　*Nature* 杂志 2010—2011 年发表各类文献的检索结果

选择记录前面的复选框，从“引文报告”中删除记录

或者限定在以下时间范围内出版的记录，从 1975 至 2018 转至

	2009	2010	2011	2012	2013	合计	平均引用次数/年
	11	7622	38171	68794	76599	487376	40614.67
1. A map of human genome variation from population-scale sequencing 作者: Altshuler, David; Durbin, Richard M.; Abecasis, Goncalo R.; 等. 团体作者: 1000 Genomes Project Consortium NATURE 卷: 467 期: 7319 页: 1061-1073 出版年: OCT 28 2010	0	9	449	673	638	3400	377.78
2. A human gut microbial gene catalogue established by metagenomic sequencing 作者: Qin, Junjie; Li, Ruiqiang; Raes, Jeroen; 等. 团体作者: MetaHIT Consortium NATURE 卷: 464 期: 7285 页: 59-U70 出版年: MAR 4 2010	0	98	322	387	456	3253	361.44
3. Long non-coding RNA HOTAIR reprograms chromatin state to promote cancer metastasis 作者: Gupta, Rajnish A.; Shah, Nilay; Wang, Kevin C.; 等. NATURE 卷: 464 期: 7291 页: 1071-U148 出版年: APR 15 2010	0	29	96	145	209	2145	238.33
4. The next generation of scenarios for climate change research and assessment 作者: Moss, Richard H.; Edmonds, Jae A.; Hibbard, Kathy A.; 等. NATURE 卷: 463 期: 7282 页: 747-756 出版年: FEB 11 2010	0	19	88	151	249	1997	221.89
5. Mammalian microRNAs predominantly act to decrease target mRNA levels 作者: Guo, Huili; Ingolia, Nicholas T.; Weissman, Jonathan S.; 等. NATURE 卷: 466 期: 7308 页: 835-U66 出版年: AUG 12 2010	0	13	243	342	332	1968	218.67
6. Enterotypes of the human gut microbiome 作者: Arumugam, Manimozhiyan; Raes, Jeroen; Pelletier, Eric; 等. 团体作者: MetaHIT Consortium NATURE 卷: 473 期: 7346 页: 174-180 出版年: MAY 12 2011	0	0	60	271	326	1940	242.50

图 3－2　*Nature* 杂志 2010—2011 年发表各类文献在不同年度的被引频次

（1）各期刊被引频次获取方法。登录 WoS 数据库，同时检索多种期刊 2010 年和 2011 年发表的全部文献（检索结果条目数控制在 1 万以内，若超过 1 万条，无法创建引文报告）。我们选择通过各期刊的 ISSN 号进行高

级检索，检索式："IS =（XXXX - XXXX OR XXXX - XXXX OR ……）AND PY = 2010 - 2011"。点击检索结果（带有超级链接的检索到的文献条数），显示出检索结果列表，再点击页面右上角的"创建引文报告"，在完整页面左下角"输出记录"区域选择最后选项，在文本框内填写相应数字，如 1 - 500，501 - 1000，1001 - 1500……，每次输出记录不得超过 500 条（数据库限制），"输出文本格式"选择 Excel 文件。文献记录输出完成后，把所有 Excel 文件汇总为一个完整的 Excel 文件，仅保留出版物名称和 2012 年被引频次等数据，其他数据均可删除。然后按照出版物名称排序，通过 Excel 简单操作即可获取各期刊 2010 年和 2011 年论文在 2012 年的被引频次。

（2）各期刊可被引文献数的获取方法。回到上述检索结果列表页面，点开左边工具栏中的"文献类型"，勾选"Article"和"Review"两类文献的总数，点击"精炼"按钮，这样就把这两类文献保留下来。然后点击右上角的"分析检索结果"，选择按"来源出版物"进行分析。这样就把各期刊 2010 年和 2011 年发表的"Article"和"Review"两类文献的数量清晰地呈现在页面上。

（3）各期刊影响因子计算。把各期刊 2010 年和 2011 年发表的所有文献在 2012 年的被引频次和各期刊 2010 年和 2011 年发表的"Article"和"Review"两类文献的数量汇总到 Excel 文件，通过批处理计算出各期刊 2012 年的影响因子。

（三）影响因子计算结果与分析

1. 国外部分期刊 2012 年影响因子计算结果与误差

采用该方法，对国际权威性综合性自然科学期刊 *Nature*、*Science*，2011 年影响因子最高的期刊 *Cancer Journal for Clinicians* 及部分权威医学期刊 2012 年的影响因子进行了计算。计算的 *Cancer Journal for Clinicians* 影响因子为 149.459（2012 年 JCR 报告的实际影响因子为 153.459，计算值低了 2.6%），比 2011 年影响因子有大幅度增加，依然是 SCI 数据库中影响因子最高的期刊。如此高的影响因子主要由《2010 年癌症统计》和《全球癌症统计》两篇文章贡献。*Nature* 的影响因子计算值为 37.642（2012 年 JCR 报告的实际影响因子为 38.597，计算值低了 2.5%）。国外 10 种权威期刊 2012 年影响因子计算结果及计算误差见表 3 - 1。除 *British Medical Journal*

（*BMJ*）和 *PLoS Medicine*（*PloS Med*）影响因子计算误差较大外，其他期刊影响因子计算误差均在 5% 左右，计算值均小于实际值。

表 3－1 **国外 10 种权威期刊 2012 年影响因子计算结果及计算误差**

期刊名	2010—2011 年论文数	2012 年被引频次	2012 年 IF 计算值	2012 年 IF 实际值	计算误差
Cancer Journal for Clinicians	37	5530	149.459	153.459	0.026
New England journal of Medicine	694	34764	50.092	51.658	0.030
Nature	1703	64105	37.642	38.597	0.025
Lancet	547	20237	36.996	39.060	0.053
Cell	658	20905	31.770	31.957	0.006
Science	1734	52141	30.070	31.027	0.031
Journal of the American Medical Association	452	13104	28.991	29.978	0.033
British Medical Journal	575	7620	13.252	17.215	0.230
PLoS Medicine	225	2891	12.849	15.253	0.158
Annals of Internal Medicine	338	4382	12.964	13.976	0.072

至于 *BMJ* 和 *PLoS Med* 影响因子计算值和实际值为什么存在那么大的误差，确切原因尚不清楚。很有可能他们经过与汤森路透集团“沟通”，调低了期刊的可被引文献数（见第一章相关内容：*PLoS Med* 的主编们跟汤森路透集团就影响因子问题进行了商讨后宣称，*PLoS Medicine* 的影响因子由于“可被引文献”的界定的不同，上下浮动的幅度可以从不足 3 上浮到 11）。

2. 我国部分期刊 2012 年影响因子计算结果及计算误差

对 2011 年我国影响因子最高的 20 种期刊 2012 年的影响因子进行了计算。计算结果及计算误差见表 3－2。

由表 3－2 可知，2011 年我国影响因子较高的前 20 种期刊有 1 种在 JCR 数据库中已检索不到，其余 19 种 SCI 来源期刊影响因子计算误差最大的期刊是 *Communications in Computational Physics*（计算误差为 29.3%），其次是 *Acta Pharmacologica Sinica* 和 *CNS Neuroscience Therapeutics*，误差超过了 10%。15 种期刊计算误差在 5% 左右，无一例外均为计算值小于实际值，与国外

SCI期刊影响因子计算误差基本相同。说明该影响因子的计算方法是可信的，也得到了该数据库技术服务人员的认可（电话咨询）。

表3－2　　国内部分期刊2012年影响因子计算结果

期刊名	2010—2011年论文数	2012年被引频次	2012年IF计算值	2012年IF实际值	计算误差
Cell Research	210	2088	9.943	10.526	0.055
Journal of Molecular Cell Biology	65	457	7.031	7.308	0.038
Nano Research	222	1553	6.995	7.392	0.054
Molecular Plant	175	1069	6.109	6.126	0.003
Fungal Diversity	119	601	5.050	5.319	0.051
CNS Neuroscience Therapeutics	120	465	3.925	4.458	0.120
Journal of Integrative Plant Biology	180	661	3.672	3.750	0.021
Cellular Molecular Immunology	129	416	3.225	3.419	0.057
Science China Life Sciences	303	866	2.858	—	—
International Journal of Oral Science	57	149	2.614	2.719	0.039
World Journal of Gastroenterology	1490	3714	2.493	2.547	0.021
Journal of Genetics and Genomics	144	298	2.069	2.076	0.003
Asian Journal of Andrology	222	458	2.063	2.140	0.036
Acta Pharmacologica Sinica	396	793	2.003	2.354	0.149
Journal of Digestive Diseases	129	239	1.853	1.853	0.000
Journal of Systematics and Evolution	101	177	1.752	1.851	0.053
Journal of Environmental Sciences China	565	938	1.660	1.773	0.064
Communications in Computational Physics	233	307	1.318	1.863	0.293
Particuology	191	248	1.298	1.419	0.085
Journal of Plant Ecology	62	79	1.274	1.355	0.060

3. 影响因子计算误差产生的原因

几乎各期刊影响因子计算值与实际值相比均存在一定误差，计算误差产生的原因主要有三个方面：（1）作者引文错误。笔者就计算期刊影响因子的误差，专门咨询了数据库技术服务人员，认为这样计算影响因子是科学的，误差产生的原因主要是作者引文错误。通过“创建引文报告”的引文信息必须与原文完全匹配才会计为1次被引用，只要有任何的错误，如起止页码不一致、人名拼写错误、文题不完整或拼写错误等，都将导致数据库检索的论文被引频次小于实际被引频次。而计算影响因子所用的论文被引频次只要期刊名和论文发表年代匹配，期刊的被引用就是有效的。所以，通过“创建引文报告”获取的各论文被引频次一般小于计算影响因子的被引频次。因此出现了所有期刊影响因子计算值均小于实际值的情况；（2）数据加工和处理错误。仅2012年1年，WoS处理的文献条目就超过182万条（数据库检索结果），期刊引证数据很难避免出现差错，这也将导致影响因子计算误差；（3）时间因素。由于部分期刊出版延迟和数据库人力资源限制，导致个别期刊录入数据库延迟时间较长，到次年5月份还有上年度论文收入数据库，计算影响因子过早的话，有部分被引用尚未能在数据库显示，一般到4月底计算期刊影响因子的误差基本可以忽略不计。

（四）计算影响因子需要注意的几个问题

1. 准确界定和计量论文被引频次和论文数

这里介绍的是2012年期刊影响因子的计算方法，那么，影响因子计算公式中的分母是某期刊2010年和2011年发表的论文在2012年（1年内）的被引频次，不得累计2010年和2011年的被引频次，更不能计算2013年的被引频次。其分母仅计算2010年和2011年2年内发表的Article和Review两类文献的数量。准确界定和计量文献被引频次和可被引文献数是精确计算影响因子的关键。

2. 同时计算多种期刊影响因子的问题

同时计算多种期刊影响因子时，必须保证这些期刊2年内发表的所有文献类型条目（包括Article、Review、Letter、Editorial、Correspondence、Notes、Correction等）不超过1万条。因为，如果超过1万条，系统“创建引文报告”功能不可用，将无法准确计量2012年各期刊被引频次。另外，个别期刊两年发文量过大，如*PLoS One*、*Scientific Reports*每年发文量均超过1万篇。这种情况下，如果还想计算期刊影响因子，只能通过WoS数据库的“添加标记结果列表”，把检索结果分割成若干个1万篇，再用上述方法获取全部文献的被引频次，然后计算期刊的影响因子。

3. 注意与上一年度影响因子对比

如果计算某期刊的影响因子与上一年该刊影响因子差异很大，一定要反复核对数据。如果数据获取和计算无误，应查找导致影响因子大幅度增加的高被引文献。如果影响因子下降明显，则应查看上一年度影响因子计算时间窗口内是否有极高被引论文。这样做的目的，是确认计算的影响因子的正确性和准确性。

二　基于 WoS 影响因子的结构分析

这里所说的影响因子的结构分析主要是指不同国家和地区、不同机构、不同作者、不同论文等对期刊影响因子的贡献度。研究影响因子的结构分析方法，主要目的在于探讨不同类型文献对影响因子的贡献，准确计算各种类型文献的影响因子，为顺利实现影响因子计算中分子、分母文献类型的矫正打下基础。现谈到的影响因子的结构分析，主要内容包括期刊自引对影响因子的贡献、不同类型文献对影响因子的贡献、高被引论文对影响因子的贡献。现以 10 种国际权威科技期刊为研究对象进行分析。所谓国际权威科技期刊是指 SCI 数据库收录的、影响因子较高且发文量较大的期刊。根据这一界定，确定以下 10 种期刊为国际权威期刊：*New England Journal of Medicine*（*N Engl J Med*）、*Lancet*、*Nature*、*Nature Genetics*（*Nat Genet*）、*Cell*、*Science*、*Journal of American Medicine Association*（*JAMA*）、*Nature Communication*（*Nat Commun*）、*Proceedings of the National Academy of Sciences of the United States of America*（*P Natl Acad Sci*）、*Nano Letter*（*Nano Lett*）。

（一）数据获取方法

1. 被引量$_{IF}$和自引量$_{IF}$的获取

被引量$_{IF}$是指参与影响因子计算的被引频次，自引量$_{IF}$是被引量$_{IF}$中的自引频次。登录 JCR 数据库，选择 2012 年版“JCR Science Edition”，点选“Search for a specific journal”（特定期刊检索），提交。以各期刊的 ISSN 号进行检索，页面打开后，点击带有超级链接的期刊名，“Self Cites to Years Used in Impact Factor Calculation”（用于影响因子计算的自引量）一栏给出了该期刊自引量$_{IF}$和被引量$_{IF}$。逐一获取 10 种期刊的被引量$_{IF}$和自引量$_{IF}$。

2. 不同类型文献数及其被引频次的获取

登录 WoS 数据库，以各期刊的 ISSN 号编制高级检索式（IS = XXXX -

XXXX AND PY = 2010 - 2011），逐一检索各期刊 2010 年和 2011 年 2 年内发表的各种类型文献，通过文献精炼和创建引文报告，二者结合确定各期刊 2010 年和 2011 年发表的各种类型文献数量及其在 2012 年的被引频次，进而计算各种类型文献对该期刊影响因子的贡献度。

3. 高被引论文对影响因子的贡献

本研究选择三个层次的高被引论文：一是各期刊 2010 年和 2011 年被引频次最高的前 5% 的文献；二是被引频次最高的前 10% 的文献；三是被引频次最高的前 20% 的文献。计算各期刊高被引论文对该刊影响因子的贡献。

（二）影响因子结构分析

1. 自引对科技期刊影响因子的贡献

自引主要包括期刊自引和作者自引，这里提到的自引是指期刊自引。10 种国际权威科技期刊自引对影响因子的贡献见表 3 - 3。表 3 - 3 中各期刊的自引率$_{IF}$是指参与影响因子计算的自引率，实际上就是各期刊自引对该期刊影响因子贡献的百分率。

表 3 - 3 **自引对科技期刊影响因子的贡献**

期刊	论文和综述	被引量$_{IF}$	自引量$_{IF}$	自引率$_{IF}$	影响因子	自引影响因子	他引影响因子
N Engl J Med	694	35851	488	0.014	51.658	0.703	50.955
Lancet	547	21366	641	0.030	39.060	1.172	37.888
Nature	1703	65731	1091	0.017	38.597	0.641	37.956
Nat Genet	374	13168	383	0.029	35.209	1.024	34.185
Cell	658	20996	402	0.019	31.957	0.612	31.345
Science	1734	53769	766	0.014	31.027	0.442	30.585
JAMA	452	13580	281	0.021	29.978	0.620	29.358
Nat Commun	600	6009	73	0.012	10.015	0.122	9.893
P Natl Acad Sci	7379	71842	2493	0.035	9.737	0.338	9.399
Nano Lett	1810	23575	1845	0.078	13.025	1.019	12.006

注：论文和综述是指各期刊 2010 年和 2011 年发表的 Article 和 Review 文献数量。被引量$_{IF}$是指参与影响因子计算的被引频次，自引量$_{IF}$是指被引量$_{IF}$中的自引量，自引率$_{IF}$是指影响因子构成中自引所占的百分率，即自引量$_{IF}$ ÷ 被引量$_{IF}$。

2. 不同类型文献对科技期刊影响因子的贡献

10 种国际权威期刊共检索到 10 种类型的文献，包括 Article、Review、Letter、Editorial、Proceeding、Correction、Biographical Item、News Item、Book Review、Reprint 等。其中，对影响因子贡献较大的主要包括 Article、Review、Letter、Editorial 4 种类型的文献（表 3－4），其他类型文献对影响因子贡献较小（表 3－5）。

表 3－4 **常见类型文献对科技期刊影响因子的贡献**

期刊	Article				Review				合计贡献率/%
	文献数	被引量	篇均被引量	对 IF 贡献率/%	文献数	被引量	篇均被引量	对 IF 贡献率/%	
N Engl J Med	620	27351	44. 1	76. 3	74	2936	39. 676	8. 2	84. 5
Lancet	505	17312	34. 3	81. 0	42	977	23. 262	4. 6	85. 6
Nature	1629	57053	35. 0	86. 8	74	4189	56. 608	6. 4	93. 2
Nat Genet	374	12571	33. 6	95. 5	—	—	—	—	95. 5
Cell	583	15568	26. 7	74. 1	75	5135	68. 467	24. 5	98. 6
Science	1621	43106	26. 6	80. 2	113	5276	46. 690	9. 8	90. 0
JAMA	412	9497	23. 1	69. 9	40	1366	34. 150	10. 1	80. 0
Nat Commun	593	5685	9. 6	94. 6	7	112	16. 000	1. 9	96. 5
P Natl Acad Sci	7372	70538	9. 6	98. 2	7	78	11. 143	0. 1	98. 3
Nano Lett	1810	23393	12. 9	99. 2	—	—	—	—	99. 2
期刊	Editorial				Letter				合计贡献率/%
	文献数	被引量	篇均被引量	对 IF 贡献率/%	文献数	被引量	篇均被引量	对 IF 贡献率/%	
N Engl J Med	929	3769	4. 1	10. 5	1588	1342	0. 84509	3. 7	14. 3
Lancet	1592	1888	1. 2	8. 8	1065	602	0. 56526	2. 8	11. 7
Nature	1578	2710	1. 7	4. 1	551	452	0. 82033	0. 7	04. 8
Nat Genet	96	202	2. 1	1. 5	35	110	3. 14286	0. 8	02. 4
Cell	258	452	1. 8	2. 2	9	17	1. 88889	0. 1	02. 2
Science	1090	3668	3. 4	6. 8	428	278	0. 64953	0. 5	07. 3
JAMA	649	1672	2. 6	12. 3	780	340	0. 4359	2. 5	14. 8
Nat Commun	2	0	0. 0	0. 0	—	—	—	—	0. 0
P Natl Acad Sci	396	591	1. 5	0. 8	331	240	0. 72508	0. 3	1. 2
Nano Lett	1	2	2. 0	0. 0	—	—	—	—	0. 0

对 IF 贡献率 = 被引量 ÷ 被引量$_{IF}$ × 100% 。“—” 表示无此类文献。

表 3－5　　其他类型文献对科技期刊影响因子的贡献

期刊	Correction				Biographical Item				News Item				合计贡献率/%
	文献数	被引量	篇均被引量	对 IF 贡献率/%	文献数	被引量	篇均被引量	对 IF 贡献率/%	文献数	被引量	篇均被引量	对 IF 贡献率/%	
N Engl J Med	179	104	0.6	0.29	—	—	—	—	—	—	—	—	0.29
Lancet	117	23	0.2	0.11	157	9	0.1	0.04	6	9	1.5	0.04	0.19
Nature	147	55	0.4	0.08	43	4	0.1	0.0[illegible]	849	913	1.1	1.39	1.48
Nat Genet	27	6	0.2	0.05	1	0	0.0	0.00	3	5	1.7	0.04	0.08
Cell	44	6	0.1	0.03	5	1	0.2	0.00	152	7	0.0	0.03	0.07
Science	232	52	0.2	0.10	42	6	0.1	0.01	1456	1209	0.8	2.25	2.36
JAMA	72	11	0.2	0.08	1	—	0.0	0.00	639	216	0.3	1.59	1.67
Nat Commun	—	—	—	—	—	—	—	—	—	—	—	—	0.00
P Natl Acad Sci	186	16	0.1	0.02	35	1	0.0	0.00	—	—	—	—	0.02
Nano Lett	29	17	0.6	0.07	—	—	—	—	—	—	—	—	0.07

对 IF 贡献率 = 被引量 ÷ 被引量$_{IF}$ ×100%。"—" 表示无此类文献。

除了表3－4 和表3－5 列出的7 种类型文献外，*N Engl J Med* 的 Proceeding 文献 5 篇，贡献被引频次 92，*JAMA* 的 Reprint 文献 258 篇，贡献被引频次 22，*Nature* 和 *Science* 均发表 Book Review，分别为 297 篇和 207 篇，贡献被引频次分别为 38 和 13。由于这些文献对各期刊影响因子贡献较小，因此不再单独列出。

通过"创建引证报告"获取的每种期刊 2010 年和 2011 年全部文献在 2012 年的被引频次大多小于各期刊被引量$_{IF}$。

3. 高被引论文对科技期刊影响因子的贡献

高被引论文对科技期刊影响因子的贡献见表 3－6。

表 3－6 高被引论文对影响因子的贡献

期刊名	文献总量	被引量$_{IF}$	Top5% 高被引论文			Top10% 高被引论文			Top20% 高被引论文		
			论文数	被引量	贡献率/%	论文数	被引量	贡献率/%	论文数	被引量	贡献率/%
N Engl J Med	3395	35851	170	20070	56.0	340	26995	75.3	679	32657	91.1
Lancet	3484	21366	174	12212	57.2	348	17076	79.9	697	19569	91.6
Nature	5168	65731	258	26678	40.6	517	39450	60.0	1034	53889	82.0
Nat Genet	536	13168	27	3242	24.6	54	4863	36.9	107	7178	54.5
Cell	1126	20996	56	7323	34.9	113	10335	49.2	225	14231	67.8
Science	5189	53769	259	21251	39.5	519	31428	58.5	1038	43031	80.0
JAMA	2851	13580	143	7380	54.3	285	9845	72.5	570	12076	88.9
Nat Commun	602	6009	30	1150	19.1	60	1864	31.0	120	2883	48.0
P Natl Acad Sci	8327	71842	416	14829	20.6	833	23596	32.8	1665	36086	50.2
Nano Lett	1840	23575	92	5619	23.8	184	8409	35.7	368	12359	52.4

注：贡献率是指高被引论文对影响因子贡献的百分率，其数值等于高被引论文被引量 ÷ 被引量$_{IF}$ × 100%。

三 *Nature* 杂志影响因子的结构特征

Nature 杂志由英国 Nature 出版集团出版发行，是 2012 年全球范围内影响因子最高的综合性科技期刊。*Nature* 是一个著名的跨学科科技期刊，始终报道和评论全球科技领域里最重要的突破和进展，在国际上享有广泛影响和崇高威望。近年来，中国许多高校和研究机构为鼓励科研人员在 *Nature* 发表更多的论文，相继制定了诱人的奖励政策。例如，中国农业大学、华南师范大学、浙江理工大学等对 *Nature* 每篇论文奖励 100 万元人民币。新乡医学院则规定，对于在 *Nature* 及影响因子≥20 的 *Nature* 子刊发表一篇论文均奖励 100 万元。扬州大学和南京大学每篇分别奖励 50 万元和 30 万元；南开大学、哈尔滨工业大学、南京航空航天大学等每篇奖励 10 万元。当然，*Nature* 在中国科学评价体系中的应用不仅仅是金钱奖励，还广泛应用于学术评价的方方面面。

在此，我们对 *Nature* 杂志 2013 年影响因子的结构特征进行了详细统计和分析，包括不同类型文献、高被引论文、高被引作者、不同机构、不同国家和地区对 *Nature* 杂志 2013 年影响因子的贡献度。

（一）不同类型文献对 *Nature* 2013 年影响因子的贡献

2011—2012 年 *Nature* 发表的文献类型包括 Article、Review、Editorial Material、Letter、News Item、Book Review、Correction 和 Biographical Item，不同类型的文献数量及其对 2013 年 *Nature* 影响因子的贡献见表 3－7。

表 3－7 *Nature* 不同类型文献对其 2013 年影响因子的贡献

文献类型	A	B	C	D	E
Article	1639	60428	36.87	35.338	86.19%
Review	71	5436	76.56	3.179	7.75%
Editorial Material	1703	2826	1.66	1.653	4.03%
News Item	819	919	1.12	0.537	1.31%
Letter	560	443	0.79	0.259	0.63%
Correction	168	39	0.23	0.023	0.06%
Book Review	241	19	0.08	0.011	0.03%
Biographical Item	41	4	0.10	0.002	0.01%
合计	5242	70114	13.38	41.002	100%

A：2011—2012 年 *Nature* 发表的文献数量；B：2011—2012 年 *Nature* 发表的文献在 2013 年的被引频次；C：不同类型文献的篇均被引频次；D：不同类型文献对影响因子贡献；E 不同类型文献对影响因子贡献百分比。Article 和 Review 共 1710 篇，构成计算影响因子的分母。

由表 3－7 可以看出，2011—2012 年 *Nature* 发表的 8 种类型文献中，2013 年被引频次最高的是 Article 和 Review 两种类型的文献。对 2013 年 *Nature* 影响因子贡献最大的是 Article 类型的文献，被引频次远远高于其他类型的文献，贡献率高达 86.19%，其次是 Review 类型的文献，贡献百分比为 7.75%。从发文量来看，Review 类型的文献数量远远低于 Article 类型的文献量，但 Review 类型文献的篇均被引频次超过了论文类型文献的 2 倍。另外，*Nature* 发表的 Editorial Material 类型的文献数量略高于 Article 类型的文献，但其被引频次却远低于论文，对 2013 年 *Nature* 影响因子的贡献位居第三。其他类型的文献对 2013 年 *Nature* 影响因子的贡献微乎其微。

（二）高被引论文对 *Nature* 2013 年影响因子的贡献

通过 WoS 数据库检索 2011—2012 年 *Nature* 发表的所有类型的文献，并按其在2013年的被引频次高低排序，选取被引频次 >200 的论文（共18篇）作为高被引论文。这18篇高被引论文是对2013年*Nature*影响因子贡献突出的优秀论文。18篇高被引论文对*Nature* 2013年影响因子的贡献见表3－8。由表3－8可以看出，2011—2012年*Nature*发表的18篇高被引论文中，有9篇来自美国，4篇来自英国，2篇来自德国。西班牙、日本、比利时各1篇。另外，Dunham发表的有关人类基因组的研究论文①被引频次明显高于其他论文，对2013年*Nature*影响因子的贡献最大，贡献值为0.392。

表3－8 **高被引论文对*Nature* 2013年影响因子的贡献**

通讯作者	机构*	国家	文献标题	被引频次**	对影响因子的贡献
Dunham，I	European Bioinformatics Institute	England	An integrated encyclopedia of DNA elements in the human genome	671	0.392
Perou，CM	University of North Carolina	USA	Comprehensive molecular portraits of human breast tumours	359	0.210
Spellman，PT	University of California，Berkeley	USA	Integrated genomic analyses of ovarian carcinoma	322	0.188
Bork，P	European Molecular Biology Laboratory	Germany	Enterotypes of the human gut microbiome	296	0.173
McVean，GA	University of Oxford	England	An integrated map of genetic variation from 1092 human genomes	293	0.171
Kucherlapati，R	Harvard University	USA	Comprehensive molecular characterization of human colon and rectal cancer	269	0.157
Shen，JR	Okayama University	Japan	Crystal structure of oxygen-evolving photosystem II at a resolution of 1.9 angstrom	263	0.154
Huttenhower，C	Harvard University	USA	Structure，function and diversity of the healthy human microbiome	261	0.153
Wolf，J	Max Delbruck Center for Molecular Medicine	Germany	Global quantification of mammalian gene expression control	248	0.145
Carmeliet，P	Flanders Institute for Biotechnology	Belgium	Molecular mechanisms and clinical applications of angiogenesis	245	0.143
Novoselov，KS	University of Manchester	England	A roadmap for graphene	240	0.140

① Dunham I，"An Integrated Encyclopedia of DNA Elements in the Human Genome"，*Nature*，Vol. 489，No. 7414，2012.

续表

通讯作者	机构*	国家	文献标题	被引频次**	对影响因子的贡献
Kellis, M	Broad Institute of MIT and Harvard	USA	Mapping and analysis of chromatin state dynamics in nine human cell types	232	0.136
Kobilka, BK	Stanford University	USA	Crystal structure of the beta (2) adrenergic receptor-Gs protein complex	223	0.130
Compston, A	University of Cambridge	England	Genetic risk and a primary role for cell-mediated immune mechanisms in multiple sclerosis	217	0.127
Guigo, R	Center for Gene Regulation	Spain	Landscape of transcription in human cells	215	0.126
Garraway, LA	Broad Institute of MIT and Harvard	USA	The Cancer Cell Line Encyclopedia enables predictive modelling of anticancer drug sensitivity	208	0.122
Levine, B	University of Texas Southwestern Medical Center	USA	Autophagy in immunity and inflammation	203	0.119
Gordon, JI	Washington University	USA	Human gut microbiome viewed across age and geography	203	0.119

*均为通讯作者的第一机构；**均为论文在2013年的被引频次。

（三）高被引作者对 *Nature* 2013 年影响因子的贡献

通过 WoS 数据库检索 2011—2012 年 *Nature* 发表的所有类型文献，共 5242 篇，其中总被引频次≥1 者共 3335 篇文献，*Nature* 两年内的论文被引率为 63.62%。3335 篇文献中 2013 年被引频次≥1 者为 2964 篇，这些是对 *Nature* 2013 年影响因子作出贡献的文献。利用 Excel 对 2964 篇贡献文献的“通讯作者地址”进行分析，以确定不同高被引作者对 *Nature* 2013 年影响因子的贡献。高被引作者对 *Nature* 2013 年影响因子的贡献见表 3-9。

由表 3-9 可以看出，前 20 位高被引通讯作者中，有 13 位来自美国，3 位来自英国，2 位来自德国。日本、比利时各 1 位。对 *Nature* 2013 年影响因子贡献最大的两位作者分别是来自英国 European Bioinformatics Institute 的 Dunham 和来自美国 Stanford University 的 Kobilka，贡献值分别为 0.392 和 0.364。另外，2 年内在 *Nature* 发文量最多的两位作者分别是来自美国的

Meyerson 和 Golub，发文量分别为 14 篇和 10 篇，对影响因子的贡献值分别为 0. 185 和 0. 149。

表 3 - 9 *Nature* 的高被引作者对其 2013 年影响因子的贡献

作者*	机构	国家	被引频次**	文献数量	篇均被引频次	对影响因子贡献值
Dunham, I	European Bioinformatics Institute	England	671	1	671. 00	0. 392
Kobilka, BK	Stanford University	USA	623	9	69. 22	0. 364
Perou, CM	University of North Carolina	USA	359	4	89. 75	0. 210
Spellman, PT	University of California, Berkeley	USA	322	2	161. 00	0. 188
Meyerson, M	Broad Institute of MIT and Harvard	USA	317	14	22. 64	0. 185
Gordon, JI	Washington University	USA	313	4	78. 25	0. 183
Levine, B	University of Texas Southwestern Medical Center	USA	307	3	102. 33	0. 180
Stevens, RC	scripps research Institute	USA	302	3	100. 67	0. 177
Bork, P	European Molecular Biology Laboratory	Germany	296	2	148. 00	0. 173
McVean, GA	University of Oxford	England	293	1	293. 00	0. 171
Kucherlapati, R	Harvard University	USA	269	4	67. 25	0. 157
Ren, B	Ludwig Institute for Cancer Research	USA	264	6	44. 00	0. 154
Shen, JR	Okayama University	Japan	263	1	263. 00	0. 154
Huttenhower, C	Harvard University	USA	261	2	130. 50	0. 153
Guttman, M	Broad Institute of MIT and Harvard	USA	258	3	86. 00	0. 151
Golub, TR	Eli and Edythe L. Broad Institute	USA	255	10	25. 50	0. 149
Carmeliet, P	Flanders Institute for Biotechnology	Belgium	249	3	83. 00	0. 146
Wolf, J	Max Delbruck Center for Molecular Medicine	Germany	248	4	62. 00	0. 145
Novoselov, KS	University of Manchester	England	240	1	240. 00	0. 140
Granier, S	Stanford University	USA	235	2	117. 50	0. 137

* 均为通讯作者；机构均为通讯作者的第一机构；** 均为通讯作者在 2013 年的被引频次。

（四）高被引机构对 *Nature* 2013 年影响因子的贡献

利用 Excel 对上述 2964 篇文献的机构按 2013 年被引频次进行分类求和汇总，选取被引频次最高的前 20 个机构，这 20 个高被引机构对 *Nature* 2013 年影响因子贡献最突出，详见表 3－10。

由表 3－10 可以看出，前 20 个高被引机构中高校占 13 个。对 *Nature* 2013 年影响因子贡献突出的机构主要来源于高校，说明高校是科研产出的重要发源地。对影响因子贡献最大的前 5 个机构均为高校。另外，前 20 个高被引机构全部集中于美国和英国，其中 16 个机构来自美国，另外的 4 个机构来自英国。

表 3－10 高被引机构对 *Nature* 2013 年影响因子的贡献

机构*	国家	被引频次**	对影响因子贡献值	机构*	国家	被引频次**	对影响因子贡献值
Harvard University	USA	3242	1.896	University of Texas Southwestern Medical Center Dallas	USA	945	0.553
Stanford University	USA	2536	1.483	University of Oxford	England	838	0.490
Washington University	USA	2103	1.230	Scripps Research Institute	USA	767	0.449
University of California, Berkeley	USA	1471	0.860	Memorial Sloan Kettering Cancer Center	USA	751	0.439
University of Alaska Fairbanks	USA	1431	0.837	California Institute of Technology	USA	744	0.435
Yale University	USA	1367	0.799	University of California, San Francisco	USA	709	0.415
Broad Institute of MIT and Harvard	USA	1159	0.678	Wellcome Trust Sanger Institute	England	695	0.406
University of California San Diego	USA	1140	0.667	European Bioinformatics Institute	England	671	0.392
Massachusetts Institute of Technology	USA	1134	0.663	University of North Carolina	USA	667	0.390
University of Cambridge	England	990	0.579	Rockefeller University	USA	639	0.374

* 均为通讯作者的第一机构；** 均为各机构在 2013 年的被引频次。

（五）不同国家和地区对 *Nature* 2013 年影响因子的贡献

2964 篇被引文献来自 48 个国家和地区，对 *Nature* 2013 年影响因子贡献突出的前 20 个国家及其对影响因子的贡献值见表 3－11。

表 3－11　　**不同国家和地区对 *Nature* 2013 年影响因子的贡献**

国家/地区	被引频次 *	对影响因子贡献值	国家/地区	被引频次 *	对影响因子贡献值
美国	42106	24. 623	西班牙	813	0. 475
英格兰	7243	4. 236	比利时	717	0. 419
德国	4598	2. 689	意大利	595	0. 348
日本	2278	1. 332	瑞典	541	0. 316
瑞士	1974	1. 154	以色列	430	0. 251
加拿大	1520	0. 889	丹麦	395	0. 231
法国	1485	0. 868	奥地利	388	0. 227
中国	1309	0. 765	苏格兰	385	0. 225
澳大利亚	1031	0. 603	韩国	250	0. 146
荷兰	922	0. 539	新加坡	233	0. 136

* 均为各国家在 2013 年的被引频次。

由表 3－11 可以看出，对 2013 年 *Nature* 影响因子贡献最突出的国家和地区是美国，贡献值高达 24. 623，英格兰次之，贡献值为 4. 236，二者为 *Nature* 2013 年影响因子贡献率达 70. 4%，说明美国和英格兰是 *Nature* 的重要稿源地。另外，德国、日本、瑞士、加拿大、法国和中国等均对 *Nature* 影响因子作出了较为突出的贡献。

综上所述，认为不同类型文献对影响因子的贡献差异巨大。对 *Nature* 2013 年影响因子贡献最大的是 Article 和 Review 两种类型文献，二者的贡献率高达 93. 94%。另外，虽然 Editorial Material 的文献数量高于论文，但前者的被引频次远远高于后者，说明很难通过增加该类型文献量来提高期刊影响因子，当然不排除个别期刊存在特例。

通过对 *Nature* 高被引论文（作者、机构）的结构分析，我们发现 *Nature* 2013 年影响因子的增长是由该杂志众多高被引论文（作者、机构）共同贡献的，其分布较为均衡。不像某些期刊由少数高被引文献贡献较多被引频次，如 *Cancer Journal for Clinicians* 2012 年影响因子高达 153.459，而如此高的影响因子主要由 Jemal 等 2 篇文章①②《2010 年癌症统计》和《全球癌症统计》贡献（贡献率为 70.9%）。

不同国家和地区对 *Nature* 2013 年影响因子的贡献相差较为悬殊，贡献突出的国家主要分布于欧洲、亚洲和美洲。美国和英国贡献最突出，其中美国的贡献遥遥领先于其他国家，中国对其贡献排在第 8 位，说明近年来中国的基础科学研究有明显的进步。国家和地区的贡献差异在一定意义上提示我们，要高度关注全球科学研究的均衡发展问题，积极促进不同国家和地区之间的学术交流。

---

① Jemal A *et al*, "Cancer Statistics, 2010", *Cancer Journal for Clinicians*, Vol. 60, No. 5, 2010.

② Jemal A *et al*. "Global Cancer Statistics, 2011", *Cancer Journal for Clinicians*, Vol. 61, No. 2, 2011.

第四章　基于引证时间窗口的影响因子矫正

2009 年 1 月 22 日，汤森路透集团推出加强版 JCR①，更新了 2008 年 7 月发布的 JCR－2007，新增了 3 个重要的文献计量学指标，即特征因子分值、论文影响分值（Article Influence Score，AIS）和 5 年影响因子。其中，5 年影响因子是对传统的 2 年影响因子的重要补充，二者的区别仅仅是计算影响因子所用的引证时间窗口（Citation Time Window）或引证时间范围（Citation Timeframe）不同。前者所用时间窗口是 5 年，后者是 2 年②。

事实上，早在 1997 年就有学者③对计算影响因子应用 2 年引证时间窗口提出异议，认为 2 年引证时间窗口计算影响因子对有些学科是合适的，而对另外一些学科是不合适的。多数学者认为，2 年影响因子所用引证时间（2 年）太短，缺乏统计学上的合理性④。5 年影响因子就是在这样的背景下诞生的。自从 5 年影响因子成为 JCR 中期刊评价指标以后，受到国内和国外学者的广泛关注⑤⑥⑦⑧。但引证时间窗口是不是越长越好呢？3 年影响因子、4

---

① 任胜利：《特征因子（Eigenfactor）：基于引证网络分析期刊和论文的重要性》，《中国科技期刊研究》2009 年第 3 期。

② Vanclay J K，"Impact Factor：Outdated Artefact or Stepping-Stone to Journal Certification?"，*Scientometrics*，Vol. 92，No. 2，2012.

③ Seglen P O，"Why the Impact Factor of Journals Should not Be Used for Evaluating Research"，*BMJ*，Vol. 314，No. 7079，1997.

④ Dorta-Gonzalez P *et al*，"Impact Maturity Times and Citation Time Windows：The 2-Year Maximum Journal Impact Factor"，*Journal of Informetrics*，Vol. 7，No. 3，2013.

⑤ 刘雪立等：《SCI 数据库中 1058 种医学期刊影响因子和 5 年影响因子与出版频率的关系》，《中国科技期刊研究》2011 年第 2 期。

⑥ 赵星：《JCR 五年期影响因子探析》，《中国图书馆学报》2010 年第 187 期。

⑦ Campanario J M，"Empirical Study of Journal Impact Factors Obtained Using the Classical Two-year Citation Window Versus a Five-year Citation Window"，*Scientometrics*，Vol. 87，No. 1，2011.

⑧ Jacso P，"Five-year Impact Factor Data in the Journal Citation Reports"，*Online Information Review*，Vol. 33，No. 3，2009.

年影响因子以及6年影响因子与2年影响因子和5年影响因子相比其期刊评价效果如何呢？为了弄清楚这些问题，我们以SCI收录的部分眼科学期刊为例，对不同引证时间窗口的影响因子进行了比较研究，以期找到计算影响因子更加合理的引证时间窗口。

一　矫正思路与方法

（一）矫正思路

众所周知，Garfield提出的传统影响因子所用引证时间窗口是2年，也就是说，计算影响因子所用的分母是某期刊前2年发表的可被引文献数，而影响因子的分子是该刊前2年发表的所有文献在统计当年的被引频次。在众多学者的倡议下，2009年JCR开始推出了5年影响因子，把影响因子的引证时间窗口由2年延长为5年。自2009年以来的各年度JCR同时发布影响因子（即2年影响因子）和5年影响因子。但是，不同学科其论文被引峰值年代和文献老化速度差异很大。对于特定学科来讲，可能影响因子和5年影响因子都不是最理想的。我们需要对不同引证时间窗口（2—6年，甚至更长时间）影响因子进行研究，以确定某一特定学科最佳时间窗口的影响因子。由于JCR只给出了影响因子和5年影响因子，所以，需要我们自行计算不同引证时间窗口的影响因子。为了判断几年引证时间窗口影响因子最佳，我们必须选定一个相对合理的评价标准进行对照。理论上讲，期刊同行专家评分（通过同行专家问卷调查获取）比任何文献计量学指标能更加客观、真实地反映期刊的实际影响力。以不同年度引证时间窗口影响因子与同行专家评分相关度确定最佳引证时间窗口。

（二）矫正步骤与方法

1. 对象选择

2012年版JCR数据库共收录眼科学期刊56种，仅保留美国主办的、自引率<20%，而且自2007—2012年一直被SCI数据库收录的期刊作为研究对象。符合条件的期刊共28种。仅保留美国的期刊目的是为了避免问卷调查中不同国家学者对其他国家眼科学期刊不了解而导致的评分误差；要求自引率<20%是为了避免过度自引对期刊影响因子的影响；要求2007—2012年一直被SCI数据库收录，目的是能够计算各期刊不同引证时间窗口的影响

因子（如，某期刊2013年的6年影响因子等于该刊2007—2012年的可被引文献在2013年的被引频次除以该期刊2007—2012年发表的可被引文献量）。

2. 不同引证时间窗口影响因子计算方法

JCR数据库每年发布各期刊的影响因子和5年影响因子，但该研究还涉及3年影响因子、4年影响因子和6年影响因子等，这些引证时间窗口的影响因子JCR数据库中是没有的。因此，需要根据第二章介绍的影响因子计算方法，计算不同引证时间窗口的影响因子。为了使不同年度影响因子更具有可比性，影响因子和5年影响因子也通过计算获取，而不用JCR中公布的影响因子。

3. 期刊的同行专家评分

期刊同行专家评分通过问卷调查获取。期刊影响力的问卷调查能够直接反映期刊在科研人员心目中的实际影响力[①][②]。Harnad[③]认为，同行专家评价被公认为是检验引文指标有效性的最重要的标准和方法。本研究对我们2012年7月SCI眼科学期刊的同行评议结果[④]进行深度加工，仅抽取美国眼科医生和科研人员对美国眼科学期刊的评价结果，最大限度地避免由于同行专家对其他国家和地区期刊不熟悉导致的同行评议失真的可能。采用满分10分制，由每位医生和科研人员给每种期刊打分，美国学者的有效回复问卷共61份。每种期刊得分只计总分，每份问卷中期刊得分处为空白或“不熟悉”、“不了解”者以零分处理。以零分处理的理由是，如果作者对某期刊根本没有打分，本身就说明这些期刊在该读者心目中无任何影响力。

4. 眼科学期刊被引峰值年代的确定

对28种眼科学期刊2001—2006年各年度论文分别进行检索，通过WoS数据库的引证分析功能，统计分析每一年度论文发表后在今后各年度被引频次的变化，采用历时法确定眼科学期刊被引峰值年代。

---

① Weale A R, “The Level of Non-citation of Articles Within a Journal as a Measure of Quality: A Comparison to the Impact Factor”, *BMC Medical Research Methodology*, Vol. 4, No. 14, 2004.

② 贺颖等:《同行评议专家遴选的科学计量方法与实证研究》,《图书情报工作》2012年第6期。

③ Harnad S, “Validating Research Performance Metrics Against Peer Rankings”, *Ethics in Science and Environmental Politics*, Vol. 8, No. 11, 2008.

④ 王璞等:《SNIP、SJR及其修正指标SNIP2、SJR2在期刊评价中的应用》,《中国科技期刊研究》2014年第6期。

5. 统计学处理

统计学处理软件为 SPSS 18.0。各指标之间的相关度采用 Spearman 秩相关检验，不同引证时间窗口影响因子的比较采用 Kruskal-Wallis H 检验，检验水准为 $\alpha = 0.05$。

二　矫正结果

（一）同行专家评分与不同引证时间窗口影响因子

28 种眼科学期刊同行专家评分情况及不同引证时间窗口计算所得各期刊 2013 年影响因子见表 4－1。

表 4－1　28 种眼科学期刊同行专家评分与 2013 年不同引证时间窗口影响因子

期刊名	同行专家评分	2IF	3IF	4IF	5IF	6IF
Arch Ophthalmol	411.8	4.357	4.217	4.486	4.304	4.191
Invest Ophth Vis Sci	401.4	3.508	3.620	3.623	3.626	3.785
Am J Ophthalmol	338.5	3.872	4.079	4.309	4.361	4.131
Ophthalmology	334.4	5.922	5.820	5.854	5.886	5.733
Surv Ophthalmol	237	3.466	3.456	3.582	3.659	3.745
Exp Eye Res	212	2.928	3.111	3.140	3.047	2.986
Graef Arch Clin Exp	192.5	2.149	2.114	2.181	2.186	2.099
Retina-J Ret Vit Dis	192	3.052	3.097	2.974	2.939	2.845
Mol Vis	164	2.101	2.224	2.253	2.303	2.239
Curr Opin Ophthalmol	162	2.671	2.844	2.843	2.823	2.829
Cornea	159.5	2.185	2.135	2.149	2.170	2.168
J Cataract Refr Surg	155.5	2.712	2.846	2.965	2.985	2.894
J AAPOS	140.5	1.117	1.199	1.209	1.246	1.197
J Glaucoma	134.5	1.879	1.935	2.020	2.095	2.091
J Neuro-Ophthalmol	121.5	1.835	1.584	1.575	1.481	1.460
J Vision	117	1.419	1.711	1.971	1.954	1.958
Visual Neurosci	107.5	1.635	1.700	1.940	1.690	1.616
J Pediat Ophth Strab	101.5	0.462	0.550	0.605	0.625	0.670
J Ocul Pharmacol Th	100.5	1.370	1.476	1.507	1.446	1.403
Ophthal Plast Recons	100	0.868	0.879	0.862	0.865	0.851

续表

期刊名	同行专家评分	2IF	3IF	4IF	5IF	6IF
Neuro-Ophthalmology	97.5	0.216	0.211	0.213	0.209	0.189
Ophthal Surg Las Im	96.5	0.825	0.914	0.873	0.789	0.737
J Refract Surg	91.8	2.918	2.804	2.971	2.852	2.683
Optometry Vision Sci	79	1.824	2.021	2.123	2.160	2.192
Ophthalmic Genet	64.5	1.151	1.122	1.114	1.210	1.174
Ocul Surf	63	4.061	4.064	4.145	3.934	4.694
Eye Contact Lens	60	1.657	1.867	1.880	1.923	2.881
Cutan Ocul Toxicol	54.5	0.872	0.925	0.956	0.958	0.952
平均	160.4	2.251	2.304	2.369	2.347	2.361

注：2IF = 2 年影响因子，3IF = 3 年影响因子，4IF = 4 年影响因子，5IF = 5 年影响因子，6IF = 6 年影响因子。

（二）同行专家评分与 2013 年不同引证时间窗口影响因子的相关度

根据表 4 - 1 中的数据，对 28 种眼科学期刊同行专家评分与 2013 年不同引证时间窗口影响因子制作散点图（图 4 - 1）。期刊同行专家评分与不同引证时间窗口影响因子的相关度及不同引证时间窗口影响因子之间相关度见表 4 - 2。

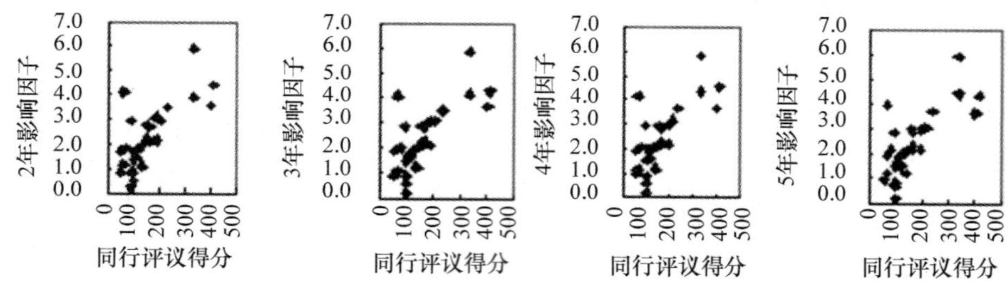

图 4 - 1　28 种期刊同行专家评分与不同引证时间窗口影响因子的关系

表 4 - 2　28 种期刊同行专家评分与不同引证时间窗口影响因子的相关度

相关检验指标	2IF	3IF	4IF	5IF	6IF
同行专家评分	0.652	0.667	0.667	0.664	0.585 *
2IF		0.987	0.987	0.984	0.971
3IF			0.996	0.996	0.987
4IF				0.996	0.978
5IF					0.983

注：* $P = 0.001$，其他均为 $P = 0.000$

由表4－2可知，与同行专家评分相关度最高的是3年影响因子和4年影响因子，5年影响因子优于2年影响因子，6年影响因子与同行专家评分相关度最低。另外，2年影响因子、3年影响因子、4年影响因子、5年影响因子和6年影响因子之间的相关度均异常高，相关系数最低者为0.971。这说明，无论2年影响因子、3年影响因子、4年影响因子、5年影响因子和6年影响因子值如何变化，但其作为期刊评价指标的评价结果是高度一致的。

（三）不同引证时间窗口影响因子的比较

对28种期刊2013年的2年影响因子、3年影响因子、4年影响因子、5年影响因子和6年影响因子作非参数检验的Kruskal-Wallis检验，$\chi^2 = 0.640$，$P = 0.958$，说明采用不同引证时间窗口计算的28种眼科学期刊2013年的影响因子差异无统计学意义。

许多学者①②认为，多数期刊的5年影响因子＞2年影响因子，进一步推测多数期刊长期影响因子＞短期影响因子。研究结果提示，28种期刊的4年影响因子是最高的，其次是6年影响因子和5年影响因子，2年影响因子确实是最小的。但是，并不是引证时间窗口越长，计算出的影响因子值越大。有的学科论文被引高峰来得很快，但被引频次下降也很快，也就是说文献老化也很快。这样的学科可能会出现较长引证时间窗口的影响因子低于短期引证时间窗口影响因子。所以有学者建议，对不同学科期刊应该使用不同引证时间窗口来计算影响因子③④。

（四）眼科学论文被引的峰值年代

应用28种眼科学期刊的ISSN号编制高级检索式，检索2001年至2006年各年度论文，对各年度论文发表后在以后各年度的被引频次进行分析，观察眼科学论文发表后被引频次的演进趋势，进而确定论文被引峰值年代，结

① van Nierop E, "The Introduction of the 5-year Impact Factor: Does It Benefit Statistics Journals?", *Statistica Neerlandica*, Vol. 64, No. 1, 2010.

② Shubert E, "Use and Misuse of the Impact Factor", *Systematics and Biodiversity*, Vol. 10, No. 4, 2012.

③ Vanclay J K, "Impact Factor: Outdated Artefact or Stepping-Stone to Journal Certification?", *Scientometrics*, Vol. 92, No. 2, 2012.

④ Dorta-Gonzalez P *et al*, "Impact Maturity Times and Citation Time Windows: The 2-Year Maximum Journal Impact Factor", *Journal of Informetrics*, Vol. 7, No. 3, 2013.

果见图 4 -2。

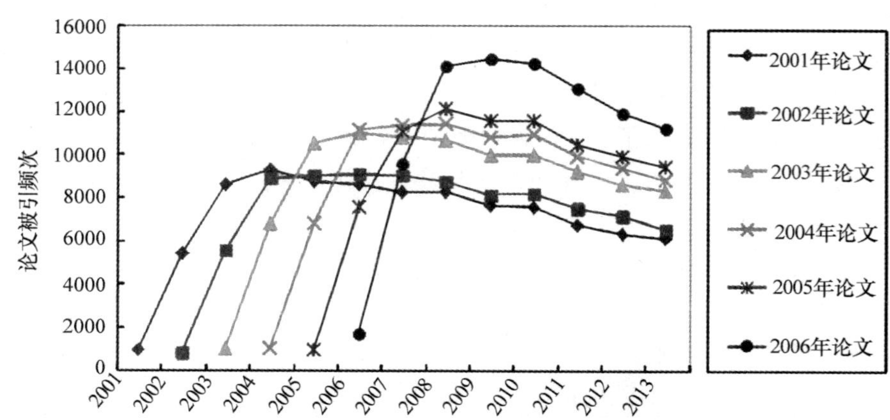

图 4 -2　28 种眼科学期刊 2001—2006 年各年度论文被引频次的演进趋势

由图 4 -2 可知，任何年度的论文发表当年被引频次都很低，第 1 年和第 2 年是论文被引频次的急速增长期，第 3 年增速放缓，被引频次达到高峰（即 2003 年论文被引频次在 2006 年达到高峰），第 4 年开始逐年下降，只有 2004 年论文被引频次第 4 年达到高峰，第 5 年开始下降。这和表 4 -2 中同行专家评分与 3 年影响因子和 4 年影响因子相关度最高这一结果的时间窗口是高度统一的。

英国爱丁堡大学的 Della-Sala① 等认为，2 年引证时间窗口强调的是近期研究，2 年影响因子对被引高峰来得较慢的学科（Slow-Moving Field）期刊的评价是极其不利的。因此，部分学者提出应用更长引证时间窗口的影响因子。Garfield②③ 曾于 1998 年对 JCR 中影响因子排名前 100 和 101—200 的期刊计算了各自的 15 年影响因子和 7 年影响因子，并与当年影响因子排序进行比较，并未发现有异常悬殊，这与各引证时间窗口影响因子之间相关度均异常高这一结果是一致的。本研究结果提示，对于眼科学期刊来讲，3 年影

① Della Sala S, "Five-year Impact Factor", *Cortex*, Vol. 45, No. 8, 2009.

② Garfield E, "Long-Term *vs.* Short-Term Journal Impact: Does It Matter?", *Scientist*, Vol. 12, No. 3, 1998.

③ Garfield E, "Long-Term *vs.* Short-Term Impact: Part II: The Second 100 Highest-Impact Journals", *Scientist*, Vol. 12, No. 141998.

响因子和4年影响因子优于5年影响因子，5年影响因子优于2年影响因子，6年影响因子的期刊评价效果最差。由此可见，对于某一特定学科的期刊，并不是越长引证时间窗口的影响因子越好。

三　矫正效果评价

（一）不同引证时间窗口的影响因子具有极高的相关度

由于学科不同，其性质和所处发展阶段存在很大差异。因此，应用不同引证时间窗口计算所得影响因子值是不同的，但就眼科学期刊评价来讲，2年影响因子、3年影响因子、4年影响因子、5年影响因子和6年影响因子之间具有极高的相关度。

（二）眼科学期刊3年影响因子和4年影响因子效果最佳

2年影响因子、3年影响因子、4年影响因子、5年影响因子和6年影响因子与同行专家评分均高度相关，说明不同引证时间窗口用于期刊评价都是科学的。就眼科学领域来讲，3年影响因子和4年影响因子优于其他引证时间窗口影响因子。也许这正是爱思唯尔基于Scopus数据库建立的期刊评价新指标CiteScore采用3年引证时间窗口①②的重要原因。

（三）学科引文峰值时间作为引证时间窗口是科学的

对于某一特定学科，究竟采用多长时间引证窗口的影响因子宜结合该学科文献被引高峰而定。研究结果提示，选择引证时间窗口应与该学科文献被引高峰一致，比如，若某学科 t 年发表的文献其被引频次在 $t+3$ 年达到高峰，那么最合适的引证时间窗口就是3年。

（四）大规模期刊评价宜采用5年影响因子

由于不同学科论文引证高峰时间有很大差异，作为数据提供者，JCR不

---

① 刘雪立等：《不同学科期刊CiteScore与影响因子的比较研究》，《中国科技期刊研究》2017年第9期。

② da Silva J A T, "Memon AR. CiteScore: A Cite for Sore Eyes, or a Valuable, Transparent Metric?", *Scientometrics*, Vol. 111, No. 1, 2017.

可能针对目前的 177 个自然科学和 57 个社会科学设置不同的时间窗口计算各自学科期刊的影响因子。眼科学属于引证高峰来的相对较早的学科，最佳时间窗口为 3—4 年，若要考虑其他学科，尤其是要兼顾社会科学的话，计算期刊影响因子采用 5 年引证时间窗口是比较合适的。

四 影响因子和 5 年影响因子的比较

研究证实，传统影响因子（2 年影响因子）在眼科学期刊评价中并不理想，但也并不是越长时间窗口的影响因子越合适。这一现象普遍存在，尤其是老化速度较慢（被引半衰期较长）的学科。老化速度较慢的学科通常情况下其论文被引高峰来得也较慢，因此，这些学科期刊评价采用 2 年时间窗口的影响因子是不合理的。为了说明这一问题，以绿色学科与技术（集合被引半衰期 = 3. 8）及核物理（集合被引半衰期 > 10. 0）两个学科期刊为例，对影响因子和 5 年影响因子应用于期刊评价进行比较（表 4 – 3 和表 4 – 4）。

表 4 – 3 **绿色科学和技术学科期刊影响因子和 5 年影响因子的比较**

缩写名	国家	出版语言	总被引频次	影响因子	影响因子排序	5 年影响因子	5 年影响因子排序
Renew Sust Energ Rev	美国	英语	67014	9. 184	1	10. 093	1
Green Chem	英格兰	英语	38174	8. 586	2	8. 717	2
Chemsuschem	德国	英语	19946	7. 411	3	7. 575	3
IEEE T Sustain Energ	美国	英语	6151	6. 235	4	7. 261	4
ACS Sustain Chem Eng	美国	英语	12770	6. 14	5	6. 415	5
J Clean Prod	美国	英语	45454	5. 651	6	6. 352	6
Renew Energ	英格兰	英语	34315	4. 9	7	4. 981	10
Agron Sustain Dev	法国	多语种	3580	4. 503	8	5. 55	7
J Ind Ecol	美国	英语	5124	4. 356	9	5. 068	9
Curr Opin Env Sust	英格兰	英语	3255	4. 186	10	5. 545	8
Int J Greenh Gas Con	英格兰	英语	10333	4. 078	11	4. 542	12
Sustain Sci	日本	英语	1687	3. 855	12	4. 939	11
Int J Pr Eng Man-Gt	韩国	英语	561	3. 774	13	3. 949	13
IET Renew Power Gen	英格兰	英语	3251	3. 488	14	3. 76	14
Green Chem Lett Rev	英格兰	英语	658	3. 364	15	1. 924	22

续表

缩写名	国家	出版语言	总被引频次	影响因子	影响因子排序	5年影响因子	5年影响因子排序
Sustain Cities Soc	荷兰	英语	1788	3.073	16	3.16	16
Int J Agr Sustain	英格兰	英语	813	2.702	17	2.444	17
Energy Sustain Dev	印度	英语	2333	2.658	18	3.221	15
Int J Sust Dev World	美国	英语	1451	2.373	19	2.145	20
Clean Technol Envir	美国	英语	2515	2.337	20	2.371	18
Sustainability-Basel	瑞士	英语	8904	2.075	21	2.177	19
Energ Effic	荷兰	英语	1078	1.634	22	2.035	21
Energy Sustain Soc	德国	英语	327	1.625	23	—	32
P I Civil Eng-Eng Su	英格兰	英语	336	1.5	24	1.208	29
Environ Dev Sustain	荷兰	英语	1145	1.379	25	—	32
Green Mater	英格兰	英语	137	1.344	26	1.692	24
Clean-Soil Air Water	德国	英语	2659	1.338	27	1.566	26
J Renew Sustain Ener	美国	英语	2166	1.337	28	1.342	27
Environ Prog Sustain	美国	英语	2016	1.326	29	1.721	23
Int J Green Energy	美国	英语	1215	1.171	30	1.333	28
Agroecol Sust Food	美国	英语	341	1.14	31	1.587	25
J Renew Mater	美国	英语	153	0.986	32	1.127	31
Green Process Synth	德国	英语	287	0.736	33	1.17	30

注：数据来源于2017年版InCites JCR。

观察表中数据发现，该学科影响因子和5年影响因子各期刊排序一致度非常高。统计学相关分析结果显示，各期刊影响因子和5年影响因子呈现高度正相关（$r=0.979$）。

表4-4　　　　**核物理学科期刊影响因子和5年影响因子的比较**

缩写名	国家	出版语言	总被引频次	影响因子	影响因子排序	5年影响因子	5年影响因子排序
Prog Part Nucl Phys	英格兰	英语	3108	11.049	1	5.682	2
Annu Rev Nucl Part S	美国	英语	2433	6.756	2	8.052	1
Atom Data Nucl Data	美国	英语	2924	4.441	3	3.04	6
Phys Lett B	荷兰	英语	62575	4.254	4	3.968	3
J Phys G Nucl Partic	英格兰	英语	6462	3.456	5	2.819	7

续表

缩写名	国家	出版语言	总被引频次	影响因子	影响因子排序	5 年影响因子	5 年影响因子排序
Phys Rev C	美国	英语	47629	3. 304	6	3. 106	4
Chinese Phys C	中国大陆	英语	4058	3. 298	7	3. 049	5
Eur Phys J A	德国	英语	6049	2. 799	8	2. 618	8
Nucl Phys A	荷兰	英语	18049	1. 992	9	1. 51	11
Nucl Data Sheets	美国	英语	2018	1. 962	10	1. 703	9
Phys Rev Spec Top-Ac	美国	英语	2877	1. 844	11	1. 583	10
Int J Mod Phys E	新加坡	英语	1668	1. 615	12	1. 261	15
Phys Rev Accel Beams	美国	英语	400	1. 413	13	1. 413	12
Nucl Instrum Meth A	荷兰	多语种	24492	1. 336	14	1. 208	16
Nucl Instrum Meth B	荷兰	英语	17443	1. 323	15	1. 297	13
Mod Phys Lett A	新加坡	英语	4124	1. 308	16	1. 057	17
Int J Mod Phys A	新加坡	英语	5522	1. 291	17	1. 297	14
Nucl Sci Tech	中国大陆	英语	615	1. 085	18	0. 793	18
Nukleonika	波兰	英语	542	0. 72	19	0. 61	19
Phys Atom Nucl	俄罗斯	英语	1684	0. 524	20	0. 507	20

注：数据来源于 2017 年版 InCites JCR。

观察表中各期刊影响因子和 5 年影响因子排序发现，该学科影响因子和 5 年影响因子各期刊排序一致度也较高，但其一致程度不如绿色科学和技术学科。统计学相关分析结果显示，各期刊影响因子和 5 年影响因子呈现高度正相关，但二者相关系数（$r=0.872$）明显小于绿色科学和技术学科。

该研究显示，对于老化速度较快的学科，影响因子和 5 年影响因子排序高度一致，二者对期刊的排序差异不大。而对于老化速度较慢的学科，采用 5 年影响因子较为科学合理。具体到期刊评价实践中，不可能对不同学科采用不同时间窗口影响因子进行期刊评价。因此，对所有学科期刊统一采用 5 年影响因子比传统的影响因子更加合理。

第五章　基于文献类型的影响因子矫正

事实上，期刊影响因子就是一个简单的比值，其分子是某期刊前2年发表的所有类型文献在统计当年的被引频次，分母是该刊前2年发表的可被引文献量[①]。可被引文献仅包含 Article 和 Review[②]。期刊除了发表可被引文献，还发表 Meeting Abstract、Editorial Material、Letter、News Item、Correction、Book Review、Biographical Item 和 Reprint 等所谓的非可被引文献。非可被引文献尤其是 Letter 和 Editorial Material 实际上是可被引用的，而且确实对期刊影响因子作出了贡献[③]，由于这部分文献量不计入影响因子的分母，而其被引频次被计入分子。因此，这部分被引频次通常被学术界称为“免费的午餐”[④⑤]。显然，影响因子计算公式中分子与分母所用文献类型不一致是其设计的又一缺陷。

国内外部分学者开始注意影响因子的这一缺陷，并针对这一缺陷提出了相应建议。武夷山研究员[⑥]建议将影响因子分母中的可被引文献改为所有类型文献。Pendlebury 等[⑦]提出将影响因子定义中的分子改为 Article 和 Review

---

① Garfield E，“The History and Meaning of the Journal Impact Factor”，*The Journal of the American Medical Association*，Vol. 295，No. 1，2006.

② 刘雪立：《10种国际权威科技期刊影响因子构成特征及其启示》，《编辑学报》2014年第3期。

③ Heneberg P，“Parallel Worlds of Citable Documents and Others：Inflated Commissioned Opinion Articles Enhance Scientometric Indicators”，*Journal of the Association for Information Science and Technology*，Vol. 65，No. 3，2014.

④ Opthof T，“Impact Factor 2013 of the Netherlands Heart Journal Surpasses 2. 0”，*Netherlands Heart Journal*，Vol. 22，No. 4，2014.

⑤ van Leeuwen T，“Discussing Some Basic Critique on Journal Impact Factors：Revision of Earlier Comments”，*Scientometrics*，Vol. 92，No. 2，2012.

⑥ 武夷山：《影响因子的定义最好调整一下》，2015年9月25日（http：//blog. sciencenet. cn）。

⑦ Pendlebury D A *et al*，“Comments on a Critique of the Thomson Reuters Journal Impact Factor”，*Scientometrics*，Vol. 92，No. 2，2012.

两种类型文献的被引频次。Moed 等[①]提出了两种改善方法，一是分别计算期刊各种类型文献的影响因子，二是将可被引文献定义为 Article、Note、Letter 和 Review 四种类型文献，并将这四种文献的被引频次计入影响因子的分子。然而，目前关于影响因子分子与分母文献类型计数不一致的研究仍然停留在提出修正建议，或者选择样本期刊进行修正后影响因子与传统影响因子的比较，缺乏对其修正效果的实证分析。

一　矫正思路与方法

（一）矫正思路

关于期刊影响因子分子和分母的文献类型，争议最大的是其分子包括期刊发表的所有类型文献的被引频次，而分母仅仅计数该刊发表的 Article 和 Review 两类文献，给办刊人员留下了人为操纵影响因子的空间。例如，尽量多地发表 Editorial Material 和 Letter 等类型的文献，或者把本该以 Article 发表的改为以 Letter 类型发表，本该以 Review 发表的文献加工为 Editorial Material 发表，以保持计算影响因子的分子（被引频次）不变，而缩小其分母。矫正的思路是，让计算影响因子的分子和分母最大限度地一致起来，尽可能忽略或减小非可被引文献对影响因子的贡献。在此，我们以美国 SCI 眼科学期刊为研究对象，结合不同类型文献被引用特征，对计算影响因子的公式进行调整和完善。以美国眼科医生和研究人员对美国 SCI 眼科学期刊学术影响力的同行专家评分为期刊真实影响力标准，通过实证分析验证不同矫正影响因子的期刊评价效果。

（二）矫正步骤与方法

1. 对象选择

研究对象为 2014 年版 JCR 数据库收录的美国眼科学期刊，共 30 种。

2. 不同类型文献数量及其被引频次获取

登录 WoS 数据库，检索各期刊 2012—2013 年发表的全部文献，利用数据库的“精炼”功能，获取各期刊发表的不同类型文献数量，并通过数据

① Moed H F *et al*, “Improving the Accuracy of Institute for Scientific Informations Journal Impact Factors”, *Journal of the American Society for Information Science*, Vol. 46, No. 6, 1995.

库的“创建引文报告”功能，获取不同类型文献在2014年的被引频次。数据检索日期：2015年8月5日。

3. 影响因子计算公式的矫正

根据不同类型文献的被引用特征，该研究提出了5种矫正方法：

$$IF_{Total/Total} = \frac{C_{t-1} + C_{t-2}}{N_{t-1} + N_{t-2}} \quad (5-1)$$

$$IF_{Total/AREL} = \frac{C_{t-1} + C_{t-2}}{N_{AREL(t-1)} + N_{AREL(t-2)}} \quad (5-2)$$

$$IF_{AR/AR} = \frac{C_{AR(t-1)} + C_{AR(t-2)}}{N_{AR(t-1)} + N_{AR(t-2)}} \quad (5-3)$$

$$IF_{AREL/AR} = \frac{C_{AREL(t-1)} + C_{AREL(t-2)}}{N_{AR(t-1)} + N_{AR(t-2)}} \quad (5-4)$$

$$IF_{AREL/AREL} = \frac{C_{AREL(t-1)} + C_{AREL(t-2)}}{N_{AREL(t-1)} + N_{AREL(t-2)}} \quad (5-5)$$

公式5－1和5－2中，C_{t-1}和C_{t-2}分别表示期刊在（$t-1$）年和（$t-2$）年发表的所有类型文献在t年的被引频次，N_{t-1}和N_{t-2}分别表示期刊在（$t-1$）年和（$t-2$）年发表的所有类型文献数量，$N_{AREL(t-1)}$和$N_{AREL(t-2)}$分别表示期刊在（$t-1$）年和（$t-2$）年发表的Article、Review、Editorial Material和Letter类型文献数量。公式5－3中，$C_{AR(t-1)}$和$C_{AR(t-2)}$分别表示期刊在（$t-1$）年和（$t-2$）年发表的Article和Review类型文献在t年的被引频次，$N_{AR(t-1)}$和$N_{AR(t-2)}$分别表示期刊在（$t-1$）年和（$t-2$）年发表的Article和Review类型文献数量。公式5－4和5－5中，$C_{AREL(t-1)}$和$C_{AREL(t-2)}$分别表示期刊在（$t-1$）年和（$t-2$）年发表的Article、Review、Editorial Material和Letter类型文献在t年的被引频次，$N_{AR(t-1)}$、$N_{AR(t-2)}$、$N_{AREL(t-1)}$、$N_{AREL(t-2)}$与公式5－2和5－3中的含义相同。

4. 问卷调查

考虑到问卷调查中不同国家科研人员对其他国家的期刊不了解而导致评分误差①，我们对前期的调查方法进行了相应改进，仅调查美国眼科医生和研究人员对美国眼科学期刊学术影响力和质量的评分。从WoS数据库获取近10年发表过SCI眼科学论文的美国眼科医生和研究人员E-mail地址，共

① 刘雪立等：《不同引证时间窗口影响因子的比较研究——以SCI数据库眼科学期刊为例》，《中国科技期刊研究》2014年第12期。

获取 7077 位通讯作者的 E-mail，通过问道网（AskForm）提供的问卷调查系统（http：//www. askform. cn/Survey/default. aspx）设计英文版调查问卷，并给这些通讯作者发送电子邮件。邮件内容中说明调查目的以及评分原则和方法，并提供填写问卷的网页链接：http：//app. askform. cn/b8e560ec-16ec-4b35-9267-f895e3915e51. aspx？Type =2，让被调查者给每种期刊进行评分（最高分为 10. 0，最低分为 0. 0，未打分者计为 0. 0），统计各期刊所得专家评分总和作为期刊真实影响力标准。共收到回复问卷 124 份，剔除评分期刊低于 3 种、对所有期刊评分均为最高或最低分以及对期刊按顺序评分的问卷，得到有效问卷 112 份。问卷调查时间：2015 年 8 月 4 日至 2015 年 9 月 15 日。

5. 统计分析方法

采用 SPSS 18. 0 对各指标进行双变量 Spearman 相关性分析，检验水准：$\alpha = 0.05$。

二　矫正结果

（一）眼科学期刊不同类型文献及其被引频次

不同期刊发表的文献类型和各类型文献数量及其被引频次具有明显差异，2012—2013 年 30 种眼科学期刊发表的各类型文献数量及其被引频次见表 5 - 1。可以看出，30 种眼科学期刊主要发表 Article 类型文献，其次是 Letter、Editorial Material 和 Review 类型文献，被引用的主要是 Article 类型文献，其次是 Review、Letter 和 Editorial Material 类型文献。眼科学期刊发表的 Letter 总量远高于 Editorial Material，但两者的被引频次相差不大，说明眼科学期刊发表的 Editorial Material 比 Letter 更容易被引用。Editorial Material 和 Letter 作为非可被引文献，都有一定程度的被引用，但发表的 Biographical Item、Correction 和 News Item 等非可被引文献数量非常少，而且几乎没有被引用。不同期刊发表的各类型文献数量差异显著，*Molecular Vision* 发表的 Article 比例最高，占 98. 23%；*Current Opinion in Ophthalmology* 发表的 Review 比例最高，占 93. 98%；*Ocular Surface* 发表的 Editorial Material 比例最高，占 35. 82%；*Ophthalmology* 发表的 Letter 比例最高，占 29. 65%。不同类型文献对期刊影响因子的贡献率不同，*Ophthalmic Surgery Lasers & Imaging*

Retina 发表的 Article 对影响因子贡献率为 100%；*Current Opinion in Ophthalmology* 发表的 Review 对影响因子贡献率达 99.75%；*Journal of Neuro-Ophthalmology* 发表的 Editorial Material 对影响因子贡献率为 9.87%；*JAMA Ophthalmology* 发表的 Letter 对影响因子贡献率为 11.21%。*Surv Ophthalmol* 和 *Curr Opin Ophthalmol* 两种期刊主要发表 Review 类型文献，同时发表少量的 Editorial Material 和 Letter 类型文献，*Surv Ophthalmol* 仅发表 Article 文献 1 篇，*Curr Opin Ophthalmol* 未发表 Article 类型文献。由于 Review 论文往往有更高的引用潜能，Editorial Material 和 Letter 类型文献数量不计入影响因子的分母，而一旦被引用则被计入分子。因此，这两种期刊的影响因子都相对偏高。

表 5－1　　30 种眼科学期刊发表的不同类型文献数量及其被引频次

期刊	Article		Review		Editorial Material		Letter		其他 *	
	文献数量	被引频次	文献数量	被引频次	文献数量	被引频次	文献数量	被引频次	文献数量	被引频次
Invest Ophth Vis Sci	1970	6504	9	43	55	14	84	36	35	0
Ophthalmology	710	4049	8	47	69	71	338	80	15	4
Cornea	607	1141	10	35	5	7	70	10	3	0
Am J Ophthalmol	555	1957	2	9	32	45	189	28	4	1
Mol Vis	554	1062	10	31	0	0	0	0	0	0
J Vision	549	696	1	8	2	0	1	0	30	4
J Cataract Refr Surg	545	1408	16	91	35	16	225	45	6	1
Graef Arch Clin Exp	541	948	11	25	9	4	147	40	5	3
Retina-J Ret Vit Dis	490	1365	12	73	102	73	79	4	4	0
Optometry Vision Sci	399	588	14	34	44	1	9	0	5	0
Exp Eye Res	391	987	22	94	28	16	9	7	3	0
Ophthal Plast Recons	323	236	5	16	22	11	95	11	0	0
J AAPOS	286	261	2	7	14	8	39	6	9	0
J Glaucoma	244	384	2	6	2	3	20	1	5	0
J Refract Surg	234	736	9	49	13	8	49	21	9	0
J Ocul Pharmacol Th	213	282	17	46	14	1	9	1	0	0
JAMA Ophthalmol	167	441	6	14	89	36	87	62	15	0
Eye Contact Lens	125	144	21	74	13	4	1	0	3	0

续表

期刊	Article		Review		Editorial Material		Letter		其他＊	
	文献数量	被引频次	文献数量	被引频次	文献数量	被引频次	文献数量	被引频次	文献数量	被引频次
Cutan Ocul Toxicol	118	93	13	21	5	1	1	0	2	0
J Neuro-Ophthalmol	110	163	9	32	50	22	40	6	6	0
J Ophthalmol	108	75	45	87	7	0	0	0	0	0
J Pediat Ophth Strab	86	51	8	13	30	0	10	1	0	0
Semin Ophthalmol	84	44	40	25	1	0	1	0	0	0
Ophthalmic Genet	83	92	5	12	0	0	6	1	1	0
Ocul Surf	41	115	0	0	24	6	0	0	2	0
Visual Neurosci	41	57	17	53	4	1	0	0	1	0
Optometry	33	8	3	11	14	0	2	0	0	0
Osli Retina	8	9	1	0	2	0	0	0	0	0
Surv Ophthalmol	1	0	85	322	13	3	10	0	0	0
Curr Opin Ophthalmol	0	0	156	400	10	1	0	0	0	0
合计	9616	23896	559	1678	708	352	1521	360	163	13

注：＊指 Biographical Item、Correction 和 News Item 等其他所有类型的非可被引文献。

（二）同行专家评分及矫正影响因子

总结 112 份有效问卷，我们获取了 30 种眼科学期刊的同行专家评分总和。根据前文介绍的影响因子矫正方法，分别计算了各种期刊的 5 种矫正影响因子值，并通过 JCR 数据库获取了各期刊的影响因子（为了与矫正影响因子区别，这里把这一影响因子称为传统影响因子），结果见表 5－2。可以发现，期刊的不同矫正影响因子及传统影响因子之间均存在差异。因此，根据不同类型影响因子对期刊进行排序可能会产生不一样的结果。由于 $IF_{Total/Total}$ 和 $IF_{Total/AREL}$ 分母统计的文献量比传统影响因子多，$IF_{AR/AR}$ 和 $IF_{AREL/AR}$ 分子统计的被引频次比传统影响因子低，而 $IF_{AREL/AREL}$ 分母统计的文献量比传统影响因子多，但分子比其统计的被引频次低。因此 30 种眼科学期刊的 5 种矫正影响因子均低于传统影响因子。

表 5－2　　30 种眼科学期刊的同行专家评分及矫正影响因子

期刊	同行评分	$IF_{Total/Total}$	$IF_{Total/AREL}$	$IF_{AR/AF}$	$IF_{AREL/AR}$	$IF_{AREL/AREL}$	IF
Invest Ophth Vis Sci	825.4	3.064	3.115	3.308	3.334	3.115	3.404
Am J Ophthalmol	740.7	2.609	2.622	3.530	3.661	2.621	3.871
Ophthalmology	723	3.729	3.779	5.705	5.915	3.775	6.135
JAMA Ophthalmol	636.2	1.519	1.585	2.630	3.197	1.585	3.318
Exp Eye Res	517	2.437	2.453	2.617	2.673	2.453	2.709
Surv Ophthalmol	476.6	2.982	2.982	3.744	3.779	2.982	3.849
Graef Arch Clin Exp	456.3	1.431	1.441	1.763	1.842	1.436	1.908
Cornea	431.4	1.717	1.724	1.906	1.934	1.724	2.042
Retina-J Ret Vit Dis	421.3	2.205	2.218	2.865	3.018	2.218	3.243
Curr Opin Ophthalmol	418.2	2.416	2.416	2.564	2.571	2.416	2.5
J Cataract Refr Surg	410.2	1.888	1.901	2.672	2.781	1.900	2.722
J Glaucoma	350.8	1.443	1.470	1.585	1.602	1.470	2.106
Mol Vis	350.8	1.938	1.938	1.938	1.938	1.938	1.986
J Neuro-Ophthalmol	325.5	1.037	1.067	1.639	1.874	1.067	1.95
J Vision	316.5	1.214	1.280	1.280	1.280	1.273	2.393
J Ophthalmol	314.7	1.013	1.013	1.059	1.059	1.013	1.425
Visual Neurosci	292.4	1.762	1.790	1.897	1.914	1.790	2.207
J AAPOS	275.6	0.806	0.827	0.931	0.979	0.827	1.003
J Pediat Ophth Strab	266	0.485	0.485	0.681	0.691	0.485	0.745
Optometry Vision Sci	251.6	1.323	1.337	1.506	1.508	1.337	1.603
J Ocul Pharmacol Th	248.5	1.304	1.304	1.426	1.435	1.304	1.47
J Refract Surg	237.4	2.592	2.669	3.230	3.350	2.669	3.468
Semin Ophthalmol	211	0.548	0.548	0.556	0.556	0.548	0.863
Ophthal Plast Recons	210.7	0.616	0.616	0.768	0.835	0.616	0.881
Osli Retina	207.6	0.818	0.818	1.000	1.000	0.818	1.057
Ocul Surf	194.8	1.806	1.862	2.805	2.951	1.862	3.341
Ophthalmic Genet	190.9	1.105	1.117	1.182	1.193	1.117	1.455
Optometry	189	0.365	0.365	0.528	0.528	0.365	0.833
Eye Contact Lens	171.1	1.362	1.388	1.493	1.521	1.388	1.466
Cutan Ocul Toxicol	137.5	0.827	0.839	0.870	0.878	0.839	1.122

（三）期刊同行专家评分与矫正影响因子的相关性

同行专家评价被公认为是检验引文指标有效性的最重要标准，通过专家问卷调查获得的期刊影响力评分能够直接反映不同期刊在科研人员心目中的真实影响力。因此，分析30种眼科学期刊的同行专家评分和5种矫正影响因子及传统影响因子之间的相关性，可以验证各种矫正影响因子以及传统影响因子的期刊评价效果。

对30种眼科学期刊的同行专家评分以及各种矫正影响因子进行Spearman相关检验，结果见表5-3。

表5-3　30种眼科学期刊的同行专家评分与矫正影响因子和传统影响因子相关性

指标	$IF_{Total/Total}$	$IF_{Total/AREL}$	$IF_{AR/AR}$	$IF_{AREL/AR}$	$IF_{AREL/AREL}$	IF
同行评分	0.698**	0.692**	0.715**	0.713**	0.692**	0.687**
$IF_{Total/Total}$		0.999**	0.965**	0.956**	0.999**	0.935**
$IF_{Total/AREL}$			0.964**	0.955**	1.000**	0.934**
$IF_{AR/AR}$				0.996**	0.964**	0.966**
$IF_{AREL/AR}$					0.955**	0.967**
$IF_{AREL/AREL}$						0.934**

**相关性在0.01水平上显著（双侧）。

从表5-3可以看出，30种眼科学期刊的5种矫正影响因子及传统影响因子与同行专家评分之间均呈显著正相关关系。传统影响因子与5种矫正影响因子的相关系数均在0.9以上，其中与$IF_{AREL/AR}$、$IF_{AR/AR}$之间的相关度最高，相关系数分别为0.967和0.966。5种矫正影响因子之间高度相关，$IF_{Total/Total}$和$IF_{Total/AREL}$、$IF_{AREL/AREL}$之间的相关系数高达0.999；$IF_{Total/AREL}$和$IF_{AREL/AREL}$之间的相关系数为1.000；$IF_{AR/AR}$和$IF_{AREL/AR}$之间的相关系数为0.996。5种矫正影响因子与同行专家评分之间的相关系数均高于传统影响因子与同行专家评分之间的相关系数，其中$IF_{AR/AR}$与同行专家评分之间的相关性最高，相关系数为0.715，其次是$IF_{AREL/AR}$，与同行专家评分之间的相关系数为0.713。$IF_{Total/AREL}$、$IF_{AREL/AREL}$与同行专家评分之间的相关系数相同，均为0.692。

三　矫正效果评价

（一）矫正影响因子与传统影响因子呈显著正相关

矫正影响因子是在传统影响因子基础上根据可被引文献与非可被引文献的定义对其进行调整和完善，本章从三个角度确定了影响因子的矫正方法：一是对分母进行矫正；二是对分子进行矫正；三是对分子和分母同时进行矫正。对于眼科学期刊而言，各种矫正影响因子与传统影响因子之间均呈显著正相关，而且均为高度相关，原因可能是尽管眼科学期刊发表了较多数量的非可被引文献，但这些非可被引文献的数量与 Article 和 Review 类型文献量相比仍然很低，其被引频次与 Article 和 Review 的被引频次相比更低。$IF_{AR/AR}$ 和 $IF_{AREL/AR}$ 是对传统影响因子分子进行的矫正，与影响因子之间的相关系数明显高于其他指标与影响因子之间的相关系数。由于眼科学期刊发表的非可被引文献中，被引用的主要是 Letter 和 Editorial Material，其他非可被引文献几乎很少被引用。因此 $IF_{AREL/AR}$ 与传统影响因子的相关度最高。Letter 和 Editorial Material 类型文献的被引频次远低于 Article 和 Review，因而 $IF_{AR/AR}$ 与传统影响因子之间也有极高的相关度。$IF_{Total/Total}$ 和 $IF_{Total/AREL}$ 都是对传统影响因子分母进行的矫正，$IF_{Total/Total}$ 保持了分子与分母文献类型的统一，与影响因子之间的相关度略高于 $IF_{Total/AREL}$ 与影响因子之间的相关度。

（二）5 种矫正影响因子之间均有极高的相关度

无论计算影响因子的分子和分母如何变换，5 种矫正影响因子之间均有极高的相关度，相关系数均 >0.900，这也能够说明，基于影响因子分子和分母的任何矫正都是有效的，都比传统影响因子更为理想。这从同行专家评分与矫正影响因子和传统影响因子的相关度也能看得出来 。

$IF_{total/AREL}$ 对 $IF_{AREL/AREL}$ 相关系数最高（$r=1.000$），二者唯一的区别在于计算影响因子的分子，前者是所有类型文献的被引频次，后者是 Article、Review、Editorial Material 和 Letter 四类文献的被引频次，说明除了这四类文献，眼科学期刊中其他类型文献的被引频次极其有限，几乎可以忽略不计。$IF_{total/total}$ 对 $IF_{total/AREL}$（$r=0.999$）二者的区别在于计算影响因子的分母，前者的分母包括期刊发表的所有类型文献，后者的分母仅包括 Article、Review、Editorial Material 和 Letter 四类文献的数量，这说明眼科学期刊非可被引文献主要是 Editorial Material 和 Letter，其他类型的非可被引文献很少。根据以上分析，$IF_{total/total}$对 $IF_{AREL/AREL}$的相关系数（$r=0.999$）就很容易理解了。相比之下，$IF_{AR/AR}$对 $IF_{AREL/AR}$的相关系数（$r=0.996$）低于前边几组，是因为 Editorial Material 和 Letter 两类文献有一定的被引频次，二者的分子差异相对较大。

（三）$IF_{AR/AR}$的矫正效果最理想

30 种眼科学期刊的 5 种矫正影响因子与同行专家评分均呈显著正相关关系，相关系数都明显高于传统影响因子与专家评分之间的相关性。因此，对于眼科学期刊，5 种矫正影响因子的期刊评价效果都优于传统影响因子。$IF_{AR/AR}$与同行专家评分之间的相关度最高，表明该指标的期刊评价效果最理想。$IF_{AREL/AR}$与同行专家评分之间的相关性仅次于 $IF_{AR/AR}$，但高于 $IF_{Total/Total}$，说明 $IF_{AREL/AR}$的期刊评价效果优于 $IF_{Total/Total}$。$IF_{Total/AREL}$、$IF_{AREL/AREL}$与同行专家评分之间的相关度相对较低，期刊评价效果在 5 种矫正影响因子中可能最不理想。鉴于此，我们建议对期刊影响因子的矫正采用 $IF_{AR/AR}$。如果考虑 Editorial Material 和 Letter 两类文献对期刊影响力的贡献，也可采用 $IF_{AREL/AR}$。

四　基于文献类型矫正影响因子在数学期刊中的应用与评价

以上研究是基于眼科学期刊进行的，但由于学科性质的差异，不同学科期刊包含的文献类型不同，而且不同类型文献数量及被引频次构成可能差异很大，其他学科是否会呈现出同样的规律呢？基于此考虑，我们用同样方法对 SCI 收录的数学期刊进行了研究，结果如下。

采用同样方法筛选了符合条件的 27 种数学期刊，各期刊不同类型文献数量和被引频次见表 5－4。

27 种数学期刊同行专家评分及矫正影响因子见表 5－5。由表 5－4 和表 5－5 的数据可知，多数数学期刊没有发表 Editorial 和 Letter 及其他类型的非可被引文献，其影响因子主要由 Article 和 Review 两类文献贡献。对于这样的学科，影响因子计算中文献类型的矫正几乎是没有必要的。

表 5－4　　27 种数学期刊发表的不同类型文献数量及其被引频次

期刊名称	Article		Review		Editorial Material		Letter		其他	
	文献数量	被引频次	文献数量	被引频次	文献数量	被引频次	文献数量	被引频次	文献数量	被引频次
Adv Math	616	833	0	0	0	0	0	0	2	0
Am J Math	105	103	0	0	0	0	0	0	1	0
Am Math Mon	171	43	0	0	24	0	117	0	1	0
P Am Math Soc	843	575	0	0	1	0	0	0	3	0
T Am Math Soc	475	519	0	0	0	0	0	0	1	0
Ann Math	123	411	0	0	0	0	0	0	1	0
Commun Pur Appl Math	91	273	1	0	2	0	0	0	4	0
Duke Math J	135	223	0	0	0	0	0	0	5	0
J Math Anal Appl	1716	1901	0	0	3	2	0	0	14	2
Indiana U Math J	149	84	0	0	0	0	0	0	2	0
Mich Math J	86	35	0	0	1	0	0	0	0	0
Pac J Math	263	117	0	0	0	0	0	0	1	0
Rocky Mt J Math	208	81	0	0	0	0	0	0	0	0
Mem Am Math Soc	55	15	0	0	1	0	0	0	0	0
Lect Notes Math	498	101	0	0	86	6	0	0	2	0
B Am Math Soc	28	43	0	0	6	1	0	0	0	0
Hist Math	23	7	0	0	1	0	0	0	36	0
Math Intell	61	17	0	0	23	4	6	1	1	1
Houston J Math	158	61	0	0	0	0	0	0	0	0
J Am Math Soc	63	168	0	0	0	0	0	0	1	0
Exp Math	66	29	0	0	0	0	0	0	1	0
Math Res Lett	190	75	0	0	0	0	0	0	0	0
New York J Math	88	29	0	0	0	0	0	0	1	0
Asian J Math	62	30	0	0	0	0	0	0	1	0
Pure Appl Math Q	63	10	0	0	3	0	0	0	0	0
Found Comput Math	54	138	0	0	1	0	0	0	0	0
Math Control Relat F	41	24	0	0	1	0	0	0	0	0
合计	6431	5945	1	0	153	13	123	1	78	3

表 5 - 5　　27 种数学期刊的同行专家评分及矫正影响因子

期刊名称	问卷评分	$IF_{Total/Total}$	$IF_{Total/AREL}$	$IF_{AR/AR}$	$IF_{AREL/AR}$	$IF_{AREL/AREL}$	IF
Adv Math	767.1	1.348	1.352	1.352	1.352	1.352	1.294
Am J Math	694.5	0.972	0.981	0.981	0.981	0.981	1.181
Am Math Mon	536.5	0.137	0.138	0.251	0.251	0.138	0.251
P Am Math Soc	708.8	0.679	0.681	0.682	0.682	0.681	0.681
T Am Math Soc	791.4	1.09	1.093	1.093	1.093	1.093	1.122
Ann Math	1023.1	3.315	3.341	3.341	3.341	3.341	3.236
Commun Pur Appl Math	549.2	2.786	2.904	2.967	2.967	2.904	3.13
Duke Math J	743.9	1.593	1.652	1.652	1.652	1.652	1.578
J Math Anal Appl	368.2	1.099	1.108	1.108	1.109	1.107	1.12
Indiana U Math J	433.5	0.556	0.564	0.564	0.564	0.564	0.577
Mich Math J	512.3	0.402	0.402	0.407	0.407	0.402	0.407
Pac J Math	579.8	0.443	0.445	0.445	0.445	0.445	0.433
Rocky Mt J Math	401.7	0.389	0.389	0.389	0.389	0.389	0.399
Mem Am Math Soc	671	0.268	0.268	0.273	0.273	0.268	1.727
Lect Notes Math	640.6	0.183	0.183	0.203	0.215	0.183	0.41
B Am Math Soc	733.7	1.294	1.294	1.536	1.571	1.294	2.107
Hist Math	142.1	0.117	0.292	0.304	0.304	0.292	0.435
Math Intell	292.9	0.253	0.256	0.279	0.361	0.244	0.295
Houston J Math	307.1	0.386	0.386	0.386	0.386	0.386	0.424
J Am Math Soc	879.9	2.625	2.667	2.667	2.667	2.667	2.556
Exp Math	292.7	0.433	0.439	0.439	0.439	0.439	0.424
Math Res Lett	408.5	0.395	0.395	0.395	0.395	0.395	0.411
New York J Math	279	0.326	0.33	0.33	0.33	0.33	0.33
Asian J Math	289	0.476	0.484	0.484	0.484	0.484	0.532
Pure Appl Math Q	211	0.152	0.152	0.159	0.159	0.152	0.175
Found Comput Math	160.5	2.509	2.509	2.556	2.556	2.509	2.389
Math Control Relat F	76.1	0.571	0.571	0.585	0.585	0.571	0.512

我们前期的研究也提示，SCI 收录的所有期刊中，非可被引文献对影响因子的贡献是有限的，只有少数期刊非可被引文献对其影响因子贡献较为明

显，如 *New Scientist*，*International Journal of Cardiology*，*British Medical Journal*，*Medical Journal of Australia*，*Annals of Thoracic Surgery*，*Nature Biotechnology*，*Archives of Internal Medicine*，*Plastic and Reconstructive Surgery*，*Journal of The American Medical Association*，*Nature Methods* 等 10 种期刊，非可被引文献对影响因子的贡献都超过了 20%，其中 8 种期刊属于医学期刊。另外两个著名的医学周刊 *New England Journal of Medicine* 和 *Lancet* 的非可被引文献对其影响因子的贡献也达到了 13.0% 和 11.5%。

因此认为，对计算影响因子所涉及的文献类型进行矫正不能一概而论，大部分学科的期刊没有必要进行文献类型矫正，而医学期刊影响因子计算有必要进行文献类型矫正。建议采用侧重于期刊质量评价的 $IF_{AR/AR}$，若倾向于期刊影响力评价，也可采用 $IF_{AREL/AR}$。

第六章　基于被引频次计数方法的影响因子矫正

Garfield 博士最早提出的影响因子是期刊某一年的影响因子，如 *Nature* 杂志2014 年的影响因子为41. 456，2017 年的影响因子是41. 577。我们将这一传统影响因子称为年度影响因子（Annual Impact Factor，AIF），如 Clarivate Analytics（科睿唯安，原汤森路透集团）的 JCR 给出的影响因子就属于 AIF。1998 年，Garfield 博士[①②]又提出了累积影响因子（Cumulative Impact Factor，CIF）这一概念，目的是为了纠正 JCR 中影响因子引证时间窗口过短这一缺陷。他先后对 1995 年版 JCR 中排名前 100 位和第 101 位到 200 位的期刊计算 7 年 CIF（7CIF）和 15 年 CIF（15CIF），对比研究其与 2 年影响因子期刊排序的差异。2010 年，澳大利亚科廷科技大学的 Genoni[③]根据 2 年影响因子的概念，建议修正了 CIF 的引证时间窗口。后来多数学者[④⑤]提到的 "Cumulative Impact Factor" 和 Garfield 的 CIF 完全不同，如 Oelrich 等[⑥]以欧盟 15 个成员国为研究对象，把各国家发表的每篇论文按其所在期刊的影响因子相加，作为该国的累计影响因子（CuIF）。

---

① Garfield E，"Long-term *vs.* Short-Term Impact：Part II"，*Scientist*，Vol. 12，No. 14，1998.

② Garfield E，"Long-term *vs.* Short-Term Journal Impact：Does It Matter?"，*Scientist*，Vol. 12，No. 3 1998.

③ Haddow G *et al*，"Citation Analysis and Peer Ranking of Australian Social Science Journals"，*Scientometrics*，Vol. 85，No. 2，2010.

④ Vivanco L *et al*，"Bibliometric Analysis of the Use of the Term Preembryo in Scientific Literature"，*Journal of the American Society for Information Science and Technology*，Vol. 62，No. 5，2011.

⑤ Zhang L *et al*，"Hematology Research Output from Chinese Authors and Other Countries：A 10-Year Survey of the Literature"，*Journal of Hematology and Oncology*，Vol. 8，2015.

⑥ Oelrich B *et al*，"Bibliometric Evaluation of Publications in Urological Journals Among European Union Countries Between 2000-2005"，*European Urology*，Vol. 52，No. 4，2007.

在国内，2001 年杨化兵等[①]首先提到了 Garfield 的 CIF，杜志波等[②]采用 Garfield 的 CIF 计算方法，对中国科学技术信息研究所 CSTPCD 收录的物理、化学、药学和外科学期刊的 CIF 进行了实证分析。袁润等[③]、彭爱东等[④]先后从不同角度、不同学科领域对 CIF 进行了研究。同样，国内也有研究 CuIF 的文献。

以上研究提到的 CIF 多是将计算影响因子的时间窗口延长，较少涉及论文被引频次计数方法的改变。我们认为，评价学术期刊的影响力应该观察该期刊论文发表后一段时间的所有被引用情况，这要比仅仅计数某一年度被引频次更加合理。

一　矫正思路与方法

（一）矫正思路

期刊影响力的形成是一个长期而连续的过程，其发表的任何一篇文章任何年度的被引用都会在读者心目中留下痕迹，从而潜移默化地转化为期刊的实际影响力。然而，Garfild 提出的影响因子计算的是期刊某一年度的影响因子，分子是统计当年的被引频次。按照影响因子的定义和计算公式，A 期刊 2016 年发表的 B 论文，2016 年的被引频次参与该刊 2016 年即年指标的计算，对 A 期刊 2016 年的影响因子没有任何贡献。A 期刊 2017 年影响因子的计算只计数 B 论文在 2017 年这一年的被引频次，2016 年的被引频次不再参与 2017 年影响因子的计算。同样，A 期刊 2018 年影响因子的计算只计数 B 论文在 2018 年的被引频次（B 论文 2016—2017 年的被引频次均无效），B 论文 2019 年以后所有的被引频次不再参与 A 期刊影响因子的计算。可以认为，影响因子只反映期刊某一年度的影响力，人为割裂了期刊影响力的连续性。针对影响因子这一缺陷，我们希望通过改变影响因子计算公式中被引频次的计数方式来矫正影响因子，以论文发表后的累计被引频次代替年度被引频次，计算期刊的 CIF，并与前期问卷调查的数据进行比较，检验矫正后的

① 杨化兵等：《论影响因子及其在科研评估等方面的应用》，《情报杂志》2001 年第 1 期。

② 杜志波等：《期刊累计影响因子的设计及应用》，《中国科技期刊研究》2007 年第 3 期。

③ 袁润等：《累积影响因子及其实证研究》，《图书情报工作》2010 年第 16 期。

④ 彭爱东等：《h 指数、g 指数和累积影响因子在期刊评价中的相关性研究——以综合性社科期刊为例》，《情报科学》2012 年第 11 期。

CIF 用于期刊评价的效果。

（二）矫正步骤与方法

1. 对象选择

从前期进行问卷调查的 30 种 SCI 收录的美国眼科学期刊中选择研究对象。排除标准：（1）问卷调查过程中打分专家不足 60 人者；（2）截至 2013 年入选 SCI 数据库不满 10 年者；（3）2004—2013 年间任何一年文献量低于 50 篇者。符合研究条件的期刊共 14 种，包括 *Am J Ophthalmol*、*Cornea*、*Exp Eye Res*、*Graef Arch Clin Exp*、*Invest Ophth Vis Sci*、*J Cataract Refr Surg*、*J Glaucoma*、*J Neuro-Ophthalmol*、*J Vision*、*JAMA Ophthalmol*、*Mol Vis*、*Ophthalmology*、*Retina*、*Surv Ophthalmol*。

2. 问卷调查

同行评议被公认为是检验引文指标有效性的最重要标准，通过专家问卷调查获得的期刊影响力得分能够直接反映不同期刊在科研人员心目中的真实影响力①。该研究中，期刊同行专家评分依据第五章的问卷调查结果，但数据处理有所改进。为了避免有的期刊由于给出评分的学者过少带来的可能影响，我们排除了评分不足 60 人的期刊，且每种期刊只计算最高的前 50 个评分。

3. 影响因子的矫正方法

采用 Haddow 等②修正的 CIF 计算方法来矫正影响因子，计算公式如下：

$$1CIF = \frac{C_{2013/2013} + C_{2014/2013}}{D_{2013}} \qquad (6-1)$$

$$2CIF = \frac{C_{2012/2012} + C_{2013/2012-2013} + C_{2014/2012-2013}}{D_{2012-2013}} \qquad (6-2)$$

$$3CIF = \frac{C_{2011/2011} + C_{2012/2011-2012} + C_{2013/2011-2013} + C_{2014/2011-2013}}{D_{2011-2013}} \qquad (6-3)$$

公式 6-1 中，1CIF 为 1 年 CIF，$C_{2013/2013}$ 为某期刊 2013 年所有文献在

① Harnad S, "Validating Research Performance Metrics Against Peer Rankings", *Ethics in Science and Environmental Politics*, Vol. 8, No. 11, 2008.

② Haddow G *et al*, "Citation Analysis and Peer Ranking of Australian Social Science Journals", *Scientometrics*, Vol. 85, No. 2, 2010.

2013 年的被引频次，$C_{2014/2013}$ 为该期刊 2013 年文献在 2014 年的被引频次，D_{2013} 为该刊 2013 年发表的可被引文献量，包括论文和综述。

公式 6－2 中，2CIF 为 2 年 CIF，$C_{2012/2012}$ 为某期刊 2012 年所有文献在 2012 年的被引频次，$C_{2013/2012-2013}$ 为该期刊 2012—2013 年所有文献在 2013 年的被引频次，$C_{2014/2012-2013}$ 为该期刊 2012—2013 年所有文献在 2014 年的被引频次，$D_{2012-2013}$ 为该期刊 2012—2013 年发表的可被引文献量。

公式 6－3 中，3CIF 为 3 年 CIF，$C_{2011/2011}$ 为某期刊 2011 年所有文献在 2011 年的被引频次，$C_{2012/2011-2012}$ 为某期刊 2011—2012 年所有文献在 2012 年的被引频次，$C_{2013/2011-2013}$ 为该期刊 2011—2013 年所有文献在 2013 年的被引频次，$C_{2014/2012-2013}$ 为该期刊 2012—2013 年所有文献在 2014 年的被引频次，$D_{2011-2013}$ 为该期刊 2011—2013 年发表的可被引文献。

4CIF 实际上就是某期刊前 4 年（2010—2013 年）发表的所有文献自发表之日起累积到 2014 年底被引总量除以该刊前 4 年发表的可被引文献量，5CIF 是指某期刊前 5 年（2009—2013 年）发表的所有文献自发表之日起累积到 2014 年底被引总量除以该刊前 5 年发表的可被引文献量。以此类推，分别计算各期刊 4CIF、5CIF、6CIF、7CIF、8CIF、9CIF 和 10CIF。

4. 统计学处理

采用 SPSS 18.0 对各指标进行双变量 Spearman 等级相关检验，检验水准：$\alpha=0.05$。

二　矫正结果

（一）14 种眼科学期刊不同时间窗口 CIF

根据 CIF 的概念和上述计算公式，以 SCI 数据库为数据来源，计算了 14 种眼科学期刊 10 个不同时间窗口的 CIF（表 6－1）。由表 6－1 可知：（1）任何期刊 2CIF 均大于其传统影响因子（即 2IF），这是由 CIF 的定义所决定的，无一例外；（2）随着所选时间窗口的延长，各期刊 CIF 均增加，即 1CIF < 2CIF < 3CIF < 4CIF < 5CIF < 6CIF < 7CIF < 8CIF < 9CIF < 10CIF。CIF 随时间窗口延长而增加，主要源于期刊被引频次的累加效应。

表 6－1　　　　14 种 SCI 眼科学期刊不同时间窗口 CIF

期刊	同行评分	IF	1CIF	2CIF	3CIF	4CIF	5CIF	6CIF	7CIF	8CIF	9CIF	10CIF
Invest Ophth Vis Sci	471.1	3.404	3.360	5.321	7.788	9.340	10.795	12.315	13.927	15.629	17.194	18.662
Ophthalmology	466.3	6.135	5.679	9.284	12.339	14.278	16.865	19.648	22.046	23.864	25.416	26.873
Am J Ophthalmol	450.4	3.871	3.747	5.925	7.412	8.946	11.718	14.314	16.337	17.321	17.995	19.015
JAMA Ophthalmol	440.9	3.318	3.150	5.184	7.476	9.068	11.760	13.472	15.220	16.474	18.097	20.579
Exp Eye Res	368.2	2.709	2.892	4.077	5.508	7.544	9.830	10.847	12.221	13.934	15.139	16.673
Retina-J Ret Vit Dis	363.3	3.243	2.996	4.633	6.422	7.519	8.475	9.898	11.016	12.807	13.063	13.094
Surv Ophthalmol	360.3	3.849	3.200	5.802	6.667	8.402	11.060	13.185	15.565	17.838	19.697	22.033
Cornea	344.5	2.042	2.034	3.172	4.146	4.869	5.808	6.937	8.117	9.195	9.860	10.411
J Cataract Refr Surg	343.2	2.722	2.973	4.173	5.919	7.062	8.677	10.230	11.576	12.833	13.764	14.233
Graef Arch Clin Exp	331.0	1.908	1.985	2.880	3.889	4.768	5.960	7.239	8.220	8.744	9.192	9.708
Mol Vis	314.7	1.986	1.924	3.184	4.469	5.745	6.875	8.271	9.262	10.191	10.866	11.352
J Vision	313.5	2.393	1.392	1.942	3.319	4.980	6.914	7.832	8.434	9.244	10.033	11.392
J Glaucoma	308.8	2.106	1.441	2.691	3.450	4.299	5.522	6.926	8.035	9.058	9.861	10.554
J Neuro-Ophthalmol	296.5	1.95	2.091	2.849	3.794	3.875	4.396	4.641	5.026	5.579	6.155	6.730

（二）不同引证时间窗口 CIF 及影响因子与同行专家评分的相关度

为了比较 CIF 与影响因子用于期刊评价的效果，以各期刊同行专家评分作为其真实影响力的近似标准，对 14 种眼科学期刊不同时间窗口 CIF 及影响因子与期刊同行专家评分进行 Spearman 相关检验，结果见表 6－2。表 6－2显示：（1）影响因子、不同时间窗口的 CIF 与期刊同行专家评分均呈高度正相关，相关系数均在 0.8 以上；（2）所有引证时间窗口 CIF 中，4CIF 与同行专家评分的相关度（$r=0.930$）最高，明显高于影响因子与同行专家评分的相关度（$r=0.811$）；（3）随着时间窗口的延长，CIF 与同行专家评分的相关度呈现很规律的变化，相关系数由小变大，4CIF 达到最高，然后逐渐下降。这与我们前期所做的眼科学期刊不同引证时间窗口影响因子惊人相似（见第四章）；（4）9CIF 和 10CIF 与同行专家评分的相关系数小于影响因子与同行专家评分的相关系数，其他时间窗口的 CIF 均优于影响因子。提示我们，可能由于文献老化的因素，过长时间窗口的期刊评价指标可能是不太适合的；（5）时间窗口越接近，其 CIF 相关度越高，6CIF 与 7CIF、9CIF 与 10CIF 的相关系数均达到了 0.996。

表 6－2 不同时间窗口 CIF 及影响因子与问卷调查评分的相关检验结果

指标	IF	1CIF	2CIF	3CIF	4CIF	5CIF	6CIF	7CIF	8CIF	9CIF	10CIF
问卷评分	0.811	0.859	0.873	0.916	0.930	0.855	0.864	0.851	0.829	0.802	0.798
	0.000	0.000	0.000	0.000	0.000	0.000	0.000	0.000	0.000	0.001	0.001
IF		0.864	0.881	0.846	0.899	0.903	0.903	0.912	0.938	0.930	0.943
		0.000	0.000	0.000	0.000	0.000	0.000	0.000	0.000	0.000	0.000
1CIF			0.956	0.938	0.851	0.824	0.845	0.851	0.837	0.811	0.802
			0.000	0.000	0.000	0.000	0.000	0.000	0.000	0.000	0.001
2CIF				0.965	0.903	0.881	0.916	0.925	0.916	0.890	0.868
				0.000	0.000	0.000	0.000	0.000	0.000	0.000	0.000
3CIF					0.938	0.881	0.899	0.890	0.881	0.873	0.851
					0.000	0.000	0.000	0.000	0.000	0.000	0.000
4CIF						0.960	0.960	0.952	0.947	0.943	0.938
						0.000	0.000	0.000	0.000	0.000	0.000
5CIF							0.991	0.982	0.965	0.965	0.969
							0.000	0.000	0.000	0.000	0.000
6CIF								0.996	0.974	0.965	0.960
								0.000	0.000	0.000	0.000
7CIF									0.982	0.969	0.965
									0.000	0.000	0.000
8CIF										0.991	0.987
										0.000	0.000
9CIF											0.996
											0.000

注：各项目上一行数据为相关系数 r，下一行为 P 值。

（三）4 种期刊更长时间窗口的 CIF

由表 6－1 可知，随着所选时间窗口的延长，各期刊 CIF 均增加。但表 6－1中只提供了各期刊 10 年以下时间窗口的 CIF。为了探讨更长时间窗口

CIF 是否持续增加，对 SCI 数据库收录时间较长的其中 4 种期刊进行了更长时间窗口 CIF 的计算，结果见表 6 – 3。从表 6 – 3 可以看出，各期刊 CIF 并不是随时间窗口延长而持续增加，总有下降的时候，如 *Retina* 的 16CIF，*Surv Ophthal* 的 17CIF 有所下降，后又增加；而 *Am J Ophthal* 直到 30CIF 一直持续增加，*Ophthalmology* 持续增加到 34CIF，但 36CIF < 34CIF。*Ophthalmology* 和 *Am J Ophthal* 同行专家评分均很高，是否影响力越大的期刊其 CIF 持续增加的时间越长？另外，是否与期刊被引半衰期有关也需要进一步研究。

表 6 – 3　**4 种期刊更长时间窗口的 CIF**

期刊	*Ophthalmology*	*Surv Ophthal*	*Retina*	*Am J Ophthal*
11CIF	28.278	24.765	13.200	20.055
12CIF	29.253	26.103	13.134	20.722
13CIF	30.372	27.94	13.173	21.260
14CIF	31.209	30.702	13.315	21.855
15CIF	32.254	31.789	13.295	22.239
16CIF	33.236	33.597	13.262	22.72
17CIF	33.644	33.478	13.217	23.024
18CIF	34.257	33.915	13.233	23.394
19CIF	34.986	35.059	13.408	23.852
20CIF	35.622	35.244	13.599	24.346
30CIF	38.077	38.25	14.184	26.789
34CIF	38.800			
36CIF *	38.160			

* SCI 收录该刊文献最早是 1978 年，只能计算到 36CIF。

三　矫正效果评价

（一）CIF 优于 AIF

矫正结果显示，除了 9CIF 和 10CIF 与期刊同行专家评分的相关系数小于影响因子外，其他时间窗口的 CIF（包括 1CIF）均大于影响因子与期刊同行专家评分的相关系数。可能的原因是，年度指标（如 2 年影响因子、5 年影响因子）只考虑了期刊论文在某一年度的被引频次，忽略了以往年度的被引用情况，而 CIF 计算公式中分子是累积了论文自发表到统计当年的所有被引量，因此它具备了影响因子和总被引频次双重属性，把影响因子和总被引频次较为完美地整合为一个指标。这一结果提示我们，在设计期刊评价指标时尽可能采用累计被引频次指标。

（二）4CIF 和 3CIF 是理想的期刊评价指标

从相关分析结果看，对于眼科学期刊来讲，4 年和 3 年时间窗口的指标最为理想，这和我们前期研究不同时间窗口年度影响因子的结果高度一致。由于不同学科期刊被引频次演进规律差异较大，最佳引证时间窗口是否存在较大差异尚有待进一步研究。根据年度影响因子和 CIF 的性质，推测 CIF 稳定性较强，4 年和 3 年时间窗口 CIF 可能适应的学科范围更广。

第七章 基于被引频次偏态分布的影响因子矫正

影响因子实际上就是某期刊前 2 年发表的论文在统计当年的篇均被引频次。然而几乎任何期刊中论文的被引频次往往受一些极端数据的影响，不可能呈正态分布。表 7 – 1 给出了影响因子最高的期刊 *Cancer Journal for Clinicians*（*CA*）2014—2015 年论文被引频次的分布情况。由表 7 – 1 数据计算可知，该刊 2014—2015 年 50 篇可被引文献在 2016 年被引用 9486 次，3 篇异常高被引论文的被引频次为 7682 次，占全部被引频次的 81.0%。也就是说，*CA* 2016 年的影响因子 81.0% 是该刊其中 3 篇极高被引论文贡献的。这种现象几乎存在于所有的期刊，只是程度不同而已。所以，以期刊前 2 年发表的可被引文献在统计当年的篇均被引频次作为期刊的影响因子违背了统计学原理，显然是不科学的。从理论上讲，对于非正态分布的一组数据（期刊论文的被引频次），用中位数、四分位数和其他百分位数等位置指标表征其总体分布趋势和水平更加合理。这就是我们用被引频次的位置指标代替影响因子的理论基础。

表 7 – 1　　2014—2015 年 *CA* 杂志论文被引频次分布

第一作者	出版年	被引频次			
		2014 年	2015 年	2016 年	合计
Siegel, Rebecca	2014	853	2697	2283	5833
Torre, Lindsey A	2015	0	384	2336	2720
Siegel, Rebecca L	2015	0	872	3063	3935
DeSantis, Carol E	2014	22	301	477	800
Siegel, Rebecca	2014	64	313	416	793
DeSantis, Carol	2014	84	192	224	500

续表

第一作者	出版年	被引频次			
		2014 年	2015 年	2016 年	合计
Ward, Elizabeth	2014	29	70	149	248
Smith, Robert A	2015	0	23	66	89
Berindan-Neagoe, Ioana	2014	1	25	35	61
Smith, Robert A	2014	11	49	23	83
Skolarus, Ted A	2014	3	16	30	49
Siegel, Rebecca L	2015	0	0	28	28
Stevens, Richard G	2014	6	17	25	48
Chi, Angela C	2015	0	1	13	14
Wefel, Jeffrey S	2015	0	9	21	30
Daly, Bobby	2015	0	2	15	17
El-Shami, Khaled	2015	0	0	14	14
Colditz, Graham A	2014	5	9	11	25
Steenland, Kyle	2014	1	11	16	28
Demark-Wahnefried, Wendy	2015	0	2	13	15
Berger, Ann M	2015	0	3	10	13
Ward, Elizabeth M	2015	0	1	16	17
Kane, Heather L	2014	0	3	13	16
Quinn, Gwendolyn P	2015	0	2	10	12
Shaitelman, Simona F	2015	0	2	13	15
Karam-Hage, Maher	2014	0	5	11	16
Kort, Jonathan D	2014	2	5	13	20
Mulshine, James L	2014	0	5	6	11
Siegel, Rebecca L	2015	0	0	10	10
Kramer, Joan L	2015	0	3	9	12
Violette, Philippe D	2015	0	2	6	8
Sturm, Roland	2014	1	6	11	18
Leong, Stanley P L	2014	0	11	3	14
Martin, Neil E	2014	0	2	9	11
Jones, Joshua A	2014	0	3	6	9
Lambert, Laura A	2015	0	0	10	10

续表

第一作者	出版年	被引频次			
		2014 年	2015 年	2016 年	合计
Saranga-Perry, Vita	2014	1	8	8	17
Filson, Christopher P	2015	0	3	4	7
Shridhar, Ravi	2015	0	2	7	9
Maresso, Karen Colbert	2015	0	1	7	8
Adamson, Peter C	2015	0	2	5	7
Bianchi, Giada	2014	0	5	3	8
Jagsi, Reshma	2014	4	0	4	8
Nekhlyudov, Larissa	2014	1	2	10	13
Cortes, Javier	2014	1	4	5	10
Kaye, Erica C	2015	0	0	7	7
Verma, Manisha	2015	0	0	6	6
Asare, Elliot A	2015	0	0	4	4
Mehta, Reema D	2015	0	1	0	1
Blumenthal-Barby, J S	2015	0	0	2	2

实际上，Hirsch① 于 2005 年提出的 h 指数就属于位置指标，它是依据论文被引频次和按被引频次降序排列的论文排序位置关系确定的。但是，国内外研究者很少把它当作位置指标对待。研究 h 指数与影响因子关系的文献②较多，但罕见对二者期刊评价效果的研究。

2012 年，Leydesdorff③ 在 PR100（即将一组观察值等分为 100 等份，对应 100 个百分位数）基础上，建立了一个百分位数等级分数指标，称为综合影响力指标（Integrated Impact Indicators，I3），并且建议，对优秀期刊可以采用被引频次最高的前 10%、对不够优秀的期刊采用前 25% 的位置指标替

① Hirsch J E, "An Index to Quantify an Individual's Scientific Research Output", *Proceedings of the National Academy of Sciences of the United States of America*, Vol. 102, No. 46, 2005.

② Egghe L *et al*, "The Hirsch Index of a Shifted Lotka Function and Its Relation with the Impact Factor", *Journal of the American Society for Information Science and Technology*, Vol. 63, No. 5, 2012.

③ Leydesdorff L *et al*, "Integrated Impact Indicators Compared with Impact Factors: An Alternative Research Design with Policy Implications", *Journal of the American Society for Information Science and Technology*, Vol. 62, No. 11, 2011.

代影响因子进行期刊评价。但他的研究没有标准的参照对位置指标和影响因子的期刊评价效果进行比较。实际上，他定义 I3 指标主要想实现学术期刊的跨学科评价①。Leydesdorff 认为，由于期刊被引频次具有偏态分布特征，影响因子应该被标准化，并且提倡使用非参数统计方法来衡量不同文献类型的重要性和必要性。Weale 等②早在 2004 年就提出了零被引文献作为评价期刊的指标相对于影响因子来说更具逻辑性，更适用于基础学科研究的评价。随后，我们也在此基础上更加详细研究了文献零被引率和影响因子之间的关系，证实了零被引率作为反向期刊评价指标的合理性③。Campanario④ 通过对西班牙高校论文发表情况的统计分析，提出了基于论文被引频次的 h 核心指标和 10%、20% 或者 30% 等百分位数指标作为新的计量学评价标准。Vanclay⑤ 认为，影响因子存在若干缺点，它的重要性被高估，科学界急需寻找更加合理的期刊评价指标。Bornmann 等⑥把百分位数排序位置（Percentage Rank Position，PRP）指标细分为 6 个等级：Top 1%、99%—95%、95%—90%、90%—75%、75%—50% 和余下的 50%，称作 PR6，并试图将其作为评价期刊的指标。之后，美国国家自然科学基金会将这 6 个等级分别赋予 6、5、4、3、2、1 分，用来评价不同学科领域论文的重要性和影响力。2014 年，Vinkler 对 PRP 进行了一系列详细的计算，说明了 PRP 指标在不同学科领域期刊评价中的作用。

最新研究认为，使用百分位数对被引频次进行标准化处理可以比算术平均数更好地从不同学科领域、文献类型和出版年来比较期刊的综合影响力。事实上，InCites 和 ESI 等数据库也引入了百分位数指标。但以往的研究主要应用位置指标评价论文和作者的影响力，应用于期刊评价的研究甚少，而且

① Bador P *et al*, "Comparative Analysis Between Impact Factor and H-Index for Pharmacology and Psychiatry Journals", *Scientometrics*, Vol. 84, No. 1, 2010.

② Weale A R *et al*, "The Level Of Non-Citation of Articles Within a Journal as A Measure of Quality: A Comparison to the Impact Factor", *BMC Medical Research Methodology*, Vol. 4, No. 14, 2004.

③ 刘雪立等：《科技期刊反向评价指标——零被引论文率及其与其文献计量学指标的关系》，《中国科技期刊研究》2011 年第 4 期。

④ Campanario J M, "Analysis of the Distribution of Cited Journals According to Their Positions in the h-Core of Citing Journal Listed in Journal Citation Reports", *Journal of Informetrics*, Vol. 8, No. 8, 2014.

⑤ Vanclay J K, "Factors Affecting Citation Rates in Environmental Science", *Journal of Informetrics*, Vol. 7, No. 2, 2013.

⑥ Bornmann L *et al*, "Further Steps Towards an Ideal Method of Measuring Citation Performance: The Avoidance of Citation Averages in Field-normalization", *Journal of Informetrics*, Vol. 5, No. 1, 2011.

仅仅从理论上探讨了不同位置指标用于矫正影响因子缺陷的合理性，未能明确被引频次位置指标是否优于期刊影响因子。

一 矫正思路与方法

（一）矫正思路

所有期刊中论文的被引频次均不符合正态分布，采用篇均被引频次表征期刊被引频次的总体水平是极不科学的。遗憾的是，影响因子正是这样一个被引频次的平均数指标。依据统计学一般原理，期刊论文中位被引频次要优于平均被引频次。考虑到不同学科论文被引频次演进规律及选用的引证时间窗口不同等，都会对指标的效果产生明显影响，我们选取不同引证时间窗口和不同百分位数指标（不仅仅是中位被引频次）与同行专家评分结果进行对比，以确定用于期刊评价的最优被引频次位置指标。

（二）矫正步骤与方法

1. 对象选择

从前期进行问卷调查的 30 种 SCI 收录的美国眼科学期刊中选择研究对象。排除标准和最终确定的研究对象同第六章（包括 14 种期刊）

2. 数据的获取

登录 WoS 数据库，检索出以上 14 种期刊 2004 年至 2013 年出版的文献，仅保留 Article 和 Review 两类文献，其他类型文献均排除。然后使用数据库的“创建引文报告”功能，将以上 2 类文献自发表以来每年的被引频次导出到 Excel 文件。这样，我们就得到了 14 种期刊每篇 Article 和 Review 每年的被引频次。该研究中定义的各种被引频次的位置指标均基于该文件数据计算、确定。各期刊影响因子来源于 2014 年版 JCR。

3. 不同引证时间窗口的 h 指数和累计 h 指数的确定

不同引证时间窗口（CTW）内论文的被引频次差异较大。Glänzel 等[①]研究显示，论文被引量的 80%（甚至更多）发生在最初的 3 年，≥90% 的被引量出现在论文发表的 5 年内。本研究选用的 CTW 分别为 2 年、5 年、8 年

① Glänzel W *et al*, “Better Late Than Never? On the Chance to Become Highly Cited Only Beyond the Standard Bibliometric Time Horizon”, *Scientometrics*, Vol. 58, No. 3, 2003.

和 10 年。2 年 CTW 的 h 指数（h2）由某期刊 2012 年和 2013 年发表的文献在 2014 年被引频次确定，2 年 CTW 累计 h 指数（ε－h2）由某期刊 2012 年和 2013 年发表的文献自发表之日到 2014 年末的累计被引频次确定。5 年 CTW 的 h 指数（h5）由某期刊 2009—2013 年 5 年内发表的文献在 2014 年的被引频次确定，5 年 CTW 累计 h 指数（a－h5）由某期刊 2009—2013 年 5 年内发表的文献自发表到 2014 年末的累计被引频次确定。同样方法可以确定 h8、h10、a－h8 和 a－h10。

4. 不同 CTW 百分位数指标的确定

参照 Bornmann 等提出的 PR6 指标百分位数等级的划分，确定各期刊文献被引频次的 PRP 指标，包括 2 年、5 年、8 年和 10 年 CTW 的被引频次 Top 1%、Top 5%、Top 10%、Top 25% 和 Top 50% 等 5 个等级的 PRP 指标，2 年 CTW 1% 百分位数指标记为 $2C_{p1\%}$，5 年 CTW 1% 百分位数指标记为 $5C_{p1\%}$，其他以此类推。如 *Invest Ophth Vis Sci* 的 2 年 CTW 不同等级百分位数指标获取方法如下：2012 年和 2013 年共发表文章 2116 篇，按其在 2014 年被引频次降序排列，位置 1% ＝2116×1% ＝21.16≈21，我们就把第 21 篇文献在 2014 年的被引频次作为该刊 2 年 CTW 的 1% 百分位数指标。1% 累计百分位数指标是根据 2012 年和 2013 年发表的文献自发表之日累积到 2014 年末的被引频次确定的。同样方法确定 5%、10%、25% 和 50% 百分位数指标和累计百分位数指标，通过变换 CTW 确定其他 CTW 不同等级百分位数指标。2 年 CTW 的 1% 累计百分位数指标记为 $2C_{ap1\%}$，5 年 CTW 的 1% 累计百分位数指标记为 $5C_{ap1\%}$，其他 CTW 累计百分位数指标以此类推。

5. 统计分析方法

统计分析软件为 SPSS 18.0，影响因子、不同 CTW 的 h 指数、累计 h 指数，不同 CTW 百分位数指标及累计百分位数指标与期刊同行专家评分的相关度采用 Spearman 相关检验，检验水准：$\alpha=0.05$。

二　矫正结果

（一）期刊同行专家评分与影响因子

14 种期刊同行专家评分及 2014 年影响因子见表 7－2，影响因子、5 年影响因子与同行专家评分关系的散点图见图 7－1 和图 7－2。

表 7－2　　　　　　**期刊同行专家评分及 2014 年影响因子**

期刊缩写名	问卷评分	5 年影响因子	影响因子
Invest Ophth Vis Sci	471. 1	3. 673	3. 404
Ophthalmology	466. 3	6. 117	6. 135
Am J Ophthalmol	450. 4	4. 225	3. 871
JAMA Ophthalmol	440. 9	3. 318	3. 318
Exp Eye Res	368. 2	3. 023	2. 709
Retina-J Ret Vit Dis	363. 3	3. 121	3. 243
Surv Ophthalmol	360. 3	3. 712	3. 849
Cornea	344. 5	2. 000	2. 042
J Cataract Refr Surg	343. 2	2. 803	2. 722
Graef Arch Clin Exp	331	2. 032	1. 908
Mol Vis	314. 7	2. 154	1. 986
J Vision	313. 5	3. 113	2. 393
J Glaucoma	308. 8	1. 993	2. 106
J Neuro-Ophthalmol	296. 5	1. 811	1. 950

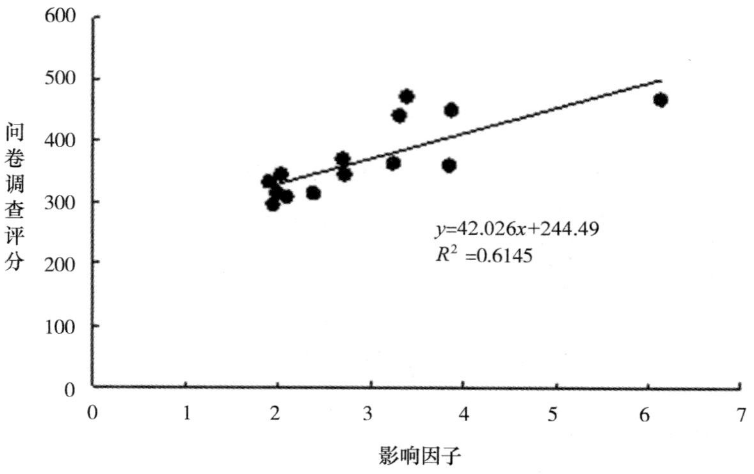

图 7－1　影响因子与同行专家评分的散点图

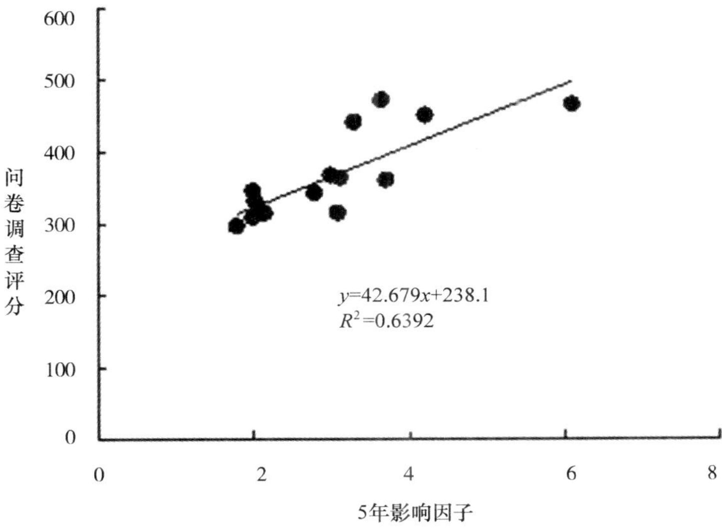

图 7－2　5 年影响因子与同行专家评分的散点图

对表 7－2 中期刊同行专家评分和各期刊 2014 年影响因子和 5 年影响因子做 Spearman 相关分析，相关系数分别为 $r=0.811$（$P=0.000$），$r=0.824$（$P=0.000$），相关性具有统计学意义，且呈高度正相关。这一结果表明，14 种眼科学期刊影响因子和 5 年影响因子排序与眼科学研究人员同行专家评分排序均具有高度一致性。

影响因子与 5 年影响因子具有更高的相关度（$r=0.930$，$P=0.000$）。表 7－2 中多数期刊 5 年影响因子与影响因子差异不明显，有的期刊 5 年影响因子还低于影响因子。

从表 7－2 可以看出，14 种期刊中 *Ophthalmology* 影响因子是最高的，但同行专家评分却排在第 2 位，排在第 1 位的是 *Invest Ophth Vis Sci*，其影响因子远低于 *Ophthalmology*。可能的原因是，后者 2014 年的总被引频次（44803）远高于前者（29035）。由此可以推测，期刊总被引频次的高低对其影响力的形成同样发挥着重要作用。期刊每一次被引用都会在读者心目中留下印记，进而转化成期刊在读者心目中的影响力。*Nature* 和 *Science* 的影响因子从来都不是最高的，但在全球范围内确实是影响力最大的，可能就是因为二者具有异常高的总被引频次。

（二）不同 CTW 的 h 指数和累计 h 指数

本研究设计的 CTW 为 2 年、5 年、8 年和 10 年。h 指数包括年度 h 指数和累计 h 指数。14 种眼科学期刊不同 CTW 的 h 指数和累计 h 指数见表7－3。

由表 7－3 可知，随着 CTW 的延长，期刊 h 指数和累计 h 指数均明显增加，所用 CTW 不同，期刊 h 指数和累计 h 指数差异较大。同一 CTW 内，累计 h 指数明显大于年度 h 指数，如 *Ophthalmology* 的 h2 为 23，a－h2 为 31。因此，研究期刊的 h 指数必须要严格界定 CTW，区分年度还是累计被引频次。

表 7－3　　14 种眼科学期刊不同 CTW 的 h 指数和累计 h 指数

期刊简称	h2	a－h2	h5	a－h5	h8	a－h8	h10	a－h10
Invest Ophth Vis Sci	16	23	23	55	26	81	26	99
Ophthalmology	23	31	31	60	33	97	34	109
Am J Ophthalmol	15	21	19	46	22	70	23	85
JAMA Ophthalmol	11	17	19	42	20	63	24	81
Exp Eye Res	9	13	15	36	16	53	18	64
Retina-J Ret Vit Dis	12	17	17	36	18	56	19	59
Surv Ophthalmol	10	13	14	27	15	41	16	53
Cornea	9	13	13	30	16	47	17	53
J Cataract Refr Surg	13	17	18	40	20	58	21	67
Graef Arch Clin Exp	8	12	12	28	13	43	13	49
Mol Vis	7	11	11	28	12	46	12	50
J Vision	7	9	16	35	18	47	20	59
J Glaucoma	7	11	10	22	12	36	12	42
J Neuro-Ophthalmol	7	10	8	15	9	19	9	23

（三）h 指数与同行专家评分的相关度

14 种眼科学期刊不同 CTW 的 h 指数、累计 h 指数与同行专家评分的 Spearman 相关检验结果见表 7－4。

表 7－4　　同行专家评分与不同 CTW 的 h 指数和累计 h 指数的相关检验

检验统计量	h2	a－h2	h5	a－h5	h8	a－h8	h10	a－h10
r	0. 890	0. 917	0. 862	0. 861	0. 828	0. 865	0. 825	0. 881
P	0. 000	0. 000	0. 000	0. 000	0. 000	0. 000	0. 000	0. 000

从表 7－4 可以看出，不同 CTW 期刊 h 指数和累计 h 指数与同行专家评分的相关系数均大于影响因子和 5 年影响因子与同行专家评分的相关系数（0.811，0.824），a－h2 和 h2 与同行专家评分的相关系数最高。同一 CTW 内，累计 h 指数优于 h 指数（5 年 CTW 的 a－h5 与 h5 基本持平）。

（四）不同 CTW 百分位数指标和累计百分位数指标

14 种眼科学期刊不同 CTW 的百分位数指标见表 7－5，累计百分位数指标见表 7－6。由于百分位数指标是按照期刊各论文被引频次降序排列而确定的，所以，同一 CTW 内，随着百分位数位置的后移其 PRP 指标和累计 PRP 指标均逐渐减小，即 Top1％ ＞ Top5％ ＞ Top10％ ＞ Top25％ ＞ Top50％。累计 PRP 指标均大于年度 PRP 指标。但 PRP 指标和累计 PRP 指标不像 h 指数那样随着 CTW 的改变呈现出规律性的变化，不同 CTW 各期刊 PRP 指标的变化是很随机的。因为，CTW 的改变必然带来纳入文献量的变化，计算的百分位数的值随之改变。CTW 越长，文献量越大，百分位数的位置后移，相应百分位数位置那篇论文的被引频次可以是增加的，也可能是减少的。

由表 7－7 可知，2 年 CTW 内，与同行专家评分相关度最高的年度百分位数指标是 $C_{p25\%}$，其次是 $C_{p10\%}$，累计指标中最高的是累计 $C_{p25\%}$（a－$C_{p25\%}$），其次是 a－$C_{p50\%}$（即中位数）。5 年及以上 CTW，年度指标和累计指标均为 $C_{p50\%}$ 最好。所有百分位数位置指标中，与同行专家评分相关度最高的是 5 年 CTW 的 a－$C_{p50\%}$（5$C_{ap50\%}$）和 8 年 CTW 的 a－$C_{p50\%}$（8$C_{ap50\%}$），基本上呈现出这样的规律：选取的 CTW 越长，最好的位置指标将越向后移（即相对靠后的位置指标越好）。$C_{p1\%}$ 和 $C_{p5\%}$ 及 $C_{ap1\%}$ 和 $C_{ap5\%}$ 位置指标与同行专家评分相关系数多小于 0.811（影响因子与同行专家评分的相关系数），但 5 年及 5 年以上 CTW 的年度 $C_{p10\%}$、$C_{p25\%}$ 和 $C_{p50\%}$ 指标中，只有 10$C_{p25\%}$ 与同行专家评分相关系数小于 0.811，所有 CTW 的 $C_{ap25\%}$ 和 $C_{ap50\%}$ 与同行专家评分相关系数均 ＞0.811 或≥0.824。5 年和 8 年 CTW 的 $C_{ap50\%}$ 与同行专家评分相关系数分别达到 0.910 和 0.906。

本研究未选取 75％ 位置指标，是因为各期刊任何 CTW 论文被引频次的 75％ 位置指标和累计 75％ 位置指标都将变得很小，区分度都很低，作为期刊评价指标显然是不合理的。

表 7-5 14 种眼科学期刊不同 CTW 的 PRP 指标

期刊简称	2 年 CTW					5 年 CTW					8 年 CTW					10 年 CTW				
	$C_{p1\%}$	$C_{p5\%}$	$C_{p10\%}$	$C_{p25\%}$	$C_{p50\%}$	$C_{p1\%}$	$C_{p5\%}$	$C_{p10\%}$	$C_{p25\%}$	$C_{p50\%}$	$C_{p1\%}$	$C_{p5\%}$	$C_{p10\%}$	$C_{p25\%}$	$C_{p50\%}$	$C_{p1\%}$	$C_{p5\%}$	$C_{p10\%}$	$C_{p25\%}$	$C_{p50\%}$
Invest Ophth Vis Sci	16	10	7	4	2	19	11	8	5	3	19	11	8	5	3	19	11	8	5	2
Ophthalmology	40	18	13	6	3	40	18	13	7	3	35	17	12	6	3	34	16	11	6	3
Am J Ophthalmol	21	11	8	5	2	22	11	8	5	2	21	11	7	5	2	20	10	7	4	2
JAMA Ophthalmol	21	10	7	4	2	28	12	9	5	2	23	11	8	4	2	27	11	8	4	2
Exp Eye Res	12	8	6	4	2	16	9	7	4	2	16	9	6	4	2	17	9	7	4	2
Retina-J Ret Vit Dis	19	10	7	4	2	20	10	7	4	2	17	9	6	3	1	17	9	6	3	1
Surv Ophthalmol	20	17	14	4	2	20	15	12	6	2	22	15	12	6	2	22	15	11	6	2
Cornea	12	6	5	3	1	13	6	5	3	1	13	6	5	3	1	14	6	5	3	1
J Cataract Refr Surg	18	9	6	4	2	19	10	7	4	2	19	9	6	3	1	17	8	6	3	1
Graef Arch Clin Exp	10	6	4	2	1	12	6	5	3	1	11	6	4	2	1	11	6	4	2	1
Mol Vis	8	5	4	3	2	10	5	4	3	1	10	6	4	3	1	10	6	4	3	1
J Vision	8	5	3	2	1	16	7	5	3	1	17	8	5	3	1	19	9	5	3	1
J Glaucoma	11	5	4	2	1	12	6	5	2	1	14	7	5	2	1	13	6	5	2	1
J Neuro-Ophthalmol	13	8	5	2	1	12	7	4	2	1	12	6	3	2	1	12	5	4	3	1

表 7－6　14 种眼科学期刊不同 CTW 的累计 PRP 指标

期刊简称	2 年 CTW					5 年 CTW					8 年 CTW					10 年 CTW				
	$C_{ap1\%}$	$C_{ap5\%}$	$C_{ap10\%}$	$C_{ap25\%}$	$C_{ap50\%}$	$C_{ap1\%}$	$C_{ap5\%}$	$C_{ap10\%}$	$C_{ap25\%}$	$C_{ap50\%}$	$C_{ap1\%}$	$C_{ap5\%}$	$C_{ap10\%}$	$C_{ap25\%}$	$C_{ap50\%}$	$C_{ap1\%}$	$C_{ap5\%}$	$C_{ap10\%}$	$C_{ap25\%}$	$C_{ap50\%}$
Invest Ophth Vis Sci	24	16	12	7	4	60	33	24	14	7	85	49	36	20	10	105	60	42	24	12
Ophthalmology	57	29	21	11	5	112	52	38	21	10	157	76	54	29	14	180	88	60	33	16
Am J Ophthalmol	32	18	14	8	4	80	39	27	14	7	112	57	39	21	10	123	62	44	23	11
JAMA Ophthalmol	43	17	12	7	3	98	42	29	14	7	127	57	39	20	9	166	67	46	23	10
Exp Eye Res	21	12	9	6	3	60	32	22	13	6	84	44	31	18	9	105	52	37	21	10
Retina-J Ret Vit Dis	32	16	10	6	3	53	29	21	10	5	106	44	29	14	6	109	45	31	15	6
Surv Ophthalmol	35	27	23	7	2	86	44	29	16	5	116	67	48	24	9	140	78	56	28	11
Cornea	19	11	7	4	2	40	18	13	7	3	70	31	20	11	5	78	35	23	12	6
J Cataract Refr Surg	24	15	11	5	3	52	31	21	11	5	90	45	31	16	7	97	47	33	18	8
Graef Arch Clin Exp	15	9	7	4	2	43	20	15	7	3	57	30	20	11	5	63	35	23	12	5
Mol Vis	17	9	7	5	3	30	20	11	8	5	56	29	23	10	6	62	34	25	10	7
J Vision	12	6	5	3	1	50	26	17	8	3	72	34	23	11	5	101	41	27	13	5
J Glaucoma	23	11	7	4	1	47	18	13	7	3	66	30	22	12	5	69	39	25	14	6
J Neuro-Ophthalmol	19	15	9	4	1	42	16	12	6	2	42	19	14	7	3	43	23	16	9	4

表 7－7 同行专家评分与不同 PRP 指标的相关度

2CTW		5CTW		8CTW		10CTW	
$2C_{p1\%}$	0.706	$5C_{p1\%}$	0.786	$8C_{p1\%}$	0.707	$10C_{p1\%}$	0.716
$2C_{p5\%}$	0.773	$5C_{p5\%}$	0.749	$8C_{p5\%}$	0.789	$10C_{p5\%}$	0.814
$2C_{p10\%}$	0.789	$5C_{p10\%}$	0.839	$8C_{p10\%}$	0.832	$10C_{p10\%}$	0.824
$2C_{p25\%}$	0.879	$5C_{p25\%}$	0.878	$8C_{p25\%}$	0.836	$10C_{p25\%}$	0.781
$2C_{p50\%}$	0.758	$5C_{p50\%}$	0.890	$8C_{p50\%}$	0.860	$10C_{p50\%}$	0.831
$2C_{ap1\%}$	0.701	$5C_{ap1\%}$	0.777	$8C_{ap1\%}$	0.776	$10C_{ap1\%}$	0.807
$2C_{ap5\%}$	0.709	$5C_{ap5\%}$	0.817	$8C_{ap5\%}$	0.820	$10C_{ap5\%}$	0.803
$2C_{ap10\%}$	0.728	$5C_{ap10\%}$	0.825	$8C_{ap10\%}$	0.793	$10C_{ap10\%}$	0.791
$2C_{ap25\%}$	0.875	$5C_{ap25\%}$	0.835	$8C_{ap25\%}$	0.827	$10C_{ap25\%}$	0.824
$2C_{ap50\%}$	0.870	$5C_{ap50\%}$	0.910	$8C_{ap50\%}$	0.906	$10C_{ap50\%}$	0.855

注：所有相关检验的 P 值均 <0.01。

三 矫正效果评价

（一）被引频次位置指标优于影响因子

任何期刊论文被引频次的分布均不呈正态分布，所以用平均数指标（如影响因子）代表期刊论文总体被引用水平是不合理的。从统计学上讲，非正态分布的一组数据，位置指标比平均数指标能够更好地反映其总体分布情况。本研究结果显示，任何 CTW 的 h 指数和累计 h 指数均优于影响因子。PRP 指标相对比较复杂，与 CTW 关系密切，总体上讲 $C_{p1\%}$、$C_{p5\%}$、$Cp_{75\%}$、$C_{ap1\%}$、$C_{ap\ 5\%}$和 $C_{ap\ 75\%}$等均不适合作为期刊评价指标。5 年和 8 年 CTW 的被引频次中位数（$C_{p50\%}$）指标明显优于影响因子。

（二）累计 h 指数优于年度 h 指数

h 指数是特殊的位置指标，它是通过期刊论文被引频次及按被引频次降序排列的论文位置关系确定的，将数量指标（发文量）与质量和影响力指标（被引量）很好地结合在一起①，一经提出，迅速被应用于期刊评价②。

① 王梅英等：《h 指数在期刊评价中的地位和作用》，《中国科技期刊研究》2012 年第 3 期。

② Braun T *et al*, "A Hirsch-Type Index for Journals", *Scientometrics*, Vol. 69, No. 1, 2006.

以往研究较少涉及采用论文被引频次不同计数方法对 h 指数的影响。研究结果提示，同一 CTW 内累计 h 指数优于年度 h 指数，2 年 CTW 的 h 指数应用于期刊评价最接近问卷调查结果。

（三）PRP 指标对 CTW 和位置等级有高度选择性

研究结果显示，并不是所有的 PRP 指标都能合理地应用于期刊评价。就 CTW 来讲，选择 5 年或 8 年效果较好，位置选择以 50% 和 25% 较为理想（只有 2 年 CTW 的 $C_{p25\%}$ 略优于 $C_{p50\%}$，其他 CTW 均为 $C_{p50\%}$ 优于 $C_{p25\%}$）。累计 PRP 指标多数优于年度 PRP 指标，较长 CTW 的 PRP 指标更加明显。综合考虑，推荐使用 5 年 CTW 各期刊 $5C_{ap50\%}$（即居中位置论文的被引频次）指标替代影响因子作为期刊评价指标。

Garfield① 早期的调查结果显示，SCI 收录的 1900—2005 年的论文接近一半从来未被引用过，这就意味着多数期刊被引频次较高的第 50% 论文的被引频次等于零，与本研究 $C_{p50\%}$ 指标最优显然是矛盾的。如何解释这一矛盾尚有待进一步研究。

四　$5C_{ap50\%}$ 在期刊评价中的应用

为了检验 $5C_{ap50\%}$ 对影响因子的矫正效果，我们计算了 2017 年版 JCR 中影响因子排名前 50 位期刊的 $5C_{ap50\%}$，并比较了同一期刊影响因子和 $5C_{ap50\%}$ 排序的差异（见表 7－8）。大家都知道，*CA* 的影响因子常年排在第 1 位，而且其影响因子主要由被引频次极高的 2—3 篇文章贡献。该刊的 $5C_{ap50\%}$ 在这 50 种期刊中仅排在第 42 位，与影响因子排序相比位次下降幅度最大。同样，表 7－8 中排名前 5 位的期刊 $5C_{ap50\%}$ 的排序比影响因子排序均有不同程度的下降，说明这些期刊均有异常高被引论文对期刊影响因子贡献较大。*New Engl J Med* 的 $5C_{ap50\%}$ 的排序也低于影响因子排序。观察论文被引频次发现，该刊不但发表了许多高被引论文，同时也有较多的零被引和低被引论文，因此认为，$5C_{ap50\%}$ 较好地矫正了由于各期刊论文被引频次的偏态分布导致部分期刊影响因子极度“膨胀”的倾向。

---

① Garfield E, “The History and Meaning of the Journal Impact Factor”, *The Journal of the American Medical Association*, Vol. 295, No. 1, 2006.

论文被引频次分布越接近正态分布，其影响因子和 $5C_{ap50\%}$ 的差异越小。当然，$5C_{ap50\%}$ 的引证时间窗口是 5 年，所以它与 5 年影响因子相关度要高于影响因子。根据影响因子和 $5C_{ap50\%}$ 指标的定义与数学特征，可以推断，$5C_{ap50\%}$ 在排序明显高于影响因子的期刊基本上可以排除异常高被引论文对其影响因子的畸形贡献。长期以来基于影响因子对期刊的评价，使得发表异常高被引论文期刊（被引频次呈严重偏态分布）的影响力被过度高估，而被引频次接近正态分布的期刊，其影响力可能被低估甚至被过度低估。$5C_{ap50\%}$ 的应用能够在一定程度上矫正影响因子这一局限性。

表 7－8　**2017 年版 JCR 中影响因子 Top50 期刊的 $5C_{ap50\%}$ 及其排序对比**

期刊缩写名	国家	影响因子	影响因子排序	5 年影响因子	$5C_{ap50\%}$	$5C_{ap50\%}$ 排序	位次差距*
CA-Cancer J Clin	美国	244.585	1	161.803	35	42	41
New Engl J Med	美国	79.258	2	67.512	91.5	5	3
Lancet	英格兰	53.254	3	52.665	75	9	6
Chem Rev	美国	52.613	4	55.198	75	10	6
Nat Rev Mater	英格兰	51.941	5	51.941	39	39	34
Nat Rev Drug Discov	英格兰	50.167	6	54.49	107	1	-5
JAMA-J Am Med Assoc	美国	47.661	7	42.464	59	26	19
Nat Energy	英格兰	46.859	8	46.87	27.5	48	40
Nat Rev Cancer	英格兰	42.784	9	50.293	93	3	-6
Nat Rev Immunol	英格兰	41.982	10	46.507	92.5	4	-6
Nature	英格兰	41.577	11	44.958	73	13	2
Nat Rev Genet	英格兰	41.465	12	44.913	102	2	-10
Science	美国	41.058	13	40.627	64	18	5
Chem Soc Rev	英格兰	40.182	14	41.27	77	7	-7
Nat Mater	英格兰	39.235	15	47.534	68	15	0
Nat Nanotechnol	英格兰	37.49	16	45.815	60	24	8
Lancet Oncol	英格兰	36.418	17	33.233	57	28	11
Rev Mod Phys	美国	36.367	18	38.473	77	8	-10
Nat Biotechnol	美国	35.724	19	43.271	62	23	4
Nat Rev Mol Cell Bio	英格兰	35.612	20	47.918	89.5	6	-14
Nat Rev Neurosci	英格兰	32.635	21	38.691	72.5	14	-7

续表

期刊缩写名	国家	影响因子	影响因子排序	5 年影响因子	$5C_{ap50\%}$	$5C_{ap50\%}$ 排序	位次差距*
Nat Med	美国	32.621	22	33.409	63.5	19	-3
Nat Photonics	英格兰	32.521	23	38.551	63	20	-3
Nat Rev Microbiol	英格兰	31.851	24	31.155	62.5	22	-2
Cell	美国	31.398	25	33.796	63	21	-4
Adv Phys	英格兰	30.917	26	25.69	60	25	-1
Energ Environ Sci	英格兰	30.067	27	28.924	52	31	4
World Psychiatry	意大利	30	28	23.265	28.5	47	19
Lancet Neurol	英格兰	27.138	29	28.048	55	30	1
Nat Genet	美国	27.125	30	31.154	68	16	-14
Nat Methods	美国	26.919	31	41.934	45	37	6
J Clin Oncol	美国	26.303	32	21.455	31	45	13
Nat Chem	英格兰	26.201	33	28.79	50	35	2
Prog Energ Combust	英格兰	25.242	34	27.86	56.5	29	-5
Lancet Infect Dis	英格兰	25.148	35	22.668	35	43	8
Annu Rev Astron Astr	美国	24.912	36	40.554	59	27	-9
Nat Rev Clin Oncol	英格兰	24.653	37	20.605	33	44	7
Prog Polym Sci	美国	24.558	38	32.833	66	17	-21
Mater Today	英格兰	24.537	39	24.971	40.5	38	-1
Mat Sci Eng R	荷兰	24.48	40	30.4	37	41	1
Cancer Discov	美国	24.373	41	24.621	39	40	-1
Physiol Rev	美国	24.014	42	34.299	74.5	11	-31
Prog Mater Sci	英格兰	23.75	43	33.19	50	36	-7
Eur Heart J	英格兰	23.425	44	20.66	29.5	46	2
Living Rev Relativ	德国	23.333	45	27.939	74	12	-33
Cell Stem Cell	美国	23.29	46	23.799	52	32	-14
BMJ-Brit Med J	英格兰	23.259	47	20.375	27	49	2
Cancer Cell	美国	22.844	48	27.072	51	34	-14
Annu Rev Psychol	美国	22.774	49	30.519	52	33	-16
J Stat Softw	美国	22.737	50	15.682	4	50	0

注：* 指 $5C_{ap50\%}$ 排序减去影响因子排序，该值越大说明 $5C_{ap50\%}$ 排序越靠后。

第八章　基于学科差异的影响因子矫正

不同学科由于学科性质、发展阶段、引证习惯不同，论文被引频次和期刊影响因子存在巨大差异。因此，不同学科期刊影响因子不具有可比性。影响因子这一最致命的缺陷导致其不能应用于期刊的跨学科评价。学术期刊的跨学科评价是目前全球科学评价领域的难题之一。

其实，美国汤森路透集团一直尝试解决期刊的跨学科评价问题。2009年开始汤森路透集团对 JCR 2003 年以来各年度收录的期刊进行分区（Q1，Q2，Q3 和 Q4）[①]，给出了各期刊在各自学科内部的相对影响力位置，避免了长期以来期刊评价中直接比较不同学科期刊影响因子的误区。2015 年升级版的 InCite JCR 中又推出一个新的期刊评价指标：期刊影响因子百分位（Journal Impact Factor Percentile，JIFP）[②]。该指标是将期刊影响因子排名转化为百分位数值，从而较好地解决了不同学科期刊的跨学科评价。早在1992 年，Sen[③] 就提出了影响因子标准化问题，而 Pudovkin 等[④]认为其效果并不满意，在此基础上他们提出了排序标准化影响因子（Rank-Normalized Impact Factor，rnIF)，其设计原理和上述影响因子百分位极其相似。除了Moed[⑤] 提出的来源标准化篇均影响力（Source Normalized Impact Per Paper,

---

① Tayyab S *et al*，“Impact Factor Versus Q1 Class of Journals in World University Rankings”，*Current Science*，Vol. 104，No. 4，2013.

② 俞立平：《影响因子百分位指标的特点研究》，《图书情报工作》2016 年第 10 期。

③ Sen B K，“Documentation Note Normalized Impact Factor”，*Journal of Documentation*，Vol. 48，No. 3，1992.

④ Pudovkin A I，“Rank-normalized Impact Factor：A Way to Compare Journal Performance Across Subject Categories”，In：Bryans JB，editor. Asist 2004：Proceedings of the 67th Asis &T Annual Meeting，Cultures and Conflicts，2004.

⑤ Moed H F，“Measuring Contextual Citation Impact of Scientific Journals”，*Journal of Informetrics*，Vol. 4，No. 3，2010.

SNIP），几乎所有的学科标准化影响力评价指标均为位置指标，且多用来评价论文，如 Bornmann 和 Mutz① 提出的百分位数排序位置（Percentile Rank Position，PRP），Leydesdorff 等②建立的集合影响力指标（Integrated Impact Indicator，I3），Vinkler③ 应用的平均 PRP（Mean Percentage Rank Position，mPRP）），后来开始研究将位置指标应用于期刊评价，如学科标准化影响因子（Field-Normalized Impact Factors，FNIF）④、期刊 I3、期刊 PRP 指数⑤和国内学者张学梅等⑥提出的改进的 PRP 指数（PRP_{HG}）等。我们在 Bornmann 和 Mutz⑦ 提出的论文被引频次 6 个百分位等级（PR6）的基础上，增加 Top 0.01% 和 Top 0.1% 2 个等级，对 8 个学科期刊全部可被引文献（包括 Article 和 Review）按照其被引频次所处的百分位数等级进行赋值，建立了期刊 PR8 指数（Journal Index for PR8，JIPR8），把论文评价指标转换为期刊评价指标，并对该指标跨学科期刊评价效果进行研究。

一　矫正思路与方法

（一）矫正思路

我们反复提到，不同学科期刊影响因子存在巨大差异，因而不同学科期刊影响因子没有可比性。造成期刊影响因子巨大差异的根源，是不同学科论文被引频次存在巨大差异。目前，学术期刊的跨学科评价多是采用基于期刊影响因子改良的百分位数指标，如影响因子百分位、期刊分区（按影响因子

① Bornmann L *et al*, "Further Steps Towards an Ideal Method of Measuring Citation Performance: The Avoidance of Citation Averages in Field-normalization", *Journal of Informetrics*, Vol. 5, No. 1, 2011.

② Leydesdorff L *et al*, "Percentile Ranks and the Integrated Impact Indicator (I3)", *Journal of the American Society for Information Science and Technology*, Vol. 63, No. 9, 2012.

③ Vinkler P, "Comparative Rank Assessment of Journal Articles", *Journal of Informetrics*, Vol. 7, No. 3, 2013.

④ Leydesdorff L *et al*, "Field-Normalized Impact Factors (IFs): A Comparison of Rescaling and Fractionally Counted Ifs", *Journal of the American Society for Information Science and Technology*, Vol. 64, No. 11, 2013.

⑤ Vinkler P, "The Use of the Percentage Rank Position Index for Comparative Evaluation of Journals", *Journal of Informetrics*, Vol. 8, No. 2, 2014.

⑥ 张学梅等：《跨学科领域期刊评价指标 PRP 指数及其改进》，《情报理论与实践》2016 年第 2 期。

⑦ Bornmann L *et al*, "Further Steps Towards an Ideal Method of Measuring Citation Performance: The Avoidance of Citation Averages in Field-normalization", *Journal of Informetrics*, Vol. 5, No. 1, 2011.

在学科内降序排列，4 个 25% 数量的期刊形成 4 个分区）等。而我们的矫正思路是，不针对影响因子进行学科标准化处理，而是从导致影响因子巨大差异的根源上入手，对论文被引频次进行学科标准化处理，把经过标准化处理的论文被引频次的 PR8 赋值作为计算影响因子的分子，带入影响因子计算公式进行计算，这样计算的指标我们称之为 JIPR8。

（二）矫正方法

1. 学科的选择

依据 WoS 和 JCR 的学科分类，选择自然科学和社会科学各 4 个学科的期刊作为研究对象。学科的确定充分考虑了覆盖到快移动学科（Fast Moving Field）和慢移动学科（Slow Moving Field）①，尽可能选择集合被引半衰期有明显区别的学科。最后选定的自然科学学科包括：纳米科学与技术（NANOSCIENCE & NANOTECHNOLOGY）、环境工程（ENGINEERING，ENVIRONMENTAL）、眼科学（OPHTHALMOLOGY）和地球科学（GEOLOGY）；社会科学学科包括：伦理学（ETHICS）、传播学（COMMUNICATION）、政治学（POLITICAL SCIENCE）和历史（HISTORY）。所选 8 个学科基本情况见表 8 - 1。

2. 期刊的排除标准

（1）由于过度自引可能对期刊文献计量学指标产生负面影响，该研究排除了各学科中自引率≥10 的期刊；（2）排除了 2010—2014 年 WoS 数据库未连续收录或缺少引证指标的期刊；（3）为了能够将 JIPR8 与已经建立的跨学科期刊评价指标 SNIP 进行比较，排除了 2015 年缺少 SNIP 指标的期刊。符合条件的期刊共 301 种，其学科分布见表 8 - 1 中“选定期刊数”。

3. 相关数据的获取

（1）登录 WoS 数据库，选择高级检索，输入高级检索式如“IS =（XXXX - XXXX OR YYYY - YYYY OR ……）AND PY = 2010 - 2014”。根据各学科期刊的 ISSN 号（包括某学科全部期刊）编制一个高级检索式，一次性检索该学科 2010—2014 年发表的所有文献，通过数据库精炼功能，保留 Article 和 Review 2 类可被引文献；（2）对检索到的文献创建引文报告，导出为 Excel 文件，整理出两个数据：一是每篇文献 2015 年的被引频次；二是每

① Sundaram M *et al*，“On the Relevance of the Impact Factor and Other Factors”，*Skeletal Radiology*，Vol. 41，No. 2，2012.

表 8－1　　**列入研究对象的 8 个学科基本情况**

学科	学科领域	期刊数	可被引文献量	被引总量	中位影响因子	集合影响因子	集合被引半衰期	选定期刊数
NANOSCIENCE & NANO-TECHNOLOGY	自然科学	83	33805	1128562	2.146	5.554	4.4	38
ENGINEERING, ENVIRON-MENTAL	自然科学	50	12518	510092	1.859	3.903	6.3	25
OPHTHALMOLOGY	自然科学	56	8438	278951	1.753	2.4	8	36
GEOLOGY	自然科学	47	2450	102891	1.056	2.049	>10.0	21
ETHICS	社会科学	51	2248	40127	0.897	1.288	7.6	26
COMMUNICATION	社会科学	79	3186	71096	0.886	1.182	8.8	30
POLITICAL SCIENCE	社会科学	163	5982	138957	0.802	1.103	9.4	80
HISTORY	社会科学	87	2235	20662	0.286	0.351	>10.0	45

注：表中数据均来源于 2015 年版 JCR。文献量是指相应学科期刊 2015 年发表的 Article 和 Review 的数量，被引总量是指相应学科 2015 年各期刊总被引频次总和。

篇文献自发表年度累积到 2015 年被引频次总和。

4. 论文 PR8 赋值

按照论文被引频次降序排列，Top 0.01% 论文赋值为 8 分，Top 0.01—Top 0.1%（不包含 Top 0.01%，下同）赋值为 7 分，Top 0.1%—Top 1%、Top 1%—Top 5%、Top 5%—Top 10%、Top 10%—Top 25%、Top 25%—Top50% 和最后 50% 分别赋值 6、5、4、3、2、1 分。论文赋值过程中把握以下原则：（1）所有零被引论文全部 0 分；（2）相同被引频次论文必须赋予相同的分值。假设某学科文献数为 1000，被引频次较高的前 Top 5%—Top 10% 的论文应为第 51 到第 100 篇（赋值 4 分），但第 95 到第 110 篇这 16 篇论文被引频次相同，当然应该赋予相同分值：$(6\times4+10\times3)\div16=3.375$；（3）各百分位数区段论文的确定按照该学科文献数乘以相应百分位数，四舍五入。如某学科文献数为 5560，其 Top 0.01 论文数量为 0.556，第 1 篇论文赋值 8 分；（4）文献数不足 5000 的学科，被引频次最高者赋值 7 分，但如果第 1 篇论文被引频次异常高（如高于第 2 篇论文被引频次 1 倍以上），该论文赋值 8 分。

5. JIPR8 的计算方法

JIPR8 是指 5 年时间窗口内（该研究为 2010—2014 年）发表的可被引文

献被引频次的 PR8 赋值总分与该时间窗口内可被引文献数量的比值，可以用公式表示如下：

$$\text{JIPR 8} = \frac{\sum_{i=1}^{N} P_i}{N} \tag{8-1}$$

公式 8－1 中，P_i为某期刊第 i 篇论文的 PR8 赋值，N 为该期刊 5 年时间窗口内发表的可被引文献数。

根据被引频次计数方法不同，该研究构建了 2 个 JIPR8，即年度 JIPR8（aJIPR8）和累积 JIPR8（cJIPR8）。aJIPR8 中论文 PR8 赋值依据的是统计当年的被引频次，而 cJIPR8 中论文 PR8 赋值依据的是论文发表后累积到统计当年的被引频次。

6. 对比指标的选择

该研究选择的其他文献计量学指标包括 JCR 指标体系中的总被引频次（TC）、影响因子（IF）、影响因子百分位（Journal Impact Factor Percentile，JIFP）、特征因子分值（EFS）、论文影响分值（AIS）、期刊分区和来源于 Scopus 指标体系的跨学科期刊评价指标 SNIP。

几个学科标准化指标：（1）中位校正影响因子：某期刊中位校正影响因子（Median Revised Impact Factor，mrIF）是指该期刊影响因子与所在学科中位影响因子的比值；（2）集合校正影响因子：某期刊集合校正影响因子（Aggregate Revised Impact Factor，arIF）是指该期刊影响因子与所在学科集合影响因子的比值；（3）中位校正特征因子：某期刊中位校正特征因子（Median Revised Eigenfactor，mrEF）是指该期刊特征因子与所在学科中位特征因子的比值；（4）中位校正论文影响分值：某期刊中位校正论文影响分值（Median Revised 论文 Influence Score，mrAIS）是指该期刊论文影响分值与所在学科中位论文影响分值的比值。

7. 期刊分组

根据 JCR 中各期刊分区，对应于 Q1、Q2、Q3、Q4 4 个分区将期刊分为 Q1、Q2、Q3、Q4 4 个组，以分析各指标组间差异和组内变异程度。

8. 统计学方法

应用 SPSS 18.0 进行统计学处理，各指标正态性检验采用 Kolmogorov-Smirnov 检验，不同分区期刊各指标组间差异采用 Kruakal-Wallis 检验，同一分区内期刊各指标分布的变异程度用变异系数表征，指标之间的相关分析采用 Spearman 相关检验。检验水准：$\alpha = 0.05$。

二 矫正结果与效果评价

（一）各指标正态性检验和变异系数

8 个学科 301 种期刊各文献计量学指标正态性检验（Kolmogorov-Smirnov 检验）结果和各指标变异系数见表 8-2。从表 8-2 可知，8 个学科 301 种期刊特征因子变异系数最大，其次是总被引频次和中位校正特征因子。指标变异程度大，说明其学科差异性明显，跨学科评价效果较差。总被引频次和特征因子都属于绝对量指标，其跨学科评价效果极不理想是很正常的。cJIPR8 变异程度最小，其次是 aJIPR8 和影响因子百分位，从数据正态性分布看，cJIPR8 和 aJIPR8 完全呈正态分布，影响因子百分位是其他指标中最接近正态分布的。说明这 3 个指标学科差异性最小，跨学科评价效果最好，尤其是 cJIPR8。第七章的内容也揭示了累计指标优于年度指标。SNIP 是目前学术界认可的跨学科期刊评价指标，但从表 8-2 结果看，其学科变异性大于 cJIPR8、aJIPR8 和影响因子百分位 3 个位置指标。

表 8-2 各指标 K-S 正态性检验结果和变异系数

期刊指标	期刊数	均值	标准差	变异系数	Kolmogorov-Smirnov*Z*	*P*
TC	301	4572.3	14937.0	3.27	6.594	0.000
EF	301	0.010	0.034	3.54	6.750	0.000
IF	301	1.769	2.752	1.56	4.566	0.000
AIS	301	0.855	1.293	1.51	4.458	0.000
JIFP	301	52.492	28.611	0.55	1.483	0.025
mrIF	301	1.536	1.476	0.96	2.726	0.000
arIF	301	0.947	0.806	0.85	2.329	0.000
mrEF	301	3.343	7.605	2.27	5.740	0.000
mrAIS	301	1.735	2.284	1.32	3.973	0.000
SNIP	301	1.185	0.885	0.75	2.765	0.000
cJIPR8	301	1.531	0.715	0.47	1.131	0.155
aJIPR8	301	1.343	0.718	0.53	1.342	0.055

（二）不同分区期刊各指标的组间差异和组内变异程度

Q1、Q2、Q3、Q4 4 个分区（组）各指标组间差异检验统计量见表 8－3，组内变异情况见表 8－4。由于 JCR 期刊分区是按照影响因子大小降序排列把期刊等分为 4 个区，影响因子最高的第一个 25% 期刊为 Q1，第二个 25% 的期刊为 Q2，以此类推。期刊分区的目的也是为了实现简单的跨学科评价，4 个分区之间差异性越大区分度就越好，因此，就跨学科期刊评价来讲，各指标 4 组之间差异越大，其跨学科评价效果越好。而对于同一分区的期刊，就相当于同一级别的期刊，指标的差异当然是越小越好。所以，理想的跨学科期刊评价指标应该是，Q1、Q2、Q3、Q4 4 个组间差异非常明显（区分度非常好），而同一组（分区）内指标的变异程度较小（一致度非常好）。表 8－3 显示，各期刊评价指标组间差异检验统计量保留 3 位小数时 *P* 值都是零，说明各指标组间差异均有统计学意义。从 χ^2 值可以看出，集合校正影响因子、影响因子百分位、中位校正影响因子、中位校正论文影响分值、cJIPR8 和 aJIPR8 组间差异最明显，总被引频次、特征因子和影响因子组间差异最不明显。

表 8－3　　**各指标组间 Kruakal-Wallis 检验统计量**

期刊指标	检验统计量	
	χ^2	*P*
TC	86.913	0.000
EF	106.537	0.000
IF	150.49	0.000
AIS	193.001	0.000
JIFP	260.398	0.000
mrIF	252.46	0.000
arIF	264.747	0.000
mrEF	183.796	0.000
mrAIS	222.346	0.000
SNIP	160.564	0.000
cJIPR8	216.885	0.000
aJIPR8	214.782	0.000

表 8 -4 中给出了每个分区期刊中各指标的变异程度。可以看出，几乎在任何一个分区变异程度最小的都是影响因子百分位、cJIPR8、集合校正影响因子和 aJIPR8。SNIP 只在 Q4 区期刊表现出较好的一致性。cJIPR8 和 aJIPR8 组间期刊的区分度和组内期刊的一致度都是非常理想的。

表 8 -4　　　　4 个分区期刊各指标组内变异程度

期刊指标	Q1（n=91）			Q2（n=67）			Q3（n=79）			Q4（n=64）		
	均值	标准差	变异系数	均值	标准差	变异系数	均值	标准差	变异系数	均值	标准差	变异系数
TC	9984.3	22427.4	2.246	4844.6	15826.1	3.267	1401.7	2655.1	1.894	505.7	991.7	1.961
EF	0.022	0.052	2.365	0.010	0.036	3.713	0.003	0.004	1.598	0.001	0.002	1.862
IF	3.555	4.366	1.228	1.573	1.019	0.648	0.962	0.532	0.553	0.430	0.333	0.775
AIS	1.795	2.018	1.124	0.728	0.316	0.434	0.411	0.202	0.492	0.201	0.131	0.650
JIFP	85.3	11.7	0.137	61.1	10.9	0.179	38.6	9.3	0.241	13.9	8.9	0.641
mrIF	3.003	1.872	0.623	1.417	0.434	0.306	0.865	0.287	0.332	0.405	0.282	0.697
arIF	1.852	0.876	0.473	0.889	0.183	0.206	0.526	0.143	0.272	0.239	0.129	0.541
mrEF	7.709	11.539	1.497	2.954	6.244	2.114	1.012	0.886	0.875	0.419	0.388	0.925
mrAIS	3.571	3.417	0.957	1.522	0.553	0.364	0.852	0.354	0.415	0.437	0.277	0.634
SNIP	1.977	1.126	0.570	1.119	0.456	0.407	0.820	0.337	0.411	0.581	0.335	0.577
cJIPR8	2.318	0.553	0.239	1.617	0.297	0.184	1.158	0.299	0.258	0.782	0.383	0.490
aJIPR8	2.123	0.600	0.282	1.434	0.310	0.216	0.963	0.286	0.297	0.607	0.351	0.578

（三）各指标之间的相关性

各指标之间 Spearman 相关检验结果见表 8 -5。各指标之间相关系数均有统计学意义，均为 $P=0.000$，因此，表中只给出了各指标之间 Spearman 相关系数。可以看出，cJIPR8 和 aJIPR8 具有极高的相关度，与其他几个位置指标相关度比较，都是 cJIPR8 高于 aJIPR8，这与上述结果也是一致的。只有与 SNIP 指标相比，aJIPR8 高于 cJIPR8。2 个 JIPR8 与影响因子百分位、校正影响因子、校正论文影响分值之间均有较高的相关度。来源于 Scopus 数据库的 SNIP 与来源于 JCR 的期刊评价指标相关度相对较低。但相比之下，SNIP 与几个校正指标和 JIPR8 的相关度明显高于总被引频次、特征因子和影响因子。说明在跨学科期刊评价中，经过标准化的位置指标明显优于 JCR 的原生指标。但从该研究的数据看，JCR 原生单一指标中论文影响分值在期刊跨学科评价中明显优于其他指标。

表 8－5　　各指标之间相关检验结果

期刊指标	EF	IF	AIS	JIFP	mrIF	arIF	mrEF	mrAIS	SNIP	cJIPR8	aJIPR8
TC	0.947	0.835	0.705	0.620	0.564	0.459	0.752	0.571	0.485	0.603	0.635
EF		0.857	0.790	0.682	0.603	0.531	0.820	0.650	0.549	0.657	0.684
IF			0.805	0.798	0.753	0.625	0.665	0.668	0.547	0.710	0.744
AIS				0.855	0.815	0.794	0.810	0.929	0.746	0.864	0.889
JIFP					0.930	0.914	0.800	0.872	0.741	0.858	0.857
mrIF						0.908	0.771	0.875	0.672	0.854	0.852
arIF							0.768	0.875	0.745	0.883	0.859
mrEF								0.846	0.686	0.781	0.776
mrAIS									0.747	0.868	0.866
SNIP										0.730	0.760
cJIPR8											0.974

三　JIPR8 跨学科期刊评价机制

要实现跨学科期刊评价功能，必须最大限度地规避学科之间的差异。期刊分区、JIFP、FNIF 都是基于期刊评价指标进行的学科标准化处理，从而实现文献计量学指标的跨学科评价。无论影响因子是高还是低，只要在其所属学科内排名靠前，就被认为是优秀期刊，如期刊分区和 JIFP 均直接采用期刊影响因子在某学科所处的位置进行学科标准化，而 FNIF 多是采用某期刊影响因子除以该期刊所属学科的平均影响因子或中位影响因子所得的相对影响因子，实际上属于特殊的位置指标。

以上几个学科标准化指标都是针对现有的期刊评价指标（影响因子）进行的标准化，而 JIPR8 则是针对论文被引频次进行的标准化，然后将经过学科标准化后的论文被引频次赋值带入公式计算得到各期刊 JIPR8。根据前文中介绍的论文 PR8 赋值方法，可以明确 JIPR8 指数的设计原理。尽管不同学科论文被引频次差异巨大，但每篇论文均按照其被引频次在所属学科的位置赋值（1—8 分），这实际上是对被引频次进行的学科标准化处理。用被引频次标准化后的论文 PR8 赋值作为分子、可被引文献数量作为分母，指标的属性等同于影响因子，但其分子是经过学科标准化处理后的“被引频次”，因而，JIPR8 最大限度地规避了不同学科之间的差异，能够实现不同学科期刊的跨学科评价。

基于前期对影响因子缺陷的研究①②，将 JIPR8 的引证时间窗口设定为 5 年，弥补了影响因子引证时间窗口过短的缺陷；同时设置 aJIPR8 和 cJIPR8，完善了论文被引频次计数方法；将所有零被引论文全部赋值 0 分，继承了影响因子的设计理念，避免了“垃圾论文”参与 JIPR8 的计算。

JIPR8 与其他跨学科期刊评价指标相比具有一定的优越性。期刊分区是最简单的跨学科期刊评价指标，普遍应用于国内高校科研绩效评价和奖励。该指标区分度较差，同一分区内期刊质量和影响力差别也很明显。JIFP 是 JCR 中新增的指标，设计目的也是为了实现跨学科期刊评价，其计算公式为：

$$\text{JIFP} = \frac{(N - R + 0.5)}{N} \times 100\% \qquad (8-2)$$

公式 8 - 2 中，N 为某学科期刊总数，R 为某期刊影响因子在相应学科的排序。假设 $R = 1$（即各学科影响因子第 1 位的期刊），则 N 值越大 JIFP 越大。各学科影响因子排名靠前的优秀期刊，其 JIFP 大小完全取决于该学科期刊总数的多少。因此，该指标对各学科优秀期刊的评价是极不科学的。SNIP 是基于 Scopus 数据库的引证数据，经过复杂而不透明的标准化过程建立的跨学科期刊评价指标，其缺点也很明显，而且效果尚未被充分肯定。相比之下，JIPR8 克服了这些指标的缺陷，可以较好地应用于期刊的跨学科评价。

① Liu XL et al, “An Analysis of Peer-Reviewed Scores and Impact Factors with Different Citation Time Windows: A Case Study of 28 Ophthalmologic Journals”, *PLoS ONE*, Vol. 10, No. 8, 2015.

② 刘雪立：《期刊累积影响因子与年度影响因子的比较研究》，《中国科技期刊研究》2016 年第 7 期。

四　相关问题的解释和说明

（一）关于学科的选择

本研究的目的是构建一个较为理想的跨学科期刊评价指标，并与现有的期刊评价指标的跨学科评价效果进行比较。因此，纳入研究对象的期刊必须分布于足够多的学科，且选定的学科差异性应该非常明显，学科属性差异越大结论越可靠。基于这样的考虑，该研究选择 8 个学科对 JIPR8 和其他多个指标跨学科期刊评价效果进行验证。杜志波等①做标准化影响因子在不同学科期刊评价中的应用选择了物理、化学、药学、内科 4 个学科，李华等②研究 PRP 指标时选择了社会科学 7 个学科，张学梅等③选择了 8 个学科。在学术期刊评价方面，学科的差异性主要表现在学科的增长和老化速度，增长和老化快的学科称为快移动学科，反之为慢移动学科。该研究根据学科集合被引半衰期确定了 8 个学科。由表 8 - 1 可以看出，选择的 8 个学科不但集合被引半衰期有明显差异，而且随着集合被引半衰期的增长，学科中位影响因子和集合影响因子持续明显下降，遵守了学科属性的差异性原则。

（二）JIPR8 设计中的几个问题

所有的跨学科期刊评价指标都是通过学科标准化实现的，指标设计时尽可能规避学科性质、规模、发展阶段和引证行为的差异。实现学科标准化一般在两个层次上进行，一是期刊层次的标准化，即直接对现有的期刊评价指标进行学科标准化处理，如 2015 年版 JCR 中新增的期刊影响因子百分位、标准化特征因子（Normalized Eigenfactor）、期刊分区、中位校正影响因子、集合校正影响因子、中位校正特征因子和中位校正论文影响分值等。二是论文层次的标准化，主要是对论文被引频次进行学科标准化后再参与指标的运算，如 cJIPR8、aJIPR8 和 I3 指标。实际上，SNIP 也是在论文层次上进行的标准化，它是以某学科论文的篇均被引频次作为该主题领域的引文潜力对学

① 杜志波等：《标准化影响因子在不同学科期刊比较中的应用》，《编辑学报》2007 年第 2 期。

② 李华等：《PRP 指标：一种跨学科期刊评价方法及与期刊 h 指数之比较》，《情报杂志》2015 年第 8 期。

③ 张学梅等：《跨学科领域期刊评价指标 PRP 指数及其改进》，《情报理论与实践》2016 年第 2 期。

科差异进行标准化处理[①]。陈仕吉等[②]认为，被引频次的标准化方法有 3 种：相对影响指标、百分位数和引文分数统计。本研究中的 cJIPR8 和 aJIPR8 就是用百分位数法对论文被引频次进行的学科标准化处理。

JIPR8 指标构建过程中，论文被引频次被分成 8 个百分位数区段进行赋值，各学科论文无论被引频次多高，差异多大，总是被引频次最高的 Top 0.01% 赋值 8 分，Top 0.1% 为 7 分……最后的 50% 为 1 分，这就最大限度地平衡了各学科之间被引频次的巨大差异，然后按照影响因子的设计原理构建了 JIPR8，即篇均论文赋分，最大限度地继承了影响因子的优势。论文赋分时确定该论文被引频次所处百分位数区段应用的是设定时间窗口内（5 年）该学科 JCR 收录的所有期刊发表的可被引文献，而不是仅仅应用被选定的研究对象期刊发表的文献。

另外，对各学科零被引论文一律赋值 0 分，这主要是基于以下考虑：期刊评价和学者、机构评价有很大不同，对于学者和机构来说，论文产出量本身就反映了他们的研究绩效和水平；对于期刊而言，发表论文数的多少不代表期刊的生产能力，如果零被引论文纳入最后 50% 而赋值 1 分，发表论文数量过多的期刊其影响力可能被高估。

我们设计的 JIPR8，分子是可被引文献赋分，分母是可被引文献数，直接校正了影响因子分子分母所用文献计数不统一的缺陷。JIPR8 选择的引证时间窗口为 5 年，按照文献[③]的思路，设计了 cJIPR8 和 aJIPR8。因此，该指标理论设计是科学而周密的。

（三）JIPR8 的一致性和区分度

理想的跨学科期刊评价指标既要有较好的一致性，又要有明显的区分度。一致性反映的是评价指标在不同学科期刊评价中的稳定性，区分度表征的是评价指标对不同影响力期刊评价中的敏感性。从 8 个学科 301 种期刊各指标变异系数看，cJIPR8 变异程度最小，其次是 aJIPR8 和影响因子百分位，cJIPR8 和 aJIPR8 呈正态分布，影响因子百分位接近正态分布。说明 cJIPR8

---

① 陈福佑：《不同学科期刊学术影响力比较的方法与实证研究》，《图书情报工作》2013 年第 23 期。

② 陈仕吉等：《论文被引频次标准化述评》，《现代图书情报技术》2012 年第 4 期。

③ 刘雪立：《期刊累积影响因子与年度影响因子的比较研究》，《中国科技期刊研究》2016 年第 7 期。

和 aJIPR8 在 8 个学科期刊评价中，表现出来的学科差异最小，较好地规避了学科之间的差异。

JCR 中将所收录的期刊按照影响因子高低等分为 4 个区，即 Q1 到 Q4，代表影响力不同的 4 个等级期刊。期刊分区的目的也是为了在一定程度上实现期刊的跨学科评价。某指标在这 4 个分区期刊中各分区期刊间差别越大说明该指标的区分度越好。从表 8－3 可以看出，cJIPR8 和 aJIPR8 组间差异程度是比较理想的。影响因子百分位和期刊分区都是按照影响因子大小转换成的位置指标，影响因子百分位各分区期刊间差异最明显是很自然的。

研究显示，cJIPR8 和 aJIPR8 的稳定性不仅表现在不同学科期刊评价方面，而且还表现在同一分区期刊评价方面。同一分区期刊意味着这些期刊的影响力相近，理想的期刊评价指标必须是在同一分区中变异程度尽可能小。

（四）JIPR8 与其他期刊评价指标的相关度

从指标的稳定性和区分度来讲都是 cJIPR8、aJIPR8 和影响因子百分位表现最突出，3 个指标的相关度也是很高的，相关系数都大于 0.85，尤其是 cJIPR8 与 aJIPR8 之间，相关系数甚至达到 0.974。另外，cJIPR8、aJIPR8 和影响因子百分位与标准化影响因子、标准化论文影响分值、标准化特征因子等均有高度的相关性。

值得一提的是，未经过学科标准化处理的论文影响分值与影响因子百分位、中位校正影响因子、中位校正特征因子、中位校正论文影响分值、cJIPR8 和 aJIPR8 等多数学科标准化指标相关系数都大于 0.8，显示出论文影响分值具有较理想的跨学科评价功能。另外，学术界认可的跨学科评价指标 SNIP 与所有指标的相关系数均小于 0.8，这是我们没有想到的，可能的原因是 SNIP 采用的是特殊的标准化方法，再者可能是因为指标来源不同，SNIP 来源于 Scopus 数据库，其他指标都直接或间接来源于 WoS。

（五）JIPR8 的不足

尽管 JIPR8 在跨学科期刊评价方面显示出明显的优势，但它也存在一些不足，一是数据处理和论文赋值无法从数据库直接获取，需要手工进行，因此耗时费力，尤其是文献量较大的学科；二是经常出现相同被引频次的许多论文分布在 2 个临界的百分位数区段中，尤其是靠后的区段中出现频繁，这对部分论文所处百分位数区段的准确定位带来一定影响。

第九章 影响因子的综合矫正与评价应用

自 2015 年以来，我们针对影响因子不同方面的缺陷进行了一系列研究，主要包括影响因子引证时间窗口矫正、文献类型矫正、被引频次计数方法的矫正、基于被引频次偏态分布的影响因子矫正、基于学科差异的影响因子矫正等。这些矫正方法均是针对影响因子某一方面缺陷进行的单一因素矫正，能否综合考虑影响因子各方面缺陷进行一次性完全矫正？答案是肯定的，这就是我们提出的影响因子缺陷多维度矫正的 JIPR8。

一 JIPR8 的设计

（一）引证时间窗口的设定

以 SCI 眼科学期刊为对象进行的研究表明，眼科学期刊影响因子的最佳引证时间窗口为 3—4 年。但是，眼科学在所有自然科学当中文献被引峰值时间来得相对较早，若兼顾其他文献被引峰值时间来得较晚的学科（如部分自然科学和多数社会科学），影响因子的引证时间窗口设定为 5 年是合理的。

（二）文献类型的设定

关于文献类型矫正的研究结果显示，影响因子定义为期刊发表的 Article 和 Review 的篇均被引频次效果最佳，纠正了影响因子传统计算公式中分子和分母不一致的缺陷。

（三）论文被引频次计数方法的选择

研究显示，累积影响因子优于年度影响因子。目前普遍使用的影响因子，即 JCR 中给出的影响因子就是年度影响因子，其分子中的被引频次是指某期刊前 2 年发表的所有文献在统计当年的被引频次，而累积影响因子分子中的被引频次是指某期刊前 2 年发表的所有文献从发表一直累计到统计当年的全部被引频次。我们选择累计计数被引频次。

（四）论文被引频次的学科标准化处理

学科差异的矫正是实现期刊跨学科评价的基础。计算影响因子的分子——论文被引频次在学科间分布的巨大差异是导致影响因子学科差异的根本原因。因此，学术期刊的跨学科评价指标的设计，最根本的方法是对论文被引频次进行学科标准化处理。论文被引频次标准化方法见第八章。为了使计算所得的 JIPR8 与期刊影响因子值更加接近，建议对论文 PR8 赋值进行适当调整，即由原来的被引频次 Top 0.01% 论文赋值为 8 分变更为 100 分，Top 0.01—Top 0.1%（不包含 Top 0.01%，下同）赋值为 80 分，Top 0.1%—Top 1%、Top 1%—Top 5%、Top 5%—Top 10%、Top 10%—Top 25%、Top 25%—Top50% 和最后 50% 分别赋值 60、50、40、30、20、10 分。以论文被引频次赋值代替被引频次绝对值计算新的“影响因子”，即 JIPR8。这一指标有效规避了不同学科论文被引频次的差异，甚至可以说，它有效规避了异常高被引学科（极端值）对影响因子的畸形贡献。这一设计和基于论文被引频次偏态分布的矫正达到了异曲同工的效果。

根据以上分析，采用 5 年引证时间窗口、累计计数论文和综述被引频次的 JIPR8，能够对影响因子各方面的缺陷进行全方位矫正，是理想的期刊评价（包括跨学科评价）指标。

二　JIPR8 与同行专家评分的比较

采用眼科学、数学两个学科期刊前期同行专家评分结果，比较 JIPR8 和影响因子在学术期刊跨学科评价中的作用。$IF_{Total/Total}$、$IF_{Total/AREL}$、$IF_{AR/AR}$、$IF_{AREL/AR}$、$IF_{AREL/AREL}$等均为前期文献类型矫正后的影响因子。期刊主要评价指标见表 9 - 1 和表 9 - 2。经单样本 Kolmogorov-Smirnov 检验，同行评分、$IF_{Total/Total}$、$IF_{Total/AREL}$、$IF_{AR/AR}$、$IF_{AREL/AR}$、$IF_{AREL/AREL}$、IF 和 JIPR8 等均呈正态分布，两个学科各指标之间 Pearson 相关检验结果见表 9 - 3 和表 9 - 4。

表 9-1　　美国 SCI 眼科学期刊同行评分、影响因子和 JIPR8

期刊	问卷评分	$IF_{Total/Total}$	$IF_{Total/AREL}$	$IF_{AR/AR}$	$IF_{AREL/AR}$	$IF_{AREL/AREL}$	IF	JIPR8 *
Ophthalmology	723. 0	3. 729	3. 779	5. 705	5. 915	3. 775	6. 135	28. 1
Am J Ophthalmol	740. 7	2. 609	2. 622	3. 530	3. 661	2. 621	3. 871	22. 3
Invest Ophth Vis Sci	825. 4	3. 064	3. 115	3. 308	3. 334	3. 115	3. 404	22. 1
Ocul Surf	194. 8	1. 806	1. 862	2. 805	2. 951	1. 862	3. 341	20. 7
Retina-J Ret Vit Dis	421. 3	2. 205	2. 218	2. 865	3. 018	2. 218	3. 243	18. 1
Curr Opin Ophthalmol	418. 2	2. 416	2. 416	2. 564	2. 571	2. 416	2. 500	19. 4
Exp Eye Res	517. 0	2. 437	2. 453	2. 617	2. 673	2. 453	2. 709	19. 5
J Refract Surg	237. 4	2. 592	2. 669	3. 230	3. 350	2. 669	3. 468	18. 4
J Cataract Refr Surg	410. 2	1. 888	1. 901	2. 672	2. 781	1. 900	2. 722	17. 8
Surv Ophthalmol	476. 6	2. 982	2. 982	3. 744	3. 779	2. 982	3. 849	19. 3
Mol Vis	350. 8	1. 938	1. 938	1. 938	1. 938	1. 938	1. 986	17. 4
JAMA Ophthalmol	636. 2	1. 519	1. 585	2. 630	3. 197	1. 585	3. 318	20. 2
Cornea	431. 4	1. 717	1. 724	1. 906	1. 934	1. 724	2. 042	13. 8
Graef Arch Clin Exp	456. 3	1. 431	1. 441	1. 763	1. 342	1. 436	1. 908	14. 7
J Vision	316. 5	1. 214	1. 280	1. 280	1. 280	1. 273	2. 393	13. 2
Visual Neurosci	292. 4	1. 762	1. 790	1. 897	1. 914	1. 790	2. 207	13. 8
J Glaucoma	350. 8	1. 443	1. 470	1. 585	1. 602	1. 470	2. 106	13. 7
J Ocul Pharmacol Th	248. 5	1. 304	1. 304	1. 426	1. 435	1. 304	1. 470	13. 4
Optometry Vision Sci	251. 6	1. 323	1. 337	1. 506	1. 508	1. 337	1. 603	12. 7
Eye Contact Lens	171. 1	1. 362	1. 388	1. 493	1. 521	1. 388	1. 466	11. 3
J Neuro-Ophthalmol	325. 5	1. 037	1. 067	1. 639	1. 874	1. 067	1. 950	11. 6
Ophthalmic Genet	190. 9	1. 105	1. 117	1. 182	1. 193	1. 117	1. 455	10. 8
Semin Ophthalmol	211. 0	0. 548	0. 548	0. 556	0. 556	0. 548	0. 863	10. 1
J AAPOS	275. 6	0. 806	0. 827	0. 931	0. 979	0. 827	1. 003	9. 5
Ophthal Plast Recons	210. 7	0. 616	0. 616	0. 768	0. 835	0. 616	0. 881	8. 6
Optometry	189. 0	0. 365	0. 365	0. 528	0. 528	0. 365	0. 833	7. 6
Cutan Ocul Toxicol	137. 5	0. 827	0. 839	0. 870	0. 878	0. 839	1. 122	8. 2
J Ophthalmol	314. 7	1. 013	1. 013	1. 059	1. 059	1. 013	1. 425	6. 9
J Pediat Ophth Strab	266. 0	0. 485	0. 485	0. 681	0. 691	0. 485	0. 745	7. 9

* 2016 年的 JIPR8，基于各期刊 2011—2015 年发表的 Article 和 Review 累积到 2016 年的被引频次的 PR8 赋值计算得到。

表 9－2　　美国 SCI 眼科学期刊同行评分与影响因子和 JIPR8 的相关度

指标	$IF_{Total/Total}$	$IF_{Total/AREL}$	$IF_{AR/AR}$	$IF_{AREL/AR}$	$IF_{AREL/AREL}$	IF	JIPR8
问卷评分	0.736	0.736	0.740	0.748	0.735	0.731	0.767
$IF_{Total/Total}$		1.000	0.953	0.932	1.000	0.911	0.921
$IF_{Total/AREL}$			0.956	0.936	1.000	0.916	0.924
$IF_{AR/AR}$				0.996	0.956	0.979	0.944
$IF_{AREL/AR}$					0.936	0.982	0.945
$IF_{AREL/AREL}$						0.916	0.924
IF							0.933

注：各指标与同行专家评分均在 0.01 水平上显著相关。

表 9－3　　美国 SCI 数学期刊同行评分、影响因子和 JIPR8

期刊名	同行评分*	$IF_{Total/Total}$	$IF_{Total/AREL}$	$IF_{AR/AR}$	$IF_{AREL/AR}$	$IF_{AREL/AREL}$	IF	JIPR8
Ann Math	1023.1	3.315	3.341	3.341	3.341	3.341	3.236	42.0
J Am Math Soc	879.9	2.625	2.667	2.667	2.667	2.667	2.556	41.5
T Am Math Soc	791.4	1.090	1.093	1.093	1.093	1.093	1.122	24.6
Adv Math	767.1	1.348	1.352	1.352	1.352	1.352	1.294	26.8
Duke Math J	743.9	1.593	1.652	1.652	1.652	1.652	1.578	32.9
B Am Math Soc	733.7	1.294	1.294	1.536	1.571	1.294	2.107	25.5
P Am Math Soc	708.8	0.679	0.681	0.682	0.682	0.681	0.681	17.7
Am J Math	694.5	0.972	0.981	0.981	0.981	0.981	1.181	24.9
Mem Am Math Soc	671.0	0.268	0.268	0.273	0.273	0.268	1.727	10.9
Lect Notes Math	640.6	0.183	0.183	0.203	0.215	0.183	0.41	5.9
Pac J Math	579.8	0.443	0.445	0.445	0.445	0.445	0.433	16.8
Commun Pur Appl Math	549.2	2.786	2.904	2.967	2.967	2.904	3.130	36.4
Am Math Mon	536.5	0.137	0.138	0.251	0.251	0.138	0.251	10.3
Mich Math J	512.3	0.402	0.402	0.407	0.407	0.402	0.407	17.1
Indiana U Math J	433.5	0.556	0.564	0.564	0.564	0.564	0.577	20.9
Math Res Lett	408.5	0.395	0.395	0.395	0.395	0.395	0.411	18.2
Rocky Mt J Math	401.7	0.389	0.389	0.389	0.389	0.389	0.399	11.0
J Math Anal Appl	368.2	1.099	1.108	1.108	1.109	1.107	1.120	22.6
Houston J Math	307.1	0.386	0.386	0.386	0.386	0.386	0.424	12.0
Math Intell	292.9	0.253	0.256	0.279	0.361	0.244	0.295	7.2
Exp Math	292.7	0.433	0.439	0.439	0.439	0.439	0.424	18.6
Asian J Math	289.0	0.476	0.484	0.484	0.484	0.484	0.532	16.6
New York J Math	279.0	0.326	0.330	0.330	0.330	0.330	0.330	13.6
Pure Appl Math Q	211.0	0.152	0.152	0.159	0.159	0.152	0.175	11.6
Found Comput Math	160.5	2.509	2.509	2.556	2.556	2.509	2.389	30.8
Hist Math	142.1	0.117	0.292	0.304	0.304	0.292	0.435	11.3
Math Control Relat F	76.1	0.571	0.571	0.585	0.585	0.571	0.512	15.5

注：数学期刊的同行评分见文献 Liu X L et al，"Journal Impact Factor：Do the Numerator and Denominator Need Correction?"，*PLoS ONE*，Vol. 11，No. 3，2016.

表 9－4　美国 SCI 数学期刊同行评分与影响因子和 JIPR8 的相关度

指标	$IF_{Total/Total}$	$IF_{Total/AREL}$	$IF_{AR/AR}$	$IF_{AREL/AR}$	$IF_{AREL/AREL}$	IF	JIPR8
同行评分	0.493**	0.485*	0.487*	0.487*	0.485*	0.550**	0.555**
$IF_{Total/Total}$		0.999**	0.998**	0.997**	0.999**	0.936**	0.940**
$IF_{Total/AREL}$			0.998**	0.998**	1.000**	0.937**	0.939**
$IF_{AR/AR}$				1.000**	0.998**	0.944**	0.935**
$IF_{AREL/AR}$					0.998**	0.945**	0.933**
$IF_{AREL/AREL}$						0.937**	0.940**
IF							0.862**

注：**在 0.01 水平上显著相关，*在 0.05 水平上显著相关。

研究结果表明：

（1）无论眼科学还是数学领域，JIPR8 与同行评分的相关度都是最好的。

（2）眼科学期刊文献类型矫正后的影响因子优于未矫正的影响因子，而数学期刊矫正影响因子没有任何优势。进一步研究证实，数学期刊几乎都很少发表非可被引文献，发表述评、信稿等非可被引文献较多的期刊主要集中在医学领域和 *Nature*、*Science* 等几个权威的综合类期刊。

（3）JIPR8 综合矫正了影响因子多方面缺陷，是理想的期刊评价指标，并且较好地解决了学术期刊的跨学科评价问题。

三　不同地区科技期刊 JIPR8 比较

前文中已经充分论证，JIPR8 是一个理想的学术期刊跨学科评价指标，这就意味着我们可以应用该指标对不同学科、不同国家和地区、不同出版语言等不同属性期刊学术影响力进行直接比较和统一评价。2017 年版 InCites JCR 发布以后，我们组织河南省科技期刊研究中心和新乡医学院期刊社期刊研究人员对 2012—2016 年全部可被引文献（1082.2 万余篇）进行 PR8 赋值，并计算 JCR 同期收录的所有科技期刊的 JIPR8，剔除 2012—2016 年没有发表论文和综述的期刊，共得到 8969 种期刊的 JIPR8，以此对全球 SCI 期刊进行综合评价。

（一）全球科技期刊200强

2017年版JCR中SCI期刊共9015种，该研究共获取8969种期刊的JIPR8。JIPR8最大者为*Nature Reviews Drug Discovery*（JIPR8 = 55.009），*Nat Photonics*和*Nat Med*紧随其后，JIPR8分别为52.968和51.107。排在前三位的均为Nature出版集团旗下期刊。备受关注的三大权威期刊*Nature*、*Science*和*Cell*的JIPR8分别为45.941、43.727和47.476，排在第17、25和10位，*Cell*的JIPR8反超了*Nature*和*Science*。2017年影响因子排在第一的*Cancer Journal for Clinicians*（*CA*）的JIPR8仅排在第36位，影响因子排在第二的国际权威医学期刊*New England Journal of Medicine*（*NEJM*）的JIPR8仅排在第137位，远远低于其影响因子排序。另外两种医学期刊《美国医学会杂志》（*Journal of American Medical Association*, *JAMA*）和《柳叶刀》（*Lancet*）表现突出，JIPR8分别为50.626和50.186。究其原因，*NEJM*除了发表一些极高被引的论文外，其零被引论文明显多于*JAMA*和*Lancet*。再次证明，JIPR8较好地矫正了个别异常高被引论文对期刊影响因子的畸形拉升的缺陷，如2012年*CA*影响因子高达153.459，而如此高的影响因子主要由2篇文章“2010年癌症统计”和“全球癌症统计”贡献（贡献率为70.9%）的①。

8969种期刊平均JIPR8为15.467，中位JIPR8为14.852。

排名前200位的期刊全部为Q1期刊，排名最靠前的Q2期刊是*Journal of Engineering Education*，JIPR8排在第306位。JIPR8排名前1000位的期刊中只有11种Q2期刊，其余全部是Q1期刊，JIPR8与期刊分区显示出较高的一致性。基于JIPR8排名的全球200强科技期刊及其主要影响力指标见表9-5。全球200强期刊中，美国期刊数量最多，达到了113种（56.5%），其次是英格兰（61种，30.5%）和德国（10种，5.0%）。中国2种期刊入选200强，分别是《真菌多样性》（*Fungal Divers*）和《光：科学与应用》（*Light-Sci Appl*），JIPR8分别为39.788和38.026，排在全球第54和65位。我国影响力较大的《细胞研究》（*Cell Research*）JIPR8为28.320，排在全球第340位。

---

① 盖双双等：《SCI来源期刊影响因子预测和结构分析方法》，《中国科技期刊研究》2014年第8期。

表 9－5　　基于 JIPR8 排名的全球科技期刊 200 强及其主要评价指标

排序	缩写名	国家/地区	总被引频次	影响因子	特征因子	论文影响分值	aJIFP	JIPR8
1	*Nat Rev Drug Discov*	英格兰	31312	50.167	0.05441	19.352	99.748	55.009
2	*Nat Photonics*	英格兰	39331	32.521	0.12812	14.92	99.22	52.968
3	*Nat Med*	美国	75461	32.621	0.17198	15.143	99.554	51.107
4	*Acta Numer*	美国	1826	9.727	0.00335	8.388	99.838	51.038
5	*JAMA-J Am Med Assoc*	美国	148774	47.661	0.29996	19.947	98.377	50.626
6	*Lancet*	英格兰	233269	53.254	0.43574	21.006	99.026	50.186
7	*Rev Mod Phys*	美国	47289	36.367	0.05455	19.497	99.359	50.162
8	*Nat Mater*	英格兰	92291	39.235	0.195	17.999	99.423	50.101
9	*Nat Genet*	美国	93639	27.125	0.23411	16.652	99.123	48.153
10	*Nat Biotechnol*	美国	57510	35.724	0.16146	22.186	99.063	47.898
11	*Cell*	美国	230625	31.398	0.58326	19.509	99.085	47.476
12	*Lancet Neurol*	英格兰	28671	27.138	0.06904	10.985	99.746	46.643
13	*Energ Environ Sci*	英格兰	71920	30.067	0.18032	7.072	99.105	46.481
14	*Nat Rev Immunol*	英格兰	39215	41.982	0.08536	20.507	99.677	46.409
15	*Nat Nanotechnol*	英格兰	57369	37.49	0.17063	17.89	98.571	46.263
16	*Nat Methods*	美国	54686	26.919	0.24317	23.306	99.367	46.081
17	*Nature*	英格兰	710766	41.577	1.35531	22.535	99.219	45.941
18	*Nat Rev Cancer*	英格兰	50407	42.784	0.07973	18.843	99.324	45.929
19	*Ann Intern Med*	美国	53689	19.384	0.09914	9.222	96.429	44.910
20	*Cancer Cell*	美国	35217	22.844	0.09691	12.358	97.352	44.462
21	*Nat Phys*	英格兰	33233	22.727	0.12221	12.315	98.077	44.432
22	*Lancet Oncol*	英格兰	44961	36.418	0.13644	11.999	98.874	44.390
23	*Nat Rev Genet*	英格兰	35680	41.465	0.0943	22.958	99.708	44.236
24	*Stud Mycol*	荷兰	2777	11.633	0.00414	4.777	94.828	44.197
25	*Science*	美国	645132	41.058	1.12716	19.907	97.656	43.727
26	*Immunity*	美国	46541	19.734	0.13636	11.464	97.742	43.619
27	*Nat Immunol*	美国	41410	21.809	0.10229	11.314	98.387	43.013
28	*IEEE Commun Surv Tut*	美国	12217	20.23	0.03576	5.532	99.544	42.690
29	*Cell Host Microbe*	美国	15851	17.872	0.06474	7.362	98.407	42.654
30	*Cell Stem Cell*	美国	23493	23.29	0.09603	12.376	98.037	42.306
31	*Nat Struct Mol Biol*	美国	27547	13.333	0.08182	7.791	96.546	42.206
32	*Nat Neurosci*	美国	59426	19.912	0.15371	10.101	99.425	42.079

续表

排序	缩写名	国家/地区	总被引频次	影响因子	特征因子	论文影响分值	aJIFP	JIPR8
33	*Psychol Bull*	美国	47657	13.25	0.02595	9.011	97.101	42.039
34	*Physiol Rev*	美国	27680	24.014	0.03038	12.669	99.398	41.839
35	*Nat Rev Microbiol*	英格兰	26627	31.851	0.05549	12.505	99.6	41.677
36	*CA-Cancer J Clin*	美国	28839	244.59	0.06603	40.949	99.775	41.624
37	*Cell Metab*	美国	29834	20.565	0.10174	9.488	98.378	41.614
38	*Nat Geosci*	英格兰	20386	14.391	0.07889	7.424	99.735	41.423
39	*Annu Rev Clin Psycho*	美国	4926	13.278	0.01055	6.959	98.842	41.303
40	*Annu Rev Immunol*	美国	17086	22.714	0.0288	16.988	99.032	41.301
41	*Nat Clim Change*	英格兰	17986	19.181	0.0967	9.469	99.444	41.290
42	*Ann Math*	美国	11695	4.768	0.02635	7.618	99.515	41.180
43	*Nat Rev Mol Cell Bio*	英格兰	43667	35.612	0.09554	22.803	99.737	41.171
44	*Nat Rev Neurosci*	英格兰	40834	32.635	0.06994	17.03	99.808	41.141
45	*Prog Retin Eye Res*	英格兰	5926	11.653	0.01048	4.25	99.153	40.801
46	*Cancer Discov*	美国	11896	24.373	0.06535	11.371	97.523	40.627
47	*Coordin Chem Rev*	荷兰	30949	14.499	0.03495	3.092	98.889	40.565
48	*J Clin Invest*	美国	107818	13.251	0.16527	5.992	97.368	40.550
49	*Nat Chem*	英格兰	29548	26.201	0.10172	11.407	97.953	40.531
50	*Lancet Infect Dis*	英格兰	20494	25.148	0.06728	9.424	99.432	40.526
51	*J Am Math Soc*	美国	3371	4.625	0.01372	6.869	98.867	40.342
52	*Plant Cell*	美国	48393	8.228	0.06364	3.438	92.132	40.329
53	*Adv Mater*	德国	190542	21.95	0.3653	5.469	97.477	40.199
54	*Fungal Divers*	中国	4078	14.078	0.00667	2.153	98.276	39.788
55	*Sci Transl Med*	美国	26691	16.71	0.12645	8.198	97.199	39.426
56	*Annu Rev Anal Chem*	美国	2100	8.756	0.00459	3.006	97.902	39.417
57	*Acta Neuropathol*	德国	18783	15.872	0.04149	5.208	98.625	39.358
58	*Nat Prod Rep*	英格兰	9973	11.406	0.01609	3.465	98.226	39.033
59	*Adv Opt Photonics*	美国	2050	21.286	0.00482	6.366	98.404	38.955
60	*J Exp Med*	美国	62537	10.79	0.07831	6.038	95.513	38.907
61	*Genome Res*	美国	38842	10.101	0.10506	8.083	95.932	38.815
62	*Lancet Resp Med*	英格兰	5818	21.466	0.03047	8.344	98.819	38.763
63	*World Psychiatry*	意大利	4055	30	0.01054	7.503	99.648	38.631
64	*JAMA Psychiat*	美国	8414	16.642	0.04455	6.749	98.944	38.437

续表

排序	缩写名	国家/地区	总被引频次	影响因子	特征因子	论文影响分值	aJIFP	JIPR8
65	*Light-Sci Appl*	中国	4249	13.625	0.0157	4.331	97.34	38.026
66	*Pharmacol Rev*	美国	12719	18.964	0.01439	6.824	99.425	37.946
67	*Nat Cell Biol*	英格兰	39896	19.064	0.09296	10.706	96.579	37.895
68	*Am J Bioethics*	美国	2023	4.847	0.00341	1.851	97.739	37.890
69	*Mol Cell*	美国	61604	14.248	0.18117	8.48	96.466	37.617
70	*Epidemiol Rev*	美国	3422	7.583	0.00358	4.196	96.944	37.555
71	*Adv Energy Mater*	德国	34218	21.875	0.09987	4.876	96.678	37.482
72	*Prog Energ Combust*	英格兰	10618	25.242	0.00983	7.138	98.772	37.478
73	*Lancet Glob Health*	英格兰	4455	18.705	0.02432	9.098	99.701	37.341
74	*Gastroenterology*	美国	73198	20.773	0.1202	7.268	99.375	37.285
75	*Am J Psychiat*	美国	42369	13.391	0.03787	5.346	97.535	37.277
76	*J Am Coll Cardiol*	美国	99084	16.834	0.21355	7.474	98.047	37.162
77	*Neuron*	美国	89410	14.318	0.21673	8.382	97.51	37.094
78	*Eur Urol*	荷兰	30723	17.581	0.07059	4.778	99.342	37.073
79	*Nat Rev Neurol*	美国	8095	19.819	0.02809	7.633	99.239	37.059
80	*Living Rev Relativ*	德国	2409	23.333	0.00591	13.007	98.276	36.906
81	*Nano Lett*	美国	153533	12.08	0.33156	4.291	91.749	36.828
82	*Fish Fish*	英格兰	3611	6.99	0.00707	2.579	97	36.781
83	*JAMA Pediatr*	美国	5870	10.769	0.03373	4.985	99.597	36.774
84	*Hum Reprod Update*	英格兰	8378	11.852	0.0139	4.205	98.833	36.759
85	*Nat Chem Biol*	美国	19562	13.843	0.06124	6.563	98.116	36.753
86	*Brain*	英格兰	52061	10.84	0.07517	4.254	96.209	36.539
87	*Med Res Rev*	美国	4174	8.29	0.00517	2.087	97.292	36.447
88	*Am J Resp Crit Care*	美国	61024	15.239	0.08683	5.016	96.456	36.399
89	*Geochem Perspect*	法国	131	4	0.0008	4.478	86.471	36.323
90	*Circulation*	美国	167719	18.88	0.22363	7.195	99.029	36.145
91	*Annu Rev Plant Biol*	美国	17852	18.712	0.01747	9.054	99.775	36.009
92	*J Pineal Res*	丹麦	9079	11.613	0.0086	1.452	96.373	35.968
93	*Gut*	英格兰	42750	17.016	0.07193	5.593	98.125	35.807
94	*Adv Funct Mater*	德国	78965	13.325	0.16307	3.232	94.148	35.803
95	*J Intern Med*	英格兰	10327	6.754	0.01607	2.365	92.532	35.757
96	*J Clin Oncol*	美国	156474	26.303	0.28513	7.739	98.423	35.611

续表

排序	缩写名	国家/地区	总被引频次	影响因子	特征因子	论文影响分值	aJIFP	JIPR8
97	*Acta Math-Djursholm*	瑞典	3951	2. 44	0. 00549	5. 541	97. 249	35. 579
98	*Embo Mol Med*	德国	6402	10. 293	0. 02616	3. 672	95. 113	35. 528
99	*Ann Rev Mar Sci*	美国	3288	12. 867	0. 00958	6. 442	98. 994	35. 486
100	*Biol Psychiat*	美国	42494	11. 982	0. 05691	3. 823	96. 435	35. 430
101	*J Am Acad Child Psy*	荷兰	19482	6. 25	0. 01926	2. 912	95. 839	35. 328
102	*IEEE T Ind Electron*	美国	48247	7. 05	0. 0903	2. 025	97. 305	35. 317
103	*Publ Math-Paris*	法国	1408	1. 957	0. 00508	7. 685	96. 278	35. 248
104	*Mater Today*	英格兰	9962	24. 537	0. 01713	5. 978	98. 421	35. 158
105	*Phys Rev X*	美国	10288	14. 385	0. 06959	6. 742	95. 513	35. 140
106	*Persoonia*	荷兰	1644	8. 182	0. 00337	2. 308	91. 379	35. 058
107	*Ann Neurol*	美国	37251	10. 244	0. 05339	4. 452	95. 319	35. 046
108	*Eur Heart J*	英格兰	56054	23. 425	0. 14681	7. 459	99. 609	35. 008
109	*Commun Pur Appl Math*	美国	9126	3. 386	0. 01496	4. 544	98. 379	34. 990
110	*ACS Nano*	美国	134596	13. 709	0. 3465	4. 045	95. 266	34. 923
111	*Mol Psychiatr*	英格兰	18460	11. 64	0. 0472	4. 524	96. 291	34. 899
112	*J Anim Ecol*	英格兰	16148	4. 459	0. 01795	1. 827	92. 127	34. 837
113	*EMBO J*	美国	67036	10. 557	0. 07978	5. 384	94. 044	34. 827
114	*Trends Ecol Evol*	英格兰	35124	15. 938	0. 03882	7. 674	99. 067	34. 817
115	*Ann Rheum Dis*	英格兰	41994	12. 35	0. 08102	3. 812	95. 161	34. 740
116	*IEEE Ind Electron M*	美国	1394	10. 429	0. 00368	3. 472	99. 423	34. 719
117	*Annu Rev Anim Biosci*	美国	582	6. 775	0. 00246	2. 078	97. 986	34. 663
118	*Lancet Diabetes Endo*	英格兰	5549	19. 313	0. 02981	8. 758	98. 252	34. 661
119	*Environ Health Persp*	美国	39741	8. 309	0. 04399	2. 875	98. 151	34. 644
120	*Biomaterials*	荷兰	108908	8. 806	0. 11467	1. 961	98. 922	34. 562
121	*Annu Rev Biochem*	美国	19873	20. 154	0. 03017	14. 031	99. 144	34. 551
122	*ISME J*	英格兰	19791	9. 52	0. 05672	3. 665	95. 809	34. 544
123	*Ann Surg*	美国	48932	9. 203	0. 06634	3. 163	99. 75	34. 508
124	*Nat Energy*	英格兰	5072	46. 859	0. 02043	16. 117	99. 479	34. 362
125	*PLoS Med*	美国	24232	11. 675	0. 05871	6. 584	94. 481	34. 291
126	*Nat Protoc*	英格兰	36821	12. 423	0. 08655	7. 547	98. 101	34. 260
127	*Clin Chem*	美国	27624	8. 636	0. 02437	2. 604	98. 333	34. 256
128	*Invent Math*	德国	9076	2. 767	0. 02336	5. 216	97. 573	34. 203

续表

排序	缩写名	国家/地区	总被引频次	影响因子	特征因子	论文影响分值	aJIFP	JIPR8
129	*Genome Biol*	英格兰	34697	13.214	0.1185	8.9	97.883	34.170
130	*Global Change Biol*	英格兰	36182	8.997	0.07242	3.309	98.402	34.138
131	*PLoS Biol*	美国	28750	9.163	0.05868	4.473	95.533	34.118
132	*Ann Fam Med*	美国	4711	4.54	0.01148	2.62	93.002	34.048
133	*Circ Res*	美国	52753	15.211	0.08282	4.842	98.085	34.011
134	*Ecol Lett*	英格兰	30928	9.137	0.05119	4.713	97.785	33.979
135	*J Cachexia Sarcopeni*	德国	2207	12.511	0.00518	2.188	97.093	33.899
136	*IEEE T Evolut Comput*	美国	10682	8.124	0.00883	2.264	98.053	33.847
137	*New Engl J Med*	美国	332830	79.258	0.702	29.423	99.675	33.823
138	*Int J Plasticity*	英格兰	10827	5.502	0.01437	1.629	93.651	33.712
139	*IEEE Wirel Commun*	美国	6702	9.202	0.01766	2.966	98.355	33.688
140	*Bmc Med*	英格兰	12000	9.088	0.0415	3.335	93.831	33.688
141	*Econometrica*	英格兰	32128	3.75	0.05193	11.453	97.107	33.475
142	*Annu Rev Psychol*	美国	18461	22.774	0.02255	12.492	99.124	33.435
143	*MIS Quart*	美国	15184	5.43	0.01196	3.263	96.578	33.427
144	*Psychol Rev*	美国	27474	7.23	0.00911	4.157	95.078	33.353
145	*Am J Hum Genet*	美国	36546	8.855	0.07055	5.239	93.275	33.293
146	*Nat Rev Clin Oncol*	英格兰	8354	24.653	0.02611	7.258	97.973	33.193
147	*IEEE T Power Electr*	美国	39888	6.812	0.06836	1.645	94.808	33.180
148	*Blood*	美国	167858	15.132	0.27804	4.516	97.887	33.175
149	*BMJ-Brit Med J*	英格兰	109303	23.259	0.15032	8.422	97.727	33.113
150	*Gene Dev*	美国	57469	9.462	0.09272	6.039	93.887	33.100
151	*J Am Chem Soc*	美国	533512	14.357	0.72853	3.957	95.614	33.025
152	*Nano Energy*	美国	23023	13.12	0.06083	2.883	94.393	33.020
153	*Theor Appl Genet*	德国	19565	3.93	0.01583	1.071	90.072	32.998
154	*JACC-Cardiovasc Imag*	美国	8104	10.247	0.02635	3.865	97.266	32.994
155	*Annu Rev Pharmacol*	美国	7827	13.295	0.0105	5.485	99.064	32.989
156	*Plant Physiol*	美国	75249	5.949	0.07102	2.113	95.27	32.973
157	*Dev Cell*	美国	26896	9.616	0.07493	5.266	95.063	32.930
158	*Phys Rev Lett*	美国	432843	8.839	0.65857	3.19	92.949	32.927
159	*Water Res*	英格兰	76647	7.051	0.0728	1.5	97.639	32.855
160	*Plant J*	英格兰	39212	5.775	0.04557	2.091	94.82	32.842

续表

排序	缩写名	国家/地区	总被引频次	影响因子	特征因子	论文影响分值	aJIFP	JIPR8
161	*Mol Syst Biol*	美国	8447	8.5	0.01983	5.05	92.979	32.810
162	*Soc Stud Sci*	美国	3470	2.464	0.00402	1.46	97.066	32.677
163	*Hepatology*	美国	63302	14.079	0.10336	4.025	94.375	32.670
164	*J Allergy Clin Immun*	美国	49229	13.258	0.0838	3.875	97.3	32.663
165	*Behav Brain Sci*	英格兰	8900	15.071	0.01013	8.862	97.254	32.660
166	*Appl Catal B-Environ*	荷兰	58730	11.698	0.07129	1.664	96.433	32.577
167	*Aldrichim Acta*	美国	846	8.727	0.00113	2.839	97.368	32.576
168	*Clin Microbiol Rev*	美国	18070	20.642	0.02023	8.635	98.8	32.491
169	*IEEE T Smart Grid*	美国	14724	7.364	0.04341	2.303	96.346	32.483
170	*J Am Soc Nephrol*	美国	37796	8.655	0.05682	3.295	96.711	32.400
171	*Annu Rev Physiol*	美国	9111	14.327	0.01318	7.532	98.193	32.352
172	*Annu Rev Entomol*	美国	12338	13.86	0.00936	4.959	99.479	32.326
173	*Part Fibre Toxicol*	英格兰	4048	6.105	0.00789	2.113	95.213	32.282
174	*IEEE T Pattern Anal*	美国	46505	9.455	0.06412	4.714	98.951	32.260
175	*J Pathol*	英格兰	16156	6.253	0.02406	2.207	90.283	32.247
176	*Dtsch Arztebl Int*	德国	3673	3.89	0.00694	1.041	85.39	32.135
177	*Ophthalmology*	美国	37957	7.479	0.05831	2.575	97.458	32.125
178	*J Neurol Neurosur Ps*	英格兰	29695	7.144	0.03298	2.516	95.203	32.050
179	*Acta Mater*	美国	63701	6.036	0.08378	1.673	92.737	31.936
180	*IEEE T Ind Inform*	美国	8513	5.43	0.02301	1.801	96.304	31.913
181	*Annu Rev Astron Astr*	美国	10702	24.912	0.02108	20.671	99.242	31.870
182	*J Invest Dermatol*	美国	28457	6.448	0.0388	2.117	96.032	31.809
183	*Insect Biochem Molec*	英格兰	7821	3.562	0.00893	1.104	80.961	31.763
184	*JAMA Intern Med*	美国	11840	19.989	0.07628	9.117	97.078	31.751
185	*Nat Rev Endocrinol*	英格兰	7377	20.265	0.02519	6.745	98.951	31.718
186	*J Control Release*	荷兰	46215	7.877	0.05797	1.795	91.793	31.712
187	*Nat Rev Gastro Hepat*	美国	6686	16.99	0.02417	6.069	96.875	31.672
188	*Geology*	美国	35294	5.073	0.04607	2.435	98.936	31.617
189	*P IEEE*	美国	31332	9.107	0.03139	3.278	97.885	31.527
190	*Endocr Rev*	美国	12975	15.545	0.00992	6.051	97.552	31.437
191	*JAMA Neurol*	美国	6885	11.46	0.03527	4.161	97.716	31.430
192	*Corros Sci*	英格兰	32659	4.862	0.02804	0.89	90.667	31.421

续表

排序	缩写名	国家/地区	总被引频次	影响因子	特征因子	论文影响分值	aJIFP	JIPR8
193	*Mol Ther*	美国	16013	7.008	0.02918	2.165	93.008	31.412
194	*Clin Infect Dis*	美国	61618	9.117	0.12001	3.574	93.995	31.354
195	*IEEE T Neur Net Lear*	美国	19867	7.982	0.03533	2.454	97.152	31.311
196	*Fract Calc Appl Anal*	保加利亚	1853	2.865	0.0047	1.061	94.644	31.288
197	*Neuropsychopharmacol*	英格兰	24537	6.544	0.04287	2.271	93.555	31.222
198	*Wires Comput Mol Sci*	英格兰	4131	8.836	0.01516	5.671	94.167	31.221
199	*IEEE Signal Proc Mag*	美国	10318	7.451	0.02001	4.539	96.731	31.196
200	*Int J Epidemiol*	英格兰	21401	8.36	0.04642	4.557	98.056	31.189

注：某期刊不同学科会有不同的 JIPR8，这里给出的 JIPR8 为各期刊 JIPR8 的最大值；JCR 中的 JIFP 是指某期刊在各学科 JIFP 的平均值，即平均 JIFP（aJIFP）。

（二）全球主要国家期刊 JIPR8 比较

不同国家科技发展水平差异巨大，而且学科结构各不相同，例如美国在绝大多数学科领域处于领先地位，我国的材料科学处于全球领先，而空间科学、免疫学、精神病学和心理学等领域研究比较薄弱，德国、英国、法国的空间科学较为领先。由于各个国家学科结构的差异，传统的期刊引证指标未做学科标准化处理，无法在国家之间直接进行比较。而 JIPR8 是在严格的学科标准化基础上建立的，具有很好的跨学科期刊评价效果，因此，比较各个国家期刊的 JIPR8，能够较为客观地评价各个国家科技期刊的总体水平。表 9－6给出了 SCI 期刊数量较多的 20 个全球主要国家 JIPR8 统计学特征值。由表 9－6 可知，JIPR8 平均值排在前 3 位的国家依次是丹麦、荷兰和英格兰，美国仅排在第 4 位。JIPR8 最大值和最小值都集中在英国和美国，这两个国家 JIPR8 的变异系数较大，期刊数量最多（共 4857 种，占总数的 54.2%）。因此认为，该两国高水平期刊很多，“垃圾期刊”也不少。相比之下，荷兰的期刊表现极为突出，SCI 期刊数量仅次于美国和英国，排在全球第 3 位，JIPR8 平均值排在第 2 位，是绝对的期刊强国。丹麦 JIPR8 平均值全球第一，在 20 个国家的期刊中，其变异系数是最小的，说明丹麦的 SCI 期刊质量相对较为均衡。但其期刊总数过少，仅 69 种，很难称得上期刊强国。

我国有 JIPR8 的期刊共 192 种，JIPR8 最高的期刊是《真菌多样性》（*Fungal Diversity*），其次是《光：科学与应用》（*Light-Science & Applications*）、《分子植物》（*Molecular Plant*）、《细胞研究》（*Cell Research*）和《纳米研究》

（*Nano Research*），JIPR8 分别为 38.026、30.081、28.320 和 26.432。我国 192 种期刊 JIPR8 的平均值为 12.993，全球排名第 9 位，亚洲排名第 1 位。而日本期刊 JIPR8 的最大值为 26.145，韩国期刊 JIPR8 的最大值为 24.791，均低于我国排名第 5 的 *Nano Research*。这说明，我国科技期刊不但数量持续增加，质量和影响力也在不断提高，已成为亚洲期刊强国。近年来，我国科学技术飞速发展，科研水平不断提高，对我国科技期刊的国际化水平及国际影响力的提升起到了重要的支撑作用，也与中国科学技术协会、财政部、教育部、国家新闻出版广电总局、中国科学院和中国工程院等六部委于 2013 年 11 月以来持续开展的“中国科技期刊国际影响力提升计划”①② 不无关系。

表 9－6　**全球主要国家 JIPR8 统计学特征值比较**

排序	国家/地区	期刊数	最大值	最小值	中位数	平均值	标准差	第 25 百分位	第 75 百分位	变异系数
1	丹麦	69	35.968	3.795	17.947	18.671	5.587	22.260	15.681	0.299
2	荷兰	713	44.197	0.675	17.566	17.882	5.446	21.142	14.149	0.305
3	英格兰	1882	55.009	0.000	16.945	17.623	6.593	21.036	13.252	0.374
4	美国	2975	51.107	0.000	16.476	17.253	6.932	21.115	12.723	0.402
5	瑞士	225	29.530	5.188	14.848	15.014	4.586	17.424	12.132	0.305
6	德国	607	40.199	0.134	14.513	14.793	6.481	18.629	10.680	0.438
7	澳大利亚	98	29.251	3.628	13.220	13.863	4.804	16.686	10.523	0.347
8	加拿大	91	29.331	0.948	12.289	13.014	5.255	15.942	9.822	0.404
9	中国	192	39.788	4.455	12.246	12.993	5.282	15.002	9.392	0.407
10	韩国	114	24.791	4.815	12.352	12.278	3.703	14.725	9.552	0.302
11	日本	236	26.145	2.068	12.304	11.912	4.173	14.711	9.409	0.350
12	意大利	113	38.631	3.246	11.430	11.779	5.059	14.663	8.451	0.429
13	法国	174	36.323	0.055	11.076	11.747	6.270	15.632	7.325	0.534
14	新加坡	54	27.192	5.604	11.295	11.349	3.762	13.122	8.513	0.331
15	波兰	134	25.048	2.381	10.549	10.804	3.682	12.544	8.316	0.341
16	西班牙	73	22.539	2.433	10.680	10.646	4.082	13.493	7.769	0.383
17	巴西	111	18.379	2.704	9.614	9.571	3.087	11.465	7.631	0.323
18	印度	98	18.655	2.791	8.650	8.475	3.276	10.377	5.823	0.387
19	土耳其	49	15.914	2.422	8.529	8.258	3.415	10.487	5.490	0.413
20	俄罗斯	151	19.384	1.568	7.646	8.095	3.066	9.815	6.303	0.379

① 赵勍等：《中国科技期刊国际影响力提升计划 D 类项目的申报、评审及实施》，《科学通报》2017 年第 23 期。

② 王燕：《“中国科技期刊国际影响力提升计划”对科技期刊影响力提升效果的评价研究》，《中国科技期刊研究》2018 年第 10 期。

（三）不同出版语言期刊 JIPR8 比较

本次获取 JIPR8 指数的 8969 种期刊，涉及出版语言 25 种，期刊数超过 10 种的出版语言共 12 种，其中英文期刊达 7863 种（87.7%），多种语言出版的期刊 733 种，（8.2%），德语期刊 78 种（0.9%），中文期刊 21 种，排在第 7 位。14 种荷兰语期刊 JIPR8 平均值为 17.867，排在第 1 位，其次是英语和多语言期刊（其实，多语言期刊也是以英语为主）。21 种中文期刊 JIPR8 平均值为 8.557，排在第 4 位，在非英语出版语言期刊中仅次于荷兰语（见表 9－7）。综合考虑表 9－6 和表 9－7 结果，我们认为，经过近年来的不断努力，我国科技期刊的国际影响力和国际化水平在全球范围内处于较为领先地位，在亚洲已经超越了日本，处于第 1 位。

表 9－7 不同出版语言期刊 JIPR8 统计学特征值比较

出版语言	期刊数	极大值	极小值	中位数	平均值	标准差	第 25 百分位	第 75 百分位	变异系数
荷兰语	14	24.149	0.675	20.045	17.867	7.190	22.159	17.893	0.402
英语	7863	55.009	0.000	15.263	15.999	6.622	19.662	11.523	0.414
多语种	733	40.565	0.959	12.889	13.590	6.229	17.354	9.050	0.458
中文	21	17.259	4.455	8.020	8.557	3.247	9.440	6.604	0.379
波兰语	17	14.524	2.381	8.585	8.487	2.796	10.025	7.053	0.329
葡萄牙语	47	13.410	2.704	8.026	8.180	2.650	10.537	6.017	0.324
法语	46	15.568	2.170	7.449	7.694	3.600	9.749	4.877	0.468
西班牙语	69	16.567	0.667	7.000	7.655	3.199	10.023	5.544	0.418
德语	78	26.471	0.134	6.919	7.503	4.231	9.484	4.769	0.564
意大利语	11	17.574	3.246	5.539	7.164	4.282	8.391	4.176	0.598
日语	11	14.507	3.095	5.943	6.568	3.183	6.998	4.405	0.485
土耳其语	18	10.528	2.422	5.490	5.899	2.453	8.561	4.015	0.416

（四）亚洲期刊 100 强

8969 种期刊中，亚洲期刊 893 种，涉及 24 个国家和地区。期刊数最多的是日本，其次是中国、韩国、印度和新加坡。亚洲各国及地区期刊数量见表9－8。

表 9 - 8　**亚洲各国及地区期刊数量分布**

国家/地区	期刊数	国家/地区	期刊数	国家/地区	期刊数	国家/地区	期刊数
日本	236	阿联酋	39	泰国	8	阿富汗	2
中国	192	中国台湾	34	中国香港	7	阿塞拜疆	1
韩国	114	以色列	13	科威特	4	格鲁吉亚	1
印度	98	巴基斯坦	12	孟加拉	4	尼泊尔	1
新加坡	54	马来西亚	12	菲律宾	3	斯里兰卡	1
伊朗	41	沙特	12	亚美尼亚	3	约旦	1

893 种亚洲期刊中，中国期刊表现异常突出，JIPR8 最高者为中国的期刊 *Fungal Divers*，排名前 10 位的期刊中，中国期刊数量占了一半。排名前 100 位的期刊中，中国 41 种（含中国台湾地区 6 种）、日本 27 种、韩国和阿联酋各 12 种、新加坡 3 种、印度和以色列各 2 种、沙特 1 种。JIPR8 亚洲排名 100 强及其主要评价指标见表 9 - 9。俞征鹿等①研究显示，亚洲科技期刊数量最多的前 3 个国家是中国、印度和日本，期刊数量分别为 8261 种、5546 种、3524 种，而入选 SCI 数据库的期刊日本最多，达 250 种，中国 189 种，韩国 117 种，印度排在第 4 位，104 种。方红玲②采用 2013 年版 JCR，对中、日、印、韩四国科技期刊的引证指标进行了分析，认为我国科技期刊的国际影响力优于印度和韩国，低于日本。魏雅慧等③对中、日、印、韩四国科技期刊作者国际化水平的研究也显示，日本 SCI 期刊的作者国际化水平是最高的。长期以来，我们一直认为，日本科技期刊质量和学术影响力在亚洲首屈一指。但最近的研究表明，日本的 SCI 期刊数量虽然是亚洲国家中最多的，但其影响力指标已经被中国期刊超越。我们建立的跨学科评价指标 JIPR8，同样显示出中国期刊在亚洲国家中的绝对优势。因此认为，近几年来中国期刊的国际影响力持续提升，已成为亚洲期刊大国和强国，这得益于中国科学技术的飞速发展和中国期刊界同仁的共同努力。

---

① 俞征鹿等：《亚洲主要国家（地区）学术期刊状况分析》，《科技管理研究》2018 年第 21 期。

② 方红玲：《基于 JCR 的中日印韩 SCI 期刊引文指标对比研究》，《情报探索》2016 年第 2 期。

③ 魏雅慧等：《中、日、印、韩四国科技期刊作者国际水平分析与评价》，《情报杂志》2018 年第 1 期。

表 9-9　　基于 JIPR8 排名的亚洲科技期刊 100 强及其主要评价指标

排序	缩写名	总被引频次	影响因子	特征因子	论文影响分值	aJIFP	JIPR8	分区	国家/地区
1	*Fungal Divers*	4078	14.078	0.00667	2.153	98.276	39.788	Q1	中国
2	*Light-Sci Appl*	4249	13.625	0.01570	4.331	97.34	38.026	Q1	中国
3	*Mol Plant*	7010	9.326	0.02169	2.686	96.332	30.081	Q1	中国
4	*Cell Res*	13728	15.393	0.03745	6.644	95.000	28.320	Q1	中国
5	*Math Mod Meth Appl S*	3147	3.319	0.01118	1.980	97.817	27.192	Q1	新加坡
6	*Nano Res*	12540	7.994	0.02646	1.788	87.642	26.432	Q1	中国
7	*Plant Cell Physiol*	14544	4.059	0.01896	1.387	77.769	26.145	Q1	日本
8	*J Ginseng Res*	1364	4.053	0.00247	0.677	92.718	24.791	Q1	韩国
9	*Photonics Res*	1208	5.242	0.00399	1.233	89.894	23.700	Q1	中国
10	*DNA Res*	2952	5.415	0.00562	1.715	86.842	23.489	Q1	日本
11	*Curr Med Chem*	15405	3.469	0.01753	0.788	71.049	23.095	Q2	阿联酋
12	*Int J Oral Sci*	918	4.138	0.00224	0.882	95.055	23.076	Q1	中国
13	*NPG Asia Mater*	3364	7.208	0.00958	2.318	89.298	22.977	Q1	日本
14	*Exp Mol Med*	3538	5.584	0.00710	1.465	87.100	22.521	Q1	韩国
15	*Curr Zool*	1367	2.393	0.00410	0.756	87.048	22.515	Q1	中国
16	*J Integr Plant Biol*	3660	3.129	0.00646	1.078	70.172	22.192	Q1	中国
17	*CNS Neurosci Ther*	2992	3.495	0.00754	1.016	70.115	21.768	Q1	中国
18	*J Mater Sci Technol*	5040	3.609	0.00787	0.614	84.982	21.766	Q1	中国
19	*Curr Neuropharmacol*	2851	4.068	0.00452	1.224	79.310	21.301	Q1	阿联酋
20	*Petrol Sci*	649	1.624	0.00181	0.405	59.088	21.292	Q1	中国
21	*B Math Sci*	141	1.333	0.00172	1.714	88.835	21.174	Q1	沙特
22	*J Gastroenterol*	7217	5.561	0.01149	1.258	85.625	21.161	Q1	日本
23	*Bone Res*	977	12.354	0.00240	1.765	93.750	21.152	Q1	中国
24	*J Bionic Eng*	1143	2.325	0.00158	0.387	55.865	21.140	Q1	中国
25	*Integr Zool*	774	1.856	0.00190	0.616	76.205	20.710	Q1	中国
26	*Curr Alzheimer Res*	3740	3.289	0.00791	1.035	63.036	20.706	Q2	阿联酋
27	*J Hepato-Bil-Pan Sci*	3600	2.877	0.00713	0.991	61.688	20.519	Q1	日本
28	*Geosci Front*	1580	4.051	0.00622	1.443	90.741	20.426	Q1	中国
29	*Jpn J Math*	383	0.733	0.00071	1.799	53.883	20.186	Q2	日本
30	*J Ind Eng Chem*	12666	4.841	0.02209	0.665	83.816	20.171	Q1	韩国

续表

排序	缩写名	总被引频次	影响因子	特征因子	论文影响分值	aJIFP	JIPR8	分区	国家/地区
31	*Asian J Androl*	3502	3. 259	0. 00630	0. 719	83. 662	20. 127	Q1	中国
32	*Transportmetrica B*	152	2. 636	0. 00055	0. 850	62. 535	20. 094	Q2	中国
33	*J Photoch Photobio C*	3797	15. 325	0. 00499	3. 897	96. 918	19. 914	Q1	日本
34	*Insect Sci*	1563	2. 091	0. 00333	0. 628	85. 938	19. 659	Q1	中国
35	*Nano-Micro Lett*	1382	7. 381	0. 00259	0. 913	87. 606	19. 636	Q1	中国
36	*Forensic Toxicol*	714	3. 924	0. 00193	0. 749	82. 447	19. 607	Q1	日本
37	*Int J Pr Eng Man-Gt*	561	3. 774	0. 00135	0. 715	81. 378	19. 598	Q1	韩国
38	*J Epidemiol*	2649	2. 518	0. 00521	1. 028	68. 611	19. 437	Q2	日本
39	*Mini-Rev Med Chem*	3961	2. 645	0. 00486	0. 591	53. 390	19. 436	Q2	阿联酋
40	*J Gynecol Oncol*	957	3. 34	0. 00226	0. 715	70. 512	19. 428	Q1	韩国
41	*Curr Top Med Chem*	6432	3. 374	0. 01022	0. 704	70. 339	19. 419	Q2	阿联酋
42	*Cancer Sci*	11994	4. 372	0. 01623	0. 997	70. 946	19. 411	Q2	日本
43	*J Mol Cell Biol*	1877	5. 595	0. 00592	2. 217	78. 158	19. 314	Q1	中国
44	*J Anal Math*	1389	0. 592	0. 00352	1. 293	33. 819	19. 279	Q3	以色列
45	*Acta Pharmacol Sin*	8041	3. 562	0. 00992	0. 855	72. 676	19. 183	Q1	中国
46	*J Biomed Sci*	3521	3. 466	0. 00537	0. 794	59. 342	19. 144	Q2	中国台湾
47	*Gastric Cancer*	4290	5. 045	0. 00646	1. 016	81. 489	19. 096	Q1	日本
48	*J Reprod Develop*	2000	1. 635	0. 00272	0. 456	49. 124	19. 096	Q1	日本
49	*Curr Mol Med*	3530	2. 254	0. 00527	0. 736	38. 722	19. 044	Q3	阿联酋
50	*Org Chem Front*	3810	5. 455	0. 01115	1. 314	92. 105	18. 980	Q1	中国
51	*Curr Pharm Design*	16837	2. 757	0. 02724	0. 707	56. 513	18. 967	Q2	阿联酋
52	*Korean J Intern Med*	1536	2. 131	0. 00291	0. 513	68. 506	18. 938	Q2	韩国
53	*Digest Endosc*	2241	3. 375	0. 00569	0. 738	71. 813	18. 930	Q1	日本
54	*J Stroke*	694	4. 75	0. 00288	1. 807	87. 251	18. 736	Q1	韩国
55	*Indian J Med Res*	5636	1. 508	0. 00610	0. 450	27. 75	18. 655	Q3	印度
56	*Chinese J Aeronaut*	2138	1. 614	0. 00391	0. 351	79. 032	18. 651	Q1	中国
57	*Cell Mol Immunol*	3633	7. 551	0. 00830	1. 878	90. 000	18. 582	Q1	中国
58	*J Formos Med Assoc*	3090	2. 452	0. 00417	0. 501	73. 052	18. 402	Q2	中国台湾
59	*Curr Drug Targets*	5106	3. 112	0. 00764	0. 746	66. 475	18. 331	Q2	阿联酋
60	*Anti-Cancer Agent Me*	3142	2. 556	0. 00473	0. 505	40. 760	18. 035	Q3	阿联酋

续表

排序	缩写名	总被引频次	影响因子	特征因子	论文影响分值	aJIFP	JIPR8	分区	国家/地区
61	*Yonsei Med J*	3566	1.564	0.00611	0.415	50.974	17.954	Q2	韩国
62	*Commun Contemp Math*	854	1.155	0.00453	1.215	72.483	17.929	Q1	新加坡
63	*J Math Log*	187	1.222	0.00122	1.975	91.873	17.793	Q1	新加坡
64	*Sustain Sci*	1687	3.855	0.00282	0.961	71.891	17.663	Q1	日本
65	*Transportmetrica A*	422	2.250	0.00164	0.680	53.041	17.657	Q2	中国
66	*J Bone Miner Metab*	2559	2.472	0.00364	0.630	40.078	17.651	Q3	日本
67	*Ann Lab Med*	734	1.916	0.00267	0.547	38.333	17.633	Q3	韩国
68	*Curr Drug Metab*	3558	2.655	0.00357	0.613	48.728	17.621	Q2	阿联酋
69	*Hypertens Res*	5064	3.439	0.00625	0.667	76.154	17.609	Q1	日本
70	*Sci China Math*	1210	1.206	0.00828	0.685	75.078	17.519	Q1	中国
71	*Sci China Technol Sc*	3192	1.938	0.00755	0.364	59.242	17.486	Q2	中国
72	*Int J Des*	523	1.163	0.00056	0.363	38.939	17.478	Q3	中国台湾
73	*J Pharmacol Sci*	3839	2.575	0.00477	0.511	51.533	17.471	Q2	日本
74	*Curr Vasc Pharmacol*	1656	2.087	0.00290	0.522	36.755	17.448	Q3	阿联酋
75	*Eng Appl Comp Fluid*	642	1.918	0.00128	0.408	60.608	17.435	Q2	中国
76	*J Anim Sci Biotechno*	950	3.205	0.00319	0.837	95.833	17.396	Q1	中国
77	*J Biosci Bioeng*	7881	2.015	0.00799	0.476	52.480	17.324	Q2	日本
78	*J Environ Sci-China*	10255	3.12	0.01245	0.601	71.162	17.320	Q2	中国
79	*Petrol Explor Dev +*	2163	2.065	0.00424	0.567	60.590	17.259	Q1	中国
80	*J Ethol*	854	1.127	0.00122	0.460	26.846	17.229	Q2	日本
81	*Circ J*	9358	2.895	0.01928	0.892	58.203	17.212	Q2	日本
82	*J Chin Med Assoc*	1528	1.66	0.00232	0.312	53.571	17.196	Q2	中国台湾
83	*J Taiwan Inst Chem E*	6938	3.849	0.01251	0.576	82.847	17.188	Q1	中国台湾
84	*Microbes Environ*	1388	2.476	0.00248	0.595	53.419	17.178	Q2	日本
85	*Int J Concr Struct M*	533	2.360	0.00122	0.534	70.576	17.142	Q1	韩国
86	*J Korean Med Sci*	5327	1.588	0.00857	0.421	51.623	17.129	Q2	韩国
87	*J Energy Chem*	1871	3.886	0.00393	0.6	76.984	17.088	Q1	中国
88	*Appl Phys Express*	8156	2.555	0.02106	0.709	66.096	17.046	Q2	日本
89	*Tohoku J Exp Med*	2847	1.423	0.00308	0.376	32.852	16.741	Q3	日本
90	*T Nonferr Metal Soc*	8583	1.795	0.01182	0.339	71.333	16.701	Q2	中国

续表

排序	缩写名	总被引频次	影响因子	特征因子	论文影响分值	aJIFP	JIPR8	分区	国家/地区
91	*Curr Cancer Drug Tar*	2900	2.626	0.00318	0.65	37.162	16.647	Q3	阿联酋
92	*Nurs Health Sci*	1422	1.237	0.00221	0.454	53.657	16.646	Q2	日本
93	*Energy Sustain Dev*	2333	2.658	0.00358	0.691	48.485	16.632	Q3	印度
94	*Allergol Int*	1696	4.036	0.00346	0.886	68.292	16.621	Q2	日本
95	*Stat Sinica*	2910	0.886	0.00912	1.618	42.683	16.590	Q3	中国台湾
96	*Isr J Math*	3238	0.744	0.01120	1.032	56.796	16.479	Q2	以色列
97	*J Vet Sci*	1269	1.327	0.00172	0.351	66.071	16.470	Q2	韩国
98	*J Prosthodont Res*	686	3.306	0.00165	0.656	89.560	16.463	Q1	日本
99	*Int J Urol*	3957	1.941	0.00653	0.573	42.763	16.461	Q3	日本
100	*Chinese J Catal*	4608	3.525	0.00731	0.422	75.002	16.454	Q1	中国

（五）中国期刊的 JIPR8

能够获取 JIPR8 的中国期刊共 192 种，JIPR8 最大值 39.788，最小值 4.455，平均值 12.993（全球期刊平均值为 15.467），中位数 12.246（全球期刊中位数为 14.852）。全球排序 Top1000 的期刊只有 6 种，分别是 *Fungal Divers*、*Light-Sci Appl*、*Mol Plant*、*Cell Res*、*Nano Res* 和 *Photonics Res*。详细情况见表 9－10。

表 9－10　　**中国期刊的 JIPR8 排序及其他影响力指标**

中国排序	缩写名	总被引频次	影响因子	特征因子	论文影响分值	aJIFP	JIPR8	分区	全球排序
1	*Fungal Divers*	4078	14.078	0.00667	2.153	98.276	39.788	Q1	54
2	*Light-Sci Appl*	4249	13.625	0.0157	4.331	97.34	38.026	Q1	65
3	*Mol Plant*	7010	9.326	0.02169	2.686	96.332	30.081	Q1	242
4	*Cell Res*	13728	15.393	0.03745	6.644	95	28.320	Q1	340
5	*Nano Res*	12540	7.994	0.02646	1.788	87.642	26.432	Q1	507
6	*Photonics Res*	1208	5.242	0.00399	1.233	89.894	23.700	Q1	920
7	*Int J Oral Sci*	918	4.138	0.00224	0.882	95.055	23.076	Q1	1050
8	*Curr Zool*	1367	2.393	0.0041	0.756	87.048	22.515	Q1	1189

续表

中国排序	缩写名	总被引频次	影响因子	特征因子	论文影响分值	aJIFP	JIPR8	分区	全球排序
9	*J Integr Plant Biol*	3660	3.129	0.00646	1.078	70.172	22.192	Q1	1276
10	*CNS Neurosci Ther*	2992	3.495	0.00754	1.016	70.115	21.768	Q1	1421
11	*J Mater Sci Technol*	5040	3.609	0.00787	0.614	84.982	21.766	Q1	1422
12	*Petrol Sci*	649	1.624	0.00181	0.405	59.088	21.292	Q1	1535
13	*Bone Res*	977	12.354	0.0024	1.765	93.75	21.152	Q1	1592
14	*J Bionic Eng*	1143	2.325	0.00158	0.387	55.865	21.140	Q1	1596
15	*Integr Zool*	774	1.856	0.0019	0.616	76.205	20.710	Q1	1732
16	*Geosci Front*	1580	4.051	0.00622	1.443	90.741	20.426	Q1	1841
17	*Asian J Androl*	3502	3.259	0.0063	0.719	83.662	20.127	Q1	1946
18	*Transportmetrica B*	152	2.636	0.00055	0.85	62.535	20.094	Q2	1960
19	*Insect Sci*	1563	2.091	0.00333	0.628	85.938	19.659	Q1	2107
20	*Nano-Micro Lett*	1382	7.381	0.00259	0.913	87.606	19.636	Q1	2116
21	*J Mol Cell Biol*	1877	5.595	0.00592	2.217	78.158	19.314	Q1	2238
22	*Acta Pharmacol Sin*	8041	3.562	0.00992	0.855	72.676	19.183	Q1	2292
23	*Org Chem Front*	3810	5.455	0.01115	1.314	92.105	18.980	Q1	2378
24	*Chinese J Aeronaut*	2138	1.614	0.00391	0.351	79.032	18.651	Q1	2503
25	*Cell Mol Immunol*	3633	7.551	0.0083	1.878	90	18.582	Q1	2521
26	*Transportmetrica A*	422	2.25	0.00164	0.68	53.041	17.657	Q2	2904
27	*Sci China Math*	1210	1.206	0.00828	0.685	75.078	17.519	Q1	2983
28	*Sci China Technol Sc*	3192	1.938	0.00755	0.364	59.242	17.486	Q2	3001
29	*Eng Appl Comp Fluid*	642	1.918	0.00128	0.408	60.608	17.435	Q2	3032
30	*J Anim Sci Biotechno*	950	3.205	0.00319	0.837	95.833	17.396	Q1	3051
31	*J Environ Sci-China*	10255	3.12	0.01245	0.601	71.162	17.320	Q2	3077
32	*Petrol Explor Dev +*	2163	2.065	0.00424	0.567	50.59	17.259	Q1	3114
33	*J Energy Chem*	1871	3.886	0.00393	0.6	76.984	17.088	Q1	3213
34	*T Nonferr Metal Soc*	8583	1.795	0.01182	0.339	71.333	16.701	Q2	3404
35	*Chinese J Catal*	4608	3.525	0.00731	0.422	75.002	16.454	Q1	3540
36	*Pedosphere*	2444	2.43	0.00306	0.528	66.176	16.356	Q2	3600
37	*J Plant Ecol*	1482	1.937	0.00335	0.826	54.088	16.276	Q2	3637
38	*Appl Math Mech-Engl*	2089	1.538	0.00249	0.302	60.094	16.216	Q1	3672

续表

中国排序	缩写名	总被引频次	影响因子	特征因子	论文影响分值	aJIFP	JIPR8	分区	全球排序
39	*Chinese Med J-Peking*	7606	1. 596	0. 0117	0. 266	52. 273	16. 204	Q2	3675
40	*Microsyst Nanoeng*	330	5. 071	0. 0011	1. 435	81. 918	16. 096	Q1	3741
41	*J Genet Genomics*	1811	4. 066	0. 0041	1. 08	76. 671	15. 618	Q1	4032
42	*Int J Digit Earth*	1132	2. 746	0. 00265	0. 767	59. 269	15. 609	Q2	4040
43	*Particuology*	2565	2. 785	0. 00482	0. 631	67. 896	15. 571	Q2	4055
44	*Int J Sediment Res*	824	1. 659	0. 00132	0. 425	43. 284	15. 274	Q3	4224
45	*J Zhejiang Univ-Sc A*	1406	1. 215	0. 00181	0. 318	37. 655	15. 245	Q3	4246
46	*Acta Petrol Sin*	7616	1. 238	0. 0072	0. 365	50	15. 198	Q3	4275
47	*J Comput Math*	826	1. 026	0. 00137	0. 509	66. 808	15. 039	Q1	4362
48	*J Zhejiang Univ-Sc B*	2370	1. 815	0. 00308	0. 396	29. 939	15. 013	Q3	4382
49	*Sci China Life Sci*	2018	3. 085	0. 00516	0. 593	77. 059	14. 968	Q1	4421
50	*Int J Min Met Mater*	1449	1. 261	0. 00313	0. 266	44. 12	14. 848	Q2	4488
51	*Sci China Phys Mech*	2259	2. 754	0. 00622	0. 369	81. 41	14. 792	Q1	4516
52	*Protein Cell*	2363	6. 228	0. 00806	1. 5	80. 789	14. 752	Q1	4532
53	*Biomed Environ Sci*	2001	2. 518	0. 00306	0. 541	64. 907	14. 734	Q2	4542
54	*Prog Nat Sci-Mater*	3244	2. 572	0. 00358	0. 573	63. 684	14. 601	Q2	4635
55	*J Adv Ceram*	400	1. 605	0. 00098	0. 346	75. 926	14. 598	Q2	4638
56	*J Mod Power Syst Cle*	488	2. 122	0. 00163	0. 561	57. 5	14. 543	Q2	4660
57	*Natl Sci Rev*	952	9. 408	0. 00434	4. 198	91. 406	14. 533	Q1	4666
58	*Acta Pharm Sin B*	1600	6. 014	0. 00415	2. 166	94. 061	14. 525	Q1	4672
59	*J Sport Health Sci*	707	2. 591	0. 00204	0. 706	73. 846	14. 522	Q2	4677
60	*Chin J Cancer*	2161	3. 822	0. 00396	0. 732	63. 739	14. 522	Q2	4679
61	*Build Simul-China*	654	1. 673	0. 00116	0. 359	55. 283	14. 439	Q2	4725
62	*Tsinghua Sci Technol*	850	1. 365	0. 00135	0. 391	41. 473	14. 431	Q2	4731
63	*J Rare Earth*	4116	2. 524	0. 00437	0. 317	68. 31	14. 355	Q2	4771
64	*Acta Math Sci*	1029	0. 661	0. 00261	0. 262	44. 498	14. 316	Q3	4798
65	*Acta Mech Sinica-Prc*	1640	1. 545	0. 00323	0. 425	43. 934	14. 200	Q3	4865
66	*Chin Opt Lett*	2542	1. 948	0. 00376	0. 196	53. 723	14. 073	Q2	4929
67	*Acta Bioch Bioph Sin*	2982	2. 224	0. 0044	0. 534	36. 496	14. 017	Q3	4960
68	*J Geogr Sci*	1849	1. 623	0. 00293	0. 479	31. 633	13. 964	Q3	4989

续表

中国排序	缩写名	总被引频次	影响因子	特征因子	论文影响分值	aJIFP	JIPR8	分区	全球排序
69	*J Syst Evol*	1138	3. 657	0. 00276	0. 686	88. 514	13. 863	Q1	5041
70	*World J Pediatr*	738	1. 228	0. 00146	0. 343	29. 435	13. 850	Q3	5056
71	*Sci China Earth Sci*	3403	2. 058	0. 00949	0. 645	52. 646	13. 843	Q2	5060
72	*J Palaeogeog-English*	185	2. 632	0. 00056	1. 087	81. 987	13. 813	Q1	5075
73	*Int J Disast Risk Sc*	360	2. 225	0. 00081	0. 426	60. 73	13. 790	Q2	5087
74	*Neurosci Bull*	1567	3. 155	0. 00378	0. 712	53. 448	13. 788	Q2	5088
75	*J Comput Sci Tech-Ch*	926	0. 878	0. 00168	0. 267	20. 433	13. 647	Q4	5170
76	*Sci China Inform Sci*	2034	2. 188	0. 00572	0. 353	60. 094	13. 580	Q2	5204
77	*Sci China Chem*	4228	4. 448	0. 00794	0. 489	75. 146	13. 424	Q2	5293
78	*J Diabetes*	1452	3. 213	0. 00336	0. 712	56. 993	13. 408	Q2	5299
79	*Sci China Mater*	924	4. 318	0. 00199	0. 819	80. 526	13. 362	Q1	5330
80	*Chinese J Polym Sci*	1849	2. 016	0. 00273	0. 258	62. 644	13. 327	Q2	5353
81	*Front Phys-Beijing*	881	1. 892	0. 00321	0. 655	57. 051	13. 286	Q2	5376
82	*J Integr Agr*	1680	1. 042	0. 00523	0. 287	59. 821	13. 276	Q2	5382
83	*Adv Atmos Sci*	2820	1. 869	0. 00546	0. 646	44. 767	12. 971	Q3	5563
84	*Crop J*	495	2. 658	0. 00166	1. 061	80. 192	12. 780	Q1	5665
85	*J Arid Land*	608	1. 444	0. 00158	0. 345	34. 647	12. 754	Q3	5687
86	*Acta Metall Sin-Engl*	1118	1. 341	0. 00207	0. 234	55. 333	12. 752	Q2	5691
87	*Chinese Chem Lett*	5445	2. 631	0. 00689	0. 294	56. 433	12. 702	Q2	5721
88	*Chinese Phys B*	8215	1. 321	0. 01593	0. 196	42. 949	12. 671	Q3	5744
89	*Sci Bull*	1952	4. 136	0. 0059	1. 037	83. 594	12. 659	Q1	5755
90	*Asian J Pharm Sci*	1120	4. 56	0. 00241	1. 513	90. 23	12. 634	Q1	5770
91	*Cancer Biol Med*	816	4. 607	0. 00233	1. 9	79. 267	12. 630	Q1	5772
92	*Chinese J Chem*	3335	2. 378	0. 00358	0. 219	53. 509	12. 537	Q2	5824
93	*J Digest Dis*	1314	1. 623	0. 0033	0. 495	16. 875	12. 521	Q4	5836
94	*Chinese J Cancer Res*	1128	3. 689	0. 00242	0. 458	51. 937	12. 284	Q2	5977
95	*Chin J Nat Medicines*	1318	1. 991	0. 00249	0. 326	47. 126	12. 282	Q2	5981
96	*Front Comput Sci-Chi*	456	1. 105	0. 00135	0. 272	37. 443	12. 273	Q3	5989
97	*Front Env Sci Eng*	1335	1. 961	0. 00254	0. 35	45. 048	12. 219	Q3	6018
98	*Endosc Ultrasound*	553	3. 323	0. 00167	0. 662	58. 125	12. 177	Q2	6040

续表

中国排序	缩写名	总被引频次	影响因子	特征因子	论文影响分值	aJIFP	JIPR8	分区	全球排序
99	*Chin J Integr Med*	1458	1. 346	0. 00242	0. 274	35. 185	12. 136	Q3	6058
100	*J Iron Steel Res Int*	2002	1. 126	0. 00316	0. 25	44. 667	11. 991	Q3	6134
101	*Rare Metals*	1471	1. 5	0. 00179	0. 207	48. 281	11. 976	Q2	6142
102	*Adv Appl Math Mech*	350	0. 636	0. 00107	0. 302	15. 652	11. 965	Q4	6149
103	*Hepatob Pancreat Dis*	1547	1. 5	0. 00252	0. 434	10. 625	11. 939	Q4	6161
104	*J Hydrodyn*	1696	1. 563	0. 00246	0. 328	42. 91	11. 809	Q3	6233
105	*Acta Geol Sin-Engl*	3917	2. 506	0. 00426	0. 463	66. 402	11. 778	Q2	6251
106	*Adv Steel Constr*	218	0. 737	0. 00042	0. 231	25. 872	11. 716	Q3	6282
107	*Earthq Eng Eng Vib*	955	0. 847	0. 00135	0. 333	20. 725	11. 657	Q3	6312
108	*Front Med-Prc*	764	2. 027	0. 00206	0. 659	29. 231	11. 525	Q3	6377
109	*Asian J Surg*	719	1. 895	0. 00111	0. 433	51. 25	11. 331	Q2	6484
110	*Acta Chim Sinica*	2439	2. 735	0. 00273	0. 198	57. 602	11. 290	Q2	6513
111	*Chinese Geogr Sci*	911	1. 114	0. 00151	0. 334	19. 295	11. 288	Q4	6515
112	*Chinese J Chem Eng*	3105	1. 712	0. 00415	0. 292	48. 54	11. 175	Q3	6574
113	*J Geriatr Cardiol*	687	1. 581	0. 00221	0. 419	28. 166	11. 139	Q3	6589
114	*Cell Discov*	449	4. 462	0. 00254	2. 028	68. 684	11. 070	Q2	6613
115	*Int J Ophthalmol-Chi*	1351	1. 166	0. 00398	0. 296	16. 102	11. 062	Q4	6616
116	*Acta Math Sin*	1573	0. 527	0. 00406	0. 367	17. 924	10. 984	Q3	6664
117	*Acta Mech Solida Sin*	946	1. 149	0. 00161	0. 389	25. 133	10. 941	Q3	6681
118	*Front Earth Sci-Prc*	466	1. 096	0. 00127	0. 337	19. 841	10. 901	Q4	6694
119	*J Orthop Surg-Hong K*	1069	0. 994	0. 00182	0. 317	20. 839	10. 851	Q4	6722
120	*J Earth Sci-China*	898	1. 5	0. 00216	0. 339	34. 656	10. 810	Q3	6741
121	*Front Chem Sci Eng*	776	2. 643	0. 00132	0. 449	65. 328	10. 660	Q2	6819
122	*Mycosphere*	827	2. 015	0. 00177	0. 307	43. 103	10. 651	Q3	6827
123	*Commun Theor Phys*	2284	1. 178	0. 00363	0. 21	40. 385	10. 649	Q3	6829
124	*J Tradit Chin Med*	1229	0. 857	0. 0016	0. 197	20. 37	10. 601	Q4	6851
125	*Engineering-Prc*	281	2. 667	0. 0009	0. 686	81. 977	10. 517	Q1	6888
126	*Quant Imag Med Surg*	861	2. 231	0. 00249	1. 073	55. 078	10. 493	Q2	6902
127	*Chinese Phys Lett*	5607	0. 847	0. 00788	0. 185	23. 718	10. 423	Q4	6938
128	*E Asian J Appl Math*	100	0. 68	0. 00048	0. 3	25. 992	10. 142	Q3	7070

续表

中国排序	缩写名	总被引频次	影响因子	特征因子	论文影响分值	aJIFP	JIPR8	分区	全球排序
129	*Front Math China*	386	0.377	0.00219	0.393	9.871	10.091	Q4	7094
130	*Chinese Ann Math B*	645	0.392	0.00143	0.318	10.841	10.076	Q4	7102
131	*Rice Sci*	492	1.521	0.00072	0.721	60.861	10.047	Q2	7109
132	*Front Mater Sci*	484	1.478	0.00115	0.407	33.158	10.029	Q3	7119
133	*Thorac Cancer*	698	2.569	0.00185	0.318	41.21	9.733	Q3	7267
134	*Res Astron Astrophys*	1434	1.227	0.0059	0.565	26.515	9.731	Q3	7268
135	*Nucl Sci Tech*	615	1.085	0.0017	0.217	29.735	9.691	Q3	7285
136	*Chinese J Geophys-Ch*	4052	0.88	0.00504	0.181	15.882	9.674	Q4	7293
137	*China Pet Process Pe*	148	0.325	0.00023	0.058	9.268	9.671	Q4	7295
138	*Asian Herpetol Res*	168	0.594	0.00046	0.189	22.59	9.575	Q4	7337
139	*Front Struct Civ Eng*	370	1.58	0.0011	0.99	54.297	9.562	Q2	7345
140	*China Ocean Eng*	467	0.674	0.00072	0.157	15.306	9.546	Q4	7353
141	*J Mt Sci-Engl*	1320	1.135	0.0024	0.276	22.199	9.459	Q4	7386
142	*Orthop Surg*	453	1.147	0.00111	0.338	30.519	9.450	Q3	7391
143	*Adv Manuf*	221	1.706	0.00047	0.226	40.217	9.449	Q3	7392
144	*Front Inform Tech El*	237	0.91	0.00038	0.141	21.226	9.397	Q4	7420
145	*J Cent South Univ*	2845	0.761	0.00517	0.154	34	9.390	Q3	7422
146	*J Syst Sci Complex*	619	0.53	0.00119	0.194	11.165	9.296	Q4	7458
147	*Chem Res Chinese U*	1316	1.248	0.00162	0.116	30.117	9.283	Q3	7462
148	*Algebr Colloq*	445	0.394	0.00129	0.26	7.629	9.228	Q4	7483
149	*Acta Phys Sin-Ch Ed*	5799	0.669	0.00724	0.071	18.59	9.206	Q4	7493
150	*Photonic Sens*	491	1.317	0.00079	0.555	32.983	9.188	Q3	7498
151	*Chin J Oceanol Limn*	1318	0.717	0.00181	0.188	11.016	9.158	Q4	7511
152	*Neural Regen Res*	2801	2.234	0.00751	0.335	28.065	9.145	Q3	7517
153	*Acta Metall Sin*	1678	0.704	0.00175	0.129	31.333	9.101	Q3	7537
154	*China Commun*	1317	1.514	0.00336	0.224	38.506	9.095	Q3	7540
155	*J Forestry Res*	986	0.748	0.00161	0.235	28.03	9.073	Q3	7549
156	*New Carbon Mater*	872	1.171	0.00089	0.174	22.982	8.953	Q4	7596
157	*Chinese J Org Chem*	2329	1.392	0.0023	0.105	34.211	8.877	Q3	7626
158	*Avian Res*	69	1.063	0.00029	0.379	50	8.846	Q3	7633

续表

中国排序	缩写名	总被引频次	影响因子	特征因子	论文影响分值	aJIFP	JIPR8	分区	全球排序
159	*Appl Geophys*	651	1	0. 00089	0. 233	24. 118	8. 823	Q4	7644
160	*J Meteorol Res-Prc*	293	1. 022	0. 00104	0. 358	12. 209	8. 806	Q4	7649
161	*J Huazhong U Sci-Med*	1286	0. 948	0. 00199	0. 185	7. 021	8. 797	Q4	7651
162	*Acta Oceanol Sin*	1469	0. 728	0. 00241	0. 225	22. 656	8. 762	Q4	7661
163	*Virol Sin*	542	2. 357	0. 00146	1. 265	41. 429	8. 659	Q3	7707
164	*Interdiscip Sci*	251	0. 796	0. 00041	0. 149	9. 322	8. 540	Q4	7754
165	*J Therm Sci*	665	0. 678	0. 00087	0. 166	12. 344	8. 509	Q4	7766
166	*J Syst Eng Electron*	888	0. 572	0. 00108	0. 121	8. 595	8. 408	Q4	7792
167	*Plasma Sci Technol*	1250	1. 07	0. 00249	0. 173	24. 194	8. 376	Q4	7805
168	*Acta Phys-Chim Sin*	2235	0. 846	0. 00237	0. 103	10. 616	8. 121	Q4	7886
169	*J Ocean U China*	742	0. 569	0. 00138	0. 176	13. 281	8. 107	Q4	7891
170	*Chem J Chinese U*	1834	0. 695	0. 00121	0. 043	16. 082	8. 020	Q4	7914
171	*Chinese J Anal Chem*	1882	0. 824	0. 00189	0. 088	18. 125	8. 016	Q4	7916
172	*Chinese Phys C*	4058	3. 298	0. 01844	1. 173	67. 371	7. 929	Q2	7942
173	*Int J Agr Biol Eng*	765	1. 267	0. 00112	0. 22	46. 429	7. 710	Q3	8014
174	*J Exerc Sci Fit*	160	0. 71	0. 00023	0. 215	12. 963	7. 291	Q4	8144
175	*Chinese J Inorg Chem*	1440	0. 654	0. 00114	0. 046	10	7. 268	Q4	8151
176	*Transl Cancer Res*	618	1. 2	0. 0022	0. 471	6. 081	7. 195	Q4	8173
177	*Chinese J Struc Chem*	923	0. 659	0. 00065	0. 036	10. 919	7. 070	Q4	8213
178	*Chinese J Chem Phys*	638	0. 586	0. 00098	0. 123	4. 167	7. 061	Q4	8216
179	*Acta Polym Sin*	988	0. 656	0. 00095	0. 068	14. 368	6. 933	Q4	8248
180	*Appl Math Ser B*	193	0. 507	0. 00046	0. 167	9. 325	6. 826	Q4	8278
181	*J Inorg Mater*	937	0. 49	0. 00097	0. 063	16. 667	6. 726	Q4	8300
182	*China Foundry*	297	0. 36	0. 00028	0. 068	11. 333	6. 530	Q4	8342
183	*Prog Chem*	1184	0. 82	0. 00135	0. 105	20. 175	6. 483	Q4	8364
184	*Front Energy*	272	0. 753	0. 0005	0. 409	11. 856	6. 054	Q4	8463
185	*J Wuhan Univ Technol*	1701	0. 524	0. 00179	0. 113	7. 895	5. 983	Q4	8474
186	*Acta Math Appl Sin-E*	586	0. 273	0. 0011	0. 189	1. 389	5. 964	Q4	8478
187	*Spectrosc Spect Anal*	1975	0. 326	0. 00181	0. 037	1. 19	5. 503	Q4	8577
188	*J Trop Meteorol*	430	0. 288	0. 00039	0. 114	1. 744	5. 174	Q4	8638
189	*Taiwania*	455	0. 421	0. 00049	0. 468	22. 973	5. 086	Q4	8658
190	*J Infrared Millim W*	397	0. 387	0. 00033	0. 044	5. 851	5. 063	Q4	8664
191	*Rare Metal Mat Eng*	2542	0. 29	0. 00212	0. 037	3. 474	4. 521	Q4	8735
192	*Prog Biochem Biophys*	313	0. 288	0. 00031	0. 035	0. 604	4. 455	Q4	8745

JIPR8 是基于学科标准化建立的跨学科期刊评价指标，最大限度地消除了不同国家学科结构的差异导致的期刊影响力的差异，能够较为客观地对各个国家科技期刊学术水平和影响力进行比较。我国科技期刊平均 JIPR8 排在全球第 9 位，排名靠前的均为欧美发达国家。在亚洲，我国科技期刊 JIPR8 的平均值高于韩国和日本，它们排名第 1 位的期刊 JIPR8 还低于我国排名第 5 位的期刊。这一结果充分说明，我国已经成为世界科技期刊强国。目前存在的问题是，英文期刊数量太少，与我国的科技发展水平和提升国际影响力的现实需要还极不相称。未来一段时间，我国英文版期刊的数量还有很大的提升空间。

另外，中文 SCI 期刊与其他非英语 SCI 期刊相比具有明显优势。整体来讲，英语期刊国际影响力的领导地位无法动摇，以英语为主的多语言期刊表现十分突出。荷兰期刊整体表现非常抢眼，从而带动荷兰语期刊影响力的快速提升。尽管荷兰语期刊平均 JIPR8 排在第 1 位，但由于期刊数量（14 种）过少，实际统计意义有限。除了英语和以英语为主的多语言期刊外，中文 SCI 期刊 JIPR8 的平均值（8.557）仅次于荷兰语期刊，明显高于日语期刊（6.568）。其他几大欧系语言（法语、西班牙语、德语、意大利语）SCI 期刊表现一般。中文 SCI 期刊与其他非英语 SCI 期刊相比具有明显优势，这更加坚定了我们办好中文科技期刊的信心和决心。

第十章　影响因子其他研究

在承担该研究项目之前和研究过程中，还对影响因子进行了其他方面的相关研究，这些研究要么为该项目提供了重要的研究基础（如非可被引文献的引证特征及其对期刊影响因子的贡献），要么与该项目研究密切相关，一并报告如下。

一　非可被引文献的引证特征及其对期刊影响因子的贡献

影响因子计算公式中的分母是指某期刊前两年发表的可被引文献数，而不是全部文献数。而可被引文献仅包括 Article 和 Review①，其他许多类型的文献是不被统计在内的，我们把这部分文献称为"非可被引文献"（Non-Citable Document，NCD）。NCD 是相对于可被引文献而言的，这些文献依然有可能被频繁引用，如 *Hepatology* 杂志 2011 年发表的一篇述评②截止到 2014 年底已被引用 1025 次；*Nature Methods* 杂志 2011 年发表的一篇信稿③被引用达 1093 次。

最近，武夷山研究员根据 Heneberg④ 的一项研究提出了一条重要的建议：

---

① Zupanc G K H，"Impact Beyond the Impact Factor"，*Journal of Comparative Physiology*，Vol. 200，No. 2，2014.

② Bruix J *et al*，"Management of Hepatocellular Carcinoma：An Update"，*Hepatology*，Vol. 53，No. 3，2011.

③ Petersen T N et al，"SignalP 4. 0：Discriminating Signal Peptides from Transmembrane Regions"，*Nature Methods*，Vol. 8，No. 10，2011.

④ Heneberg P，"Parallel Worlds of Citable Documents and Others：Inflated Commissioned Opinion Articles Enhance Scientometric Indicators"，*Journal of the Association for Information Science and Technology*，Vol. 65，No. 3，2014.

影响因子的定义最好调整一下。他认为，既然“不可引文献”其实是可引的，影响因子定义中的分母就应该改为全部文献而不仅仅是可被引文献。Heneberg文中数据表明，某些期刊不可引文献已经异化为人为提升影响因子的手段。我们前期对 *Nature* 及 10 种国际权威期刊影响因子构成分析的研究表明，不同期刊 NCD 对其影响因子贡献有较大差异，介于 0%—15%之间。

早在 1995 年，Moed 等①就建议改善影响因子计算的准确性。他通过对大量 SCI 期刊的实证研究得出结论，认为 JCR 中多数期刊影响因子的计算是不准确的，尤其是个别高影响因子期刊。不准确的主要原因是对“可被引文献”不合理的界定。他以 *Lancet* 和 *Nature* 杂志为例说明影响因子计算的不合理性，假设仅考虑可被引文献的被引次数计算 *Lancet* 的影响因子，那么其影响因子将下降 40%；如果将 Letter 计入影响因子的分母，*Nature* 杂志的影响因子将下降 30%。

为了进一步认识 NCD 对期刊影响因子的影响 我们探讨了 NCD 的引证特征，并计算了不同期刊 NCD 对影响因子的贡献。

（一）研究方法

1. NCD 的界定

NCD 是指 ISI 定义的可被引文献以外的所有文献。早期的文献②中把 Article、Review 和 Note 定义为可被引文献，而近期的文献③中仅把 Article 和 Review 定义为可被引文献。事实上，早在 1997 年后，WoS 数据库中已经检索不到 Note 类型的文献，可能是已合并为 Article。该研究中所指的 NCD 包括 Editorial、Letter、Reprint、News Item、Book Review、Biographical Item 和 Correction 等。

2. 文献数据的获取

（1）不同类型文献量

登录 WoS 数据库，检索 2011—2012 年的全部文献，对文献类型进行

---

① Moed H F *et al*, “Improving the Accuracy of Institute for Scientific Information Journal Impact Factors”, *Journal of the Association for Information Science and Technology*, Vol. 46, No. 6, 1995.

② Jones A W, “Mode of Classification of Source Material as Citable Items Skews Journal Impact Factor Calculations”, *Scandinavian Journal of Clinical & Laboratory Investigation*, Vol. 65, No. 7, 2005.

③ Citrome L, “How We Rate: Is Impact Factor the Most Important Measure?”, *International Journal of Clinical Practice*, Vol. 67, No. 9, 2013.

“精炼”，获取 Editorial、Letter、Reprint、News Item、Book Review、Biographical Item 和 Correction 等各类文献数量。检索日期：2014 年 12 月 10 日。

（2）文献被引量和被引文献量

通过 WoS 数据库的“创建引文报告”功能，获取不同类型文献在 2013 年的被引量及截至检索日期的被引文献量，同时记录不同类型文献单篇最高被引量。篇均被引量 = 文献被引量/文献量，文献被引率 = 被引文献量/文献量。

（3）h 指数的确定

通过观察由数据库创建的引文报告，确定各类型文献 2013 年的 h 指数（即根据 2011—2012 年论文在 2013 年的被引频次确定的）。

（4）NCD 对期刊影响因子的贡献

通过对 Editorial 和 Letter 两类文献的分析，确定 2011 年和 2012 年发表 Editorial 和 Letter 等两类文献≥800 篇和被引频次≥20 次 Editorial 和 Letter 至少 20 篇以上的期刊，计算 NCD 对各期刊影响因子的贡献值和贡献率。计算方法如下：

$$IF_{NCD2013} \frac{\text{2011—2012 年某期刊 } NCD \text{ 在 2013 年的被引频次}}{\text{该刊 2011—2012 年可被引文献数}} \qquad (10-1)$$

$$R_{NCD2013} = \frac{IF_{NCD2013}}{IF_{2013}} \times 100\% \qquad (10-2)$$

公式 10 - 1 中，$IF_{NCD2013}$为某期刊非可被引文献对该刊 2013 年影响因子的贡献值，公式 10 - 2 中，$R_{NCD2013}$为某期刊 NCD 对该刊 2013 年影响因子的贡献率，IF_{2013}为该刊 2013 年的影响因子。

（二）结果

1. NCD 的引证特征

2011—2012 年各类型 NCD 的引证特征见表 10 - 1。2 年中，SCI 数据库收录的 NCD 数量最多的是 Editorial，达 158031 篇，其次是 Letter（80415 篇），而后是 News Item 和 Correction（都超过了 2 万篇），其他文献如 Reprint、Biographical Item 和 Book Review 相对较少。从引证效率来讲，Editorial 和 Letter 的篇均被引量和文献被引率也是最高的，Reprint、News Item 和 Correction 篇均被引量和文献被引率明显低于 Editorial 和 Letter，Biographical Item 和 Book Review 引证效率极低。各类文献 2 年内 h 指数及单篇最高被引量与

篇均被引量和文献被引率相比呈现出较为一致的文献计量学特征。

表 10 - 1　　2011—2012 年各类型 NCD 的引证特征

文献类型	文献量 *	被引量 #	最高被引量 #	篇均被引量	h 指数	被引文献量 §	文献被引率
Editorial	158031	94591	1025	0. 599	76	61172	0. 387
Letter	80415	36997	1093	0. 460	52	28560	0. 355
Reprint	459	129	12	0. 281	7	119	0. 259
NewsItem	36879	6436	372	0. 175	33	4436	0. 120
Correction	23530	2885	241	0. 123	20	3271	0. 139
BiographicalItem	6453	226	11	0. 035	6	381	0. 059
BookReview	6212	79	11	0. 013	4	155	0. 025
合计	311979	141343	—	0. 453	—	98094	0. 314

注：* 文献量是指 2011 年和 2012 年两年文献量之和；# 被引量和最高被引量均指相应类型文献在 2013 年的被引量；§ 被引文献量是指相应类型文献发表后截止到检索日期被引量≥1 的文献数量。

2. 被引频次最高的 Editorial 和 Letter

从表 10 - 1 可以看出，述评和信稿是 NCD 中引证效率最高的两类。那么，这两类文献被引频次究竟能高到什么程度？单从篇均被引量是无法表征的。因此，我们列出了这两类文献被引频次最高的前 10 篇及其被引频次（被引频次均指 2011—2012 年的文献发表后累计到 2014 年 12 月 10 日的被引频次），见表 10 - 2 和表 10 - 3。2011—2012 年部分 Editorial 和 Letter 在 2013 年的被引频次相当高，对相应期刊影响因子的贡献是不可忽视的。

表 10 - 2　2011—2012 年 SCI 数据库中被引频次最高的 10 篇 Editorial 文献

第一作者	缩略文题	来源期刊	机构	国家	出版年	被引频次
Bruix, J	Management of Hepatocellular Carcinoma: An Update	Hepatology	Univ Barcelona	Spain	2011	1025
Ghany, MG	An Update on Treatment of Genotype 1 Chronic Hepatitis C	Hepatology	NIDDK	USA	2011	485
Harriss, DJ	Update-Ethical Standards in Sport and Exercise Science Research	International Journal of Sports Medicine	Liverpool John Moores Univ	England	2011	483

续表

第一作者	缩略文题	来源期刊	机构	国家	出版年	被引频次
Zhou, HC	Introduction to Metal-Organic Frameworks	Chemical Reviews	Texas A&M Univ	USA	2012	426
Roger, VL	Executive Summary: Heart Disease and Stroke Statistics......	Circulation	Anonymous	Anonymous	2012	317
Llovet, JM	EASL-EORTC Clinical Practice Guidelines......	Journal of Hepatology	EASL	Switzerland	2012	312
Levey, AS	The definition, classification, and prognosis of chronic kidney disease	Kidney International	Tufts Med Ctr	USA	2011	308
Yizhar, O	Optogenetics in Neural Systems	Neuron	Stanford Univ	USA	2011	258
Ross, AC	The 2011 Report on Dietary Reference Intakes for Calcium......	Journal of Clinical Endocrinology & Metabolism	Penn State Univ	USA	2011	257
Cerami, E	The cBio Cancer Genomics Portal	Cancer Discovery	Mem Sloan Kettering Canc Ctr	USA	2012	251

表 10－3　2011—2012 年 SCI 数据库中被引频次最高的 10 篇 Letter 文献

第一作者	缩略文题	来源期刊	机构	国家	出版年	被引频次
Petersen, TN	SignalP 4.0: discriminating signal peptides	Nature Methods	Tech Univ Denmark	Denmark	2011	1093
Robinson, JT	Integrative genomics viewer	Nature Biotechnology	Massachusetts Inst Technol & Harvard	USA	2011	656
Darriba, D	jModelTest 2: more models, new heuristics and parallel	Nature Methods	Univ Vigo	Spain	2012	511
Huang, P	Heritable gene targeting in zebrafish	Nature Biotechnology	Peking Univ	China	2011	191
Tesson, L	Knockout rats generated by embryo microinjection	Nature Biotechnology	INSERM	France	2011	182
Sander, JD	Targeted gene disruption in somatic zebrafish cells	Nature Biotechnology	Massachusetts Gen Hosp	USA	2011	167
Prinz, F	Believe it or not: how much can we rely	Nature Reviews Drug Discovery	Bayer HealthCare	Germany	2011	156

续表

第一作者	缩略文题	来源期刊	机构	国家	出版年	被引频次
Howarth, RW	Methane and the greenhouse-gas footprint	Climatic Change	Cornell Univ	USA	2011	149
Mackenzie, IRA	A harmonized classification system for FTLD-TDP	Acta Neuropathologica	Univ British Columbia	Canada	2011	148
Araujo, MB	Climate change threatens European conservation areas	Ecology Letters	CSIC	Spain	2011	122

3. Editorial 和 Letter 对部分期刊影响因子的贡献

为了准确认识 Editorial 和 Letter 对期刊影响因子的贡献，我们从 SCI 数据库筛选出了 2011—2012 年发表 Editorial 和 Letter≥800 篇或者发表的被引频次≥20 次的 Editorial 和 Letter≥20 篇的期刊，详细统计了各期刊 Article、Review、Editorial 和 Letter 以及其他类型文献的文献数和被引频次，计算了各期刊 Editorial 和 Letter 对其影响因子的贡献值和贡献率（表 10－4）。

符合规定条件的期刊共 24 种，医学期刊 17 种（70.8%），还有一定数量的生物学期刊。不少期刊在国际上具有较高的知名度，如 *Nature*、*Science*、*New England Journal of Medicine*（*N Engl J Med*）、*Lancet*、*Journal of the American Medical Association*（*JAMA*）、*British Medical Journal*（*BMJ*）、*Archives of Internal Medicine*、*Circulation* 等。

2 年间发表 Editorial 和 Letter 最多的期刊是 *BMJ*，发表 Editorial 和 Letter 达到了 3169 篇。Editorial 和 Letter 文献数超过 1000 篇的还有 *Lancet*、*New Scientist*、*N Engl J Med*、*Nature*、*Journal of Urology*、*Science*、*JAMA*、*International Journal of Cardiology*、*Oil Gas Journal*、*Neurology*、*Annals of Thoracic Surgery*、*Circulation* 等。

New Scientist 期刊 NCD（包括 Editorial、Letter 和其他 NCD）对其影响因子的贡献率最大，达到了 57.9%，共有 4 种期刊 NCD 对其影响因子的贡献率超过了 30%，分别是 *New Scientist*、*International Journal of Cardiology*、*BMJ*、*Medical Journal of Australia*。另外有 5 种期刊，NCD 对其影响因子的贡献率介于 20%—30%。*Science* 和 *Nature* 两种期刊 Editorial 和 Letter 数量较多，被引频次也很高，但对影响因子的贡献率并不高，分别为 4.7% 和 7.2%（NCD 对其影响因子总的贡献率分别为 6.[illegible]% 和 9.1%），与该两刊

2012 年影响因子构成比较，Editorial 和 Letter 对其影响因子的贡献率（4.8% 和 7.3%）相当。

N Engl J Med、*Science* 和 *Nature* 等 3 种期刊其 NCD 的被引频次超过 4000，分别为 4961、4849 和 4377 次，还有另外 4 种期刊 NCD 的被引频次超过 2000 次，分别是 *JAMA*、*Lancet*、*BMJ* 和 *Journal of Clinical Oncology*。这 7 种期刊中，*Nature* 和 *Science* 是综合性期刊，其他均为医学期刊。虽然 *Nature* 和 *Science* 的 NCD 被引频次都在 4000 次以上，但二者的 NCD 对各自期刊影响因子的贡献率均不超过 10%，其影响因子主要还是 Article 和 Review 贡献的。而另外 5 种期刊 NCD 对期刊影响因子的贡献率都超过 10%，*BMJ* 甚至达到 31.3%。

（三）结论

1. 虽然 ISI 把 Editorial、Letter、Reprint、News Item、Book Review、Biographical Item 和 Correction 等界定为 NCD，在计算期刊影响因子时这些文献也不计入分母，但事实上这些文献也是可以被引用的，甚至有些 Editorial 和 Letter 还有大量的被引用。

2. 在 NCD 中，Editorial 和 Letter 对期刊被引频次和影响因子的贡献明显大于其他文献。在计算 2013 年影响因子有效的 2 年引证时间窗口内，Editorial 和 Letter 的最高被引量、篇均被引量、h 指数、被引文献量和文献被引率等都有较好的表现，是提升期刊影响因子和影响力不可忽视的文献类型。

3. 不少期刊发表了大量的 NCD，如 2011—2012 年 *Nature* 发表的 Article 和 Review 共 1710 篇，同期发表的 Editorial 和 Letter 就达到了 2263 篇。*Science* 同期发表的 Editorial 和 Letter 为 1551 篇，略少于其发表的 Article 和 Review 文献。发表 Editorial 和 Letter 等 NCD 较多者主要集中于医学期刊，这些期刊多是国际著名的、有较高影响力的期刊，如 *N Engl J Med*、*Lancet*、*JAMA*、*BMJ*，等等。因此，我们是否可以这样认为，文献类型的多样化是学术期刊走向成熟的重要标志，也是科技期刊影响力提升的必然选择。

4. 多数期刊 NCD 对其影响因子的贡献是正常的，只有个别期刊 NCD 对期刊影响因子的贡献率较高。我们选择的研究对象是发表 Editorial 和 Letter 较多的或发表的 Editorial 和 Letter 被引频次较高的期刊，因此，这些期刊 NCD 对影响因子的贡献率相对较高。不排除还有其他期刊，虽然发表 Editorial 和 Letter 数量不多、被引频次也不是很高，但由于其 Article 和 Review 被引频次也很少，其 NCD 对期刊影响因子的贡献率也可能很高。

表 10－4　Article 和 Review 类文献对部分期刊 2013 年影响因子的贡献值和贡献率

期刊名	EL 论文数[1]	Article		Review		Editorial		Letter		其他		影响因子[2]	贡献值[3]	贡献率[4]
		文献数	被引次数	文献数	被引次数	文献数	被引次数	文献数	被引次数	文献数	被引次数			
New Scientist	2531	412	16	0	0	755	11	1776	0	1223	11	0.092	0.053	0.579
International Journal of Cardiology	1412	626	1649	73	251	48	85	1364	1074	494	3	4.381	1.662	0.379
British Medical Journal	3169(27)[5]	441	4743	106	495	1946	1611	1223	177	3366	595	13.932	4.356	0.313
Medical Journal of Australia	948	345	880	5	13	539	282	409	112	133	1	3.680	1.129	0.307
Annals of Thoracic Surgery	1096	1008	3026	26	105	827	421	269	40	212	753	4.202	1.174	0.279
Nature Biotechnology	319(30)	163	4858	13	309	215	279	104	1140	189	190	38.500	9.142	0.237
Archives of Internal Medicine	884(10)	283	2645	26	490	357	318	527	540	20	0	12.922	2.777	0.215
Plastic and Reconstructive Surgery	975	870	2398	32	118	219	115	756	184	148	367	3.528	0.738	0.209
Journal of The American Medical Association	1444(61)	417	9124	35	1358	705	2048	739	499	972	219	29.310	6.119	0.209
Nature Methods	389(24)	269	5694	10	308	332	183	57	1070	24	5	26.022	4.509	0.173
Oil Gas Journal	1225	593	27	0	0	1200	3	25	2	15	0	0.054	0.008	0.156
New England Journal of Medicine	2441(157)	630	30460	79	2685	907	3459	1534	1395	169	107	53.746	6.997	0.130
Lancet	2673(40)	548	18737	41	857	1575	1781	1098	712	305	60	37.601	4.334	0.115
Clinical Infectious Diseases	519(22)	875	6911	46	574	256	627	263	324	108	3	9.163	1.036	0.113
Journal of Clinical Oncology	903(24)	1232	15956	89	1240	464	943	439	261	10981	905	14.614	1.597	0.109
Journal of the American College of Cardiology	940(18)	779	10045	83	1166	601	745	339	257	5982	363	14.589	1.584	0.109
Neurology	1154	985	7119	39	473	952	719	202	32	5267	46	8.192	0.778	0.095
Science	1551(115)	1589	43230	115	5102	1133	3626	418	222	2255	1001	31.210	2.846	0.091
Circulation	1041	1116	14943	58	569	723	695	318	32	8671	336	14.118	0.905	0.064
Nature	2263(81)	1639	61533	71	5546	1703	2891	560	455	1269	1031	41.787	2.560	0.061
Critical Care Medicine	841	624	3444	49	389	569	207	272	36	1263	2	6.059	0.364	0.060
Journal of Urology	2077	1218	4209	41	197	1917	106	160	10	2342	89	3.662	0.163	0.044
Neurosurgery	970	843	2072	67	204	817	42	153	24	124	26	2.602	0.101	0.039
Angewandte Chemie International Edition	187(36)	4004	37569	225	7137	180	753	7	18	122	20	10.758	0.187	0.017

注：1）是指 Editorial 和 Letter 文献数；2）是根据 Wos 数据库引证分析计算的影响因子，与 JCR 报告的影响因子有一定误差；3）是指 NCD 贡献的影响因子值；4）是指 NCD 对期刊影响因子贡献的百分率；5）括号内数字是该刊发表的被引频次≥20 的 Editorial 和 Letter 文献数。

二　期刊影响因子人为操纵的识别

自从影响因子广泛应用于学术期刊评价以来，对影响因子科学性和合理性的质疑从来就没有间断过，争议最大的莫过于影响因子的滥用和误用[①][②]，如用影响因子评价单篇论文[③]、评价研究者个人[④]，甚至应用于职务任命、资金分配和项目评审[⑤]。尽管影响因子的设计存在明显缺陷，但它依然被广泛应用于期刊评价和研究绩效评价。正像 Brody[⑥] 所说的那样，影响因子并不完美，但依然无法替代。澳大利亚学者 Bradshaw 等[⑦]也指出，无论你喜欢还是厌恶，用文献计量学指标评价学术期刊及相关研究绩效它就在那里；无论正确与否，学术组织评价申请人业绩、学者选择期刊投稿、学术期刊选择出版公司合作它都无所不在。正因如此，许多学术期刊的主编和编辑热衷于人为操纵期刊的影响因子。希腊学者 Falagas[⑧] 总结了人为操纵影响因子的十大行为，国内学者徐海丽[⑨]也对人为操作期刊影响因子的现象进行了研究。强制作者引用某期刊、小集团（甚至组成期刊联盟）内部期刊互引成为学术期刊界的潜规则，抑或是公开的秘密。因此，如何从期刊的文献计量学指标识别可能的人为操纵就显得尤为重要，让人为操纵影响因子的行为无可遁形，以进一步加强期刊内涵建设、规范办刊行为。马峥[⑩]撰文明确提出了通

---

① Shubert E, "Use and Misuse of the Impact Factor", *Systematics and Biodiversity*, Vol. 10, No. 4, 2012.

② Malay D S, "Impact Factors and Other Measures of a Journal's Influence", *Journal of Foot and Ankle Surgery*, Vol. 52, No. 3, 2013.

③ Smith R, "Commentary: The Power of the Unrelenting Impact Factor—Is It a Force for Good or Harm?", *International Journal of Epidemiology*, Vol. 35, No. 5, 2006.

④ Holden G *et al*, "Should Decisions About Your Hiring, Reappointment, Tenure, or Promotion Use the Impact Factor Score as a Proxy Indicator of the Impact of Your Scholarship?", *Medscape General Medicine*, Vol. 8, No. 3, 2006.

⑤ Adam D, "The Counting House", *Nature*, Vol. 415, No. 6873, 2002.

⑥ Brody S, "Impact Factor: Imperfect But Not Yet Replaceable", *Scientometrics*, Vol. 96, No. 1, 2013.

⑦ Bradshaw C J A *et al*, "How to Rank Journals", *PLoS ONE*, Vol. 11, No. 3, 2016.

⑧ Falagas M E *et al*, "The Top-ten in Journal Impact Factor Manipulation", *Archivum Immunologiae et Therapiae Experimentalis*, Vol. 56, No. 4, 2008.

⑨ 徐海丽：《影响因子人为操纵案例分析及构建期刊综合评价体系设想》，《中国科技期刊研究》2014 年第 5 期。

⑩ 马峥：《通过计量指标分析发现操纵期刊评价结果的行为》，《编辑学报》2016 年第 6 期。

过计量指标分析发现操纵期刊评价结果的行为。他主要论证了通过期刊自引、他引的统计分析，揭示期刊过度自引、集团互引现象。

目前，国内外研究主要集中在对人为操纵行为的揭示和理论分析、通过对期刊自引率的研究判断期刊的人为操纵等方面，很少涉及其他指标在识别期刊影响因子和被引频次人为操纵中的作用。在此，对自引率、扩散因子、被引半衰期、开放因子、互引指数等文献计量学指标在识别期刊影响因子人为操纵行为中的作用进行详细分析。

（一）自引率与影响因子人为操纵的识别

1. 自引率的分类

期刊自引率是指期刊总被引频次中自引次数所占的百分比。根据自引率适用对象不同，我们将自引率分为两类：一是总被引频次中自引所占的百分比（Self-Cited Rate for Total Cites，$R_{SC,TC}$）；二是计算影响因子的分子中自引所占的百分比（Self-Cited Rate for Impact Factor，$R_{SC,IF}$）。学术界普遍关注的是 $R_{SC,TC}$，对 $R_{SC,IF}$研究较少。《中国科技期刊引证报告》（核心版）中给出的自引率是 $R_{SC,TC}$，清华同方的《中国学术期刊影响因子年报》中给出了他引影响因子，未给出 $R_{SC,TC}$。根据影响因子和他引影响因子可以计算出 $R_{SC,IF}$。2015 年新版 JCR（InCites JCR）中新增的 3 个指标就包括他引影响因子，这样就能很方便地计算自引和他引对期刊影响因子的贡献度以及 $R_{SC,IF}$。

2. 自引率在影响因子人为操纵识别中的应用

根据影响因子的定义和计算公式，很显然，提高影响因子最根本的方法是增加期刊前 2 年发表的论文在统计当年的被引频次。其他期刊是否引用自家期刊不易控制，期刊自引就成为提高影响因子最直接、最有效的手段。因为，在论文发表的全过程涉及 3 类行为主体，即主编（编辑）、审稿专家、作者，其中作者是弱势群体，主编（编辑）起决定性作用。主编（编辑）要求作者引用某期刊时，作者为了能够顺利在该刊发表论文，一般没有勇气也没有必要拒绝主编（编辑）提出的引用要求，尽管有时候可能仅仅是建议。过度的人为操纵必然导致期刊自引率过度升高。一般来讲，期刊自引率应小于 20%[①]，异常高的期刊自引率一定存在人为操作的

① 金铁成：《是自引证率，还是自被引率？——对加菲尔德的期刊自引率论断的考证》，《中国科技期刊研究》2016 年第 7 期。

可能。

为了遏制期刊通过提高自引量人为操作影响因子的行为，美国汤森路透集团在 1997 年版的 JCR 中就加入了期刊总被引频次中的自引率（$R_{SC,TC}$）和影响因子构成中的自引率（$R_{SC,IF}$）。中国科学技术信息研究所在 1999 年出版的《中国科技期刊引证报告》（核心版）中专门增加了 $R_{SC,TC}$ 指标。国内消化病学领域某期刊（英文版），曾经因为 $R_{SC,IF}$ 和 $R_{SC,TC}$ 过高一度被 SCI 剔除（2008 年重新入选），眼科学领域某中文期刊也曾因为 $R_{SC,TC}$ 过高一度被《中国科技期刊引证报告》（核心版）剔除。为了最大限度地发挥自引对影响因子的贡献，还不至于使自引率（实际上仅指 $R_{SC,TC}$）明显增加，部分办刊人开始强制或引导作者仅引用该刊前两年发表的论文作为参考文献，也就是马峥文中提到的"通过在影响因子时间窗口内外调节自引操纵指标的行为"。这种行为一定会导致 $R_{SC,TC}$ 小幅增加而 $R_{SC,IF}$ 过度增加。通常情况下，同一期刊的 $R_{SC,TC}$ 和 $R_{SC,IF}$ 应该大体相当，如果 $R_{SC,IF}$ 远远大于 $R_{SC,TC}$，高度怀疑该刊存在人为操作行为。

（二）扩散因子与影响因子人为操纵的识别

扩散因子是指期刊当年每被引 100 次所涉及的期刊数，体现期刊学术影响的集中度，也表征期刊影响力波及的范围。该指标是中国科学技术信息研究所《中国科技期刊引证报告》中的特有指标，主要应用于识别期刊集团或期刊联盟内部期刊之间的互引。其实期刊自引率高的实质，不是自己引自己多了，而是其他期刊引用自己少了。只要大幅度提高他引量，即使有大量的自引也不至于导致自引率过高。因此，各期刊为了充分发挥期刊自引对影响因子提升的作用，而又不至于导致自引率过高，只有关系不错的期刊之间结成期刊集团，集团内部期刊互相引用。这必然导致期刊总被引频次过度集中于少数期刊，扩散因子必将明显下降。如果某期刊扩散因子明显低于同学科其他期刊，高度怀疑该刊有人为操纵的可能。表 10－5 汇总了《中国科技期刊引证报告》（核心版）中我国各师范大学学报（自然科学版）的相关文献计量学指标（按扩散因子降序排列），除了影响因子，其他指标均具有识别人为操纵的功能。表 10－5 中的最后 6 种师范大学学报扩散因子均在 50 以下，最后 2 种期刊低得更加明显。

表 10－5　　我国师范大学学报（自然科学版）相关文献计量学指标

学报名称	影响因子	他引率	扩散因子	被引半衰期	开放因子	互引指数 *
1 师范大学学报	0.149	0.92	75.72	7.4	45	0.44
2 师范大学学报	0.120	0.97	75.52	7.3	49	0.64
3 师大学报	0.207	0.97	71.69	7.2	71	1.40
4 师范大学学报	0.236	0.86	70.12	4.6	33	0.84
5 师范大学学报	0.191	0.98	66.00	7.7	67	1.88
6 师范大学学报	0.205	0.85	63.83	7.5	39	0.56
7 师范大学学报	0.234	0.93	63.43	6.8	54	1.12
8 师范大学学报	0.327	0.92	63.23	6.4	55	1.24
9 师范大学学报	0.316	0.80	62.39	6.7	30	0.20
10 师范大学学报	0.202	0.82	61.54	6.7	36	1.28
11 师范大学自然科学学报	0.404	0.87	61.03	4.7	36	0.80
12 师范大学学报	0.336	0.90	58.66	6.8	59	1.76
13 师范大学学报	0.155	0.83	57.58	5.7	51	1.24
14 师范大学学报	0.254	0.85	57.49	6.9	43	1.00
15 师范大学学报	0.376	0.90	55.47	6.0	54	1.20
16 师范大学学报	0.180	0.74	53.28	6.3	19	0.80
17 师范大学学报	0.307	0.90	52.94	7.9	54	1.04
18 师范大学学报	0.311	0.79	52.16	6.1	31	0.64
19 师范大学学报	0.239	0.82	50.93	6.4	21	0.44
20 师范大学学报	0.371	0.96	50.21	7.8	73	1.68
21 师范大学学报	0.290	0.60	49.28	5.9	11	0.28
22 师大学报	0.468	0.79	49.12	7.7	37	0.28
23 师范大学学报	0.393	0.83	48.85	4.3	27	1.20
24 师范大学学报	0.415	0.62	40.94	4.2	12	0.28
25 师范大学学报	0.346	0.56	35.48	5.4	4	0.12
26 师范大学学报	0.422	0.74	30.19	4.5	14	1.76

* 互引指数来源于 2016 年出版的《中国学术期刊影响因子年报》，其他指标均来源于 2016 年版《中国科技期刊引证报告》。

（三）被引半衰期与影响因子人为操纵的识别

被引半衰期是指某期刊统计当年总被引频次中，较新的一半是在距离现在多长一段时间（以年为单位）内发表的。该指标通常是用来测度期刊老化速度的，它在期刊影响因子人为操纵识别方面的作用几乎未被关注。前文中提到一种人为操纵影响因子的行为，即为了充分发挥自引在提升期刊影响因子中的作用，而又不使期刊自引率明显升高，必须尽可能多地引用该期刊前2年发表的论文。这样一来，期刊总被引频次中必然过多地出现引用该刊最近2年发表的文献，3年前的文献引用明显偏少，直接导致被引半衰期明显下降，实际上就是人为地加速期刊文献老化的速度。因此，被引半衰期若明显低于同学科其他期刊，很可能存在人为操纵影响因子的行为。表10－5中有5种师范大学学报（第4、11、23、24和26）被引半衰期（<5.0）明显小于其他师范大学学报。

（四）开放因子和互引指数与影响因子人为操纵的识别

开放因子是指期刊被引用次数的一半所分布的最小施引期刊数量，体现学术影响的集中度。确定开放因子的方法是，将引用某期刊的期刊按照施引次数降序排列，累计施引次数到50%时涉及的期刊数。该指标是《中国科技期刊引证报告》中的特有指标。

互引指数是某期刊的被引集中度与该期刊所属学科的平均被引集中度之比，用于分析某期刊被引期刊分布广度的合理性。某期刊的被引集中度是指将引用某期刊的期刊按引用该刊的次数由大到小排列，累加该期刊被引次数至总被引频次的50%所对应的期刊数。某学科期刊平均被引集中度为该学科期刊被引集中度的算数平均数。互引指数是《中国学术期刊影响因子年报》中的特有指标。从以上概念可知，开放因子和期刊被引集中度含义完全相同，只是数据来源不同。开放因子和互引指数用于不同学科期刊评价均无意义，同一学科期刊评价中，期刊被引集中度和互引指数是等效的。

无论期刊的被引频次过度集中于1个期刊（期刊自引）还是过度集中于少数几个期刊（小集团互引），被引频次累积到总被引频次50%时涉及的期刊数均明显下降，导致开放因子和互引指数明显低于本学科其他期刊。因此，开放因子和互引指数明显低于本学科其他期刊，高度怀疑有人为操纵的可能。表10－5中的第16、19、21，第23到第26等7种师范大学学报开放因子不足30，第9、21、22、24和25等5种师范大学学报互引指数不足0.3。表现最为明显的是第26师范大学学报，其影响因子在被观察的26种学报中位列第2，但他引率（倒数第4）、扩散因子（倒数第1）、被引半衰期（倒数第3）和开放因子（倒数第4）都较低，可以肯定该期刊一定有大量自引和小集团互引。由于其互引指数（来源于清华同方的《中国学术期刊影响因子年报》）较高，可以进一步确定该刊与大量一般期刊而非统计源期刊互引。若是和大量的统计源期刊互引，其开放因子不应该那么低。

笔者认为，他引率、扩散因子、被引半衰期、开放因子和互引指数等5个指标中，同时有3个及以上指标明显低于同学科其他期刊，基本可以确定存在人为操纵行为；同时有2个指标明显低于同学科其他期刊则高度怀疑存在人为操纵。

总之，现有的文献计量学指标体系已比较完善，只要我们深刻理解各指标的实质内涵，深度挖掘不同指标在期刊人为操纵行为识别中的作用，任何人为操纵期刊被引频次和影响因子的行为都将无处藏身。但是，如果“期刊互引集团”规模足够大的情况下，任何指标都将失去作用。不过，这种情况下，各期刊指标均有所提高，对每一个期刊也就失去了比较优势；另外，“期刊互引集团”过大很容易暴露。这就决定了不太可能出现规模过大的“期刊互引集团”。

三　影响因子百分位在学术期刊跨学科评价中的局限性

期刊影响因子百分位（Journal Impact Factor Percentile，JIFP）是2015年JCR中新增的一个文献计量学评价指标，主要表征某期刊影响因子在所属学科的排序位置，目的是对不同学科期刊的跨学科评价设置一个完全定量的评价指标。同时新增的指标还有标准化特征因子（Normalized Eigenfactor）①。目前，跨学科期刊评价和学术评价是全球科学评价领域的难题之一。JIFP推出以后，国内学者对其进行了有限研究。俞立平②首先介绍

① Yu LP, “Does the Average JIF Percentile Make a Difference?”, *Scientometrics*, Vol. 109, No. 3, 2016.

② 俞立平：《“影响因子百分位”指标的特点研究》，《图书情报工作》2016年第10期。

了该指标的特点，认为 JIFP 的最大优点是通过标准化变换，得出了学科内每一期刊的相对位置，这样可以方便不同学科期刊之间的比较。在第八章，我们采用统计分析的方法，论证了 JIFP 与 JIPR8 的跨学科评价效果。盛丽娜等[①]比较了 JIFP 与 h 指数的期刊评价效果，顾欢[②]比较了 JIFP 与另外一个跨学科期刊评价指标 SNIP 的评价效果。牛晓峰[③]根据 JIPF 的计算公式，计算了 2016 年 JCR 中 85 种图书情报学期刊 5 年 JIFP 和他引 JIFP，并与其他常用文献计量学评价指标进行对比，比较不同 JIFP 在期刊评价中的作用。自 2015 年 JIFP 提出以来，研究者关注的是该指标用于期刊评价和跨学科期刊评价的效果，尚未检索到对 JIFP 局限性的研究报告。由于 JIFP 是由各期刊影响因子在所属学科的排序位置转换而来，所以，影响因子自身的局限性 JIFP 几乎完全继承。在此主要探讨 JIFP 在学术期刊跨学科评价中的局限性。

（一）JIFP 的值过度依赖学科规模

JIFP 是指某期刊影响因子在其所属学科所处的百分位，其计算公式见公式 8－2。

众所周知，JCR 中同一期刊被划分到 2 个或更多学科的现象非常普遍，因此，JCR 中给出的是每个期刊的平均 JIFP（Average Journal Impact Factor Percentile，aJIPF），即某期刊在各所属学科 JIFP 的平均值，其计算公式为：

$$aJIFP = \frac{JIFP_1 + JIFP_2 + \cdots + JIFP_n}{N} \qquad (10-3)$$

公式 10－3 中，N 为某期刊所属的学科数。

根据公式 10－3 计算了 *Adv Funct Mater* 和 *Bone Marrow Transpl* 两种期刊在不同学科的 JIFP（见表 10－6），而 aJIFP 是 JCR 中给定的值，该值正好等于相应期刊在不同学科 JIFP 的平均值。

① 盛丽娜等：《“影响因子百分位”与 h 指数、累积 h 指数对期刊的评价效力分析》，《中国科技期刊研究》2017 年第 2 期。

② 顾欢：《“影响因子百分位”与 SNIP 的跨学科评价效力实证分析》，《情报杂志》2017 年第 7 期。

③ 牛晓峰：《不同影响因子百分位对期刊评价效力的比较研究》，《出版广角》2018 年第 6 期（下）。

表 10－6 **部分期刊在不同学科的 JIFP 和 aJIFP**

期刊名	学科	分区	影响因子	学科排序	学科期刊数	JIFP	aJIFP
Adv Funct Mater	CHEMISTRY, MULTIDISCIPLINARY	Q1	12.124	12	166	93.07	92.92
	CHEMISTRY, PHYSICAL	Q1	12.124	10	145	93.45	
	MATERIALS SCIENCE, MULTIDISCIPLINARY	Q1	12.124	13	275	95.45	
	NANOSCIENCE & NANOTECHNOLOGY	Q1	12.124	7	87	92.53	
	PHYSICS, APPLIED	Q1	12.124	9	147	94.22	
	PHYSICS, CONDENSED MATTER	Q1	12.124	8	67	88.81	
Bone Marrow Transpl	HEMATOLOGY	Q2	3.874	20	70	72.14	70.66
	IMMUNOLOGY	Q2	3.874	47	150	69.00	
	ONCOLOGY	Q2	3.874	71	217	67.51	
	TRANSPLANTATION	Q2	3.874	7	25	74.00	

从 JIFP 的计算公式可知，当 R 值一定时，N 值越大，JIFP 就越大；反之，N 值越小，JIFP 就越小。不同学科内排序相同的期刊，其 JIFP 的大小完全由学科内期刊总数来决定。这必将导致小学科的优秀期刊被低估，大学科的优秀期刊可能会被高估。表 10－7 给出了不同规模学科中影响因子排名第一的期刊的 JIFP，按照期刊 JIFP 降序排列，与学科期刊数降序排列是完全一致的。2016 年的 JCR 中自然科学被划分为 177 个学科，期刊数最少的学科是男科学（ANDROLOGY），影响因子排名第一者为我国的 *Asian J Androl*，其 JIFP 仅为 90.0%，而期刊数最多的学科是数学（MATHEMATICS），影响因子排名第一者为美国的 *Acta Numer*，其 JIFP 达到了 99.839%。国际权威期刊 *Nature* 所在的多学科交叉科学（MULTIDISCIPLINARY SCIENCES）期刊数为 64，其 JIFP 为 99.219%。JCR 的 177 个学科中，期刊数大于 64 者有 82 个，意味着有 82 个期刊的 JIFP 大于 *Nature*，这一排序比 *Nature* 影响因子排序更靠后，与 *Nature* 的实际影响力似乎更不匹配。

另外，大学科的差期刊可能会被低估，小学科的差期刊可能会被高估。比如，各学科影响因子最后一位期刊，即 JIFP 计算公式中 $R = N$，其 $JIFP = 0.5/N$，N 值越大 JIFP 越小。由此确定，数学（MATHEMATICS）学科影响因子最后一位期刊其 JIFP＝0.5/310＝0.161%。

表 10－7 不同规模学科影响因子排名第一期刊的 JIFP 和 aJIFP

期刊缩写名	学科	所属国家	学科期刊数	影响因子	JIFP	aJIFP
Acta Numer	MATHEMATICS	美国	310	6.250	99.839	99.839
Annu Rev Plant Biol	PLANT SCIENCES	美国	211	22.808	99763	99.763
Nat Rev Immunol	IMMUNOLOGY	英格兰	150	39.932	99.667	99.667
Arch Comput Method E	MATHEMATICS, INTERDISCIPLINARY APPLICATIONS	荷兰	100	5.061	99.500	97.817
Exerc Immunol Rev	SPORT SCIENCES	德国	81	7.600	99.383	93.858
Nature	MULTIDISCIPLINARY SCIENCES	英格兰	64	40.137	99.219	99.219
Head Neck-J Sci Spec	OTORHINOLARYNGOLOGY	美国	42	3.376	98.810	90.859
Coast Eng	ENGINEERING, OCEAN	荷兰	14	3.221	96.429	94.814
Asian J Androl	ANDROLOGY	中国	5	2.996	90.000	80.855

（二）过分强调影响因子排序而掩盖了影响因子数值的差异程度

JIFP 是根据期刊影响因子在所属学科的排序转换而成的百分位数位置指标，影响因子具有参数性质，而影响因子排序属于非参数指标，改变了影响因子的统计学特征，很大程度上掩盖了影响因子数值的差异程度。JCR 的 177 个学科，各学科期刊影响因子值的分布形态各异，转换成 JIFP 后，有些期刊影响力将严重被高估，有些期刊被严重低估。表 10－8 给出了 MULTIDISCIPLINARY SCIENCE 和森林学两个学科 Q1 区期刊的影响因子和 JIFP。这两个学科规模相同（都是 64 种期刊），Q1 区期刊都是 16 个。根据 JIFP 计算公式可知，两个学科排序相同的期刊其 JIFP 也完全相同，但影响因子的分布却迥然不同。在多学科交叉科学，影响因子排在第 3 位的期刊，其影响因子不足第 2 位期刊的三分之一，而森林学影响因子排在第 3 位的期刊，其影响因子和第 2 位，甚至和第 1 位也无太大差异。因此认为，JIFP 只反映期刊在学科内所处位置，极大地掩盖了期刊影响因子的数量差异。把影响因子＝40.137 的 *Nature* 等同于影响因子＝3.887 的 *Agr Forest Meteorol* 显然是极不妥当的。再者，虽然 *Nat Commun* 和 *Forest Ecol Manag* 的影响因子在各自学科均排在第 3 位，但是与本学科排名第 2 位的期刊相比，影响因子降低的程度明显不同，*Nat Commun* 的影响因子是 *Science* 的 32.6%，而 *Forest Ecol*

Manag 的影响因子是 *Tree Physiol* 的 83.9%，但二者 JIFP 是完全相同的（详见表 10－8）。

表 10－8　MULTIDISCIPLINARY SCIENCE 和森林学两个学科期刊影响因子与 JIFP 的比较

MULTIDICIPLINARY SCIENCE（多学科交叉科学）					FORESTRY（森林学）				
排序	期刊缩写名	期刊分区	影响因子	JIFP	排序	期刊缩写名	期刊分区	影响因子	JIFP
1	*Nature*	Q1	40.137	99.219	1	*Agr Forest Meteorol*	Q1	3.887	99.219
2	*Science*	Q1	37.205	97.656	2	*Tree Physiol*	Q1	3.653	97.656
3	*Nat Commun*	Q1	12.124	96.094	3	*Forest Ecol Manag*	Q1	3.064	96.094
4	*P Natl Acad Sci USA*	Q1	9.661	94.531	4	*J Veg Sci*	Q1	2.924	94.531
5	*Natl Sci Rev*	Q1	8.843	92.969	5	*Int J Wildland Fire*	Q1	2.748	92.969
6	*Gigascience*	Q1	6.871	91.406	6	*Appl Veg Sci*	Q1	2.474	91.406
7	*Sci Data*	Q1	4.836	89.844	7	*Dendrochronologia*	Q1	2.259	89.844
8	*Ann NY Acad Sci*	Q1	4.706	88.281	8	*Forestry*	Q1	2.232	88.281
9	*Complexity*	Q1	4.621	92.609	9	*Urban For Urban Gree*	Q1	2.113	86.719
10	*Sci Rep-UK*	Q1	4.259	85.156	10	*Ann Forest Sci*	Q1	2.101	85.156
11	*Sci Bull*	Q1	4.000	83.594	11	*Eur J Forest Res*	Q1	2.017	83.594
12	*J R Soc Interface*	Q1	3.579	82.031	12	*Forest Policy Econ*	Q1	1.982	82.031
13	*Res Synth Methods*	Q1	3.018	82.778	13	*Forests*	Q1	1.951	80.469
14	*Philos T R Soc A*	Q1	2.970	78.906	14	*Holzforschung*	Q1	1.868	78.906
15	*PLoS ONE*	Q1	2.806	77.344	15	*Trees-Struct Funct*	Q1	1.842	77.344
16	*P Jpn Acad B-Phys*	Q1	2.324	75.781	16	*Can J Forest Res*	Q1	1.827	75.781

（三）同一期刊在不同学科的 JIFP 差异明显

我们认为，学术期刊跨学科评价的目的是为了矫正引证指标在不同学科的巨大差异，同一期刊在不同学科的指标值差异越小，说明该指标学科标准化的效果越好。然而，同一期刊在不同学科其 JIFP 可能差异很大，而且这种现象非常普遍（见表 10－9），*Agrochimica* 在应用化学学科的 JIFP 是其在土壤科学的近 10 倍。说明 JIFP 这一指标学科标准化的效果并不理想。

另外，JCR 给出的是各期刊的 aJIFP，单一学科期刊 JIFP 与 aJIFP 是相同的，对于隶属于多个学科的期刊，如表 10－6 中的 *Adv Funct Mater* 隶属于 6

个学科，该刊的 aJIFP 是指该刊在这 6 个学科 JIFP 的平均值。我们认为，取最大值作为该刊的评价指标要比平均值更合理，Scopus 的 Journal Metrics 给出的 CiteScore 百分位就是取最大值，即 Highest CiteScore Percentile。

表 10－9 **部分期刊在不同学科 JIFP 的差异比较**

期刊缩写名	学科	学科期刊数	影响因子	影响因子学科排序	JIFP
Agrochimica	CHEMISTRY，APPLIED	72	0.450	63	13.194
	SOIL SCIENCE	34	0.450	34	1.471
Am J Pharm Educ	EDUCATION，SCIENTIFIC DISCIPLINES	41	1.109	23	45.122
	PHARMACOLOGY & PHARMACY	256	1.109	220	14.258
Ann Biol Clin-Paris	MEDICAL LABORATORY TECHNOLOGY	30	0.225	28	8.333
	MEDICINE，RESEARCH & EXPERIMENTAL	128	0.225	126	1.953
Ann Zool Fenn	ECOLOGY	153	1.533	95	38.235
	ZOOLOGY	162	1.533	44	73.148
Arch Hist Exact Sci	HISTORY & PHILOSOPHY Of SCIENCE	60	0.308	40	34.167
	MATHEMATICS，INTERDISCIPLINARY APPLICATIONS	100	0.308	96	4.500
J Am Leather Chem As	CHEMISTRY，APPLIED	72	0.543	62	14.583
	MATERIALS SCIENCE，TEXTILES	24	0.543	13	47.917
P Am Math Soc	MATHEMATICS	310	0.679	143	54.032
	MATHEMATICS，APPLIED	255	0.679	185	27.647
Tissue Antigens	CELL BIOLOGY	189	1.596	161	15.079
	IMMUNOLOGY	150	1.596	128	15.000
	PATHOLOGY	79	1.596	51	36.076

（四）结语

由于 JIFP 完全由影响因子排序转换而来，因此，同一学科的期刊评价 JIFP 或 aJIFP 与影响因子评价效果完全相同。该研究主要基于对 JIFP 计算公式的分析和思考，探讨 JIFP 在学术期刊跨学科评价方面的局限性，并通过实证研究加以证实。其局限性主要表现在以下三个方面：一是 JIFP 的大小与期刊所属学科规模（期刊数量）关系密切，学科规模越大，相同排序的期刊其 JIFP 越大；二是 JIFP 过分强调期刊影响因子排序而忽视了影响因子数值的差异程度；三是同一期刊在不同学科 JIFP 差异很大，而且这一现象还非常普遍。理想的跨学科评价指标应该能够最大限度地平衡不同学科之间的差异，JIFP 的学科标准化效果并不理想。因此 aJIFP 在学术期刊的跨学科评价方面存在明显的局限性。

《旧金山宣言》中指出，经过同行评议的研究论文仍将是科研评价所使用的核心研究产出。因此认为，论文产出的数量和质量依然是学术评价的基础性核心指标，期刊作为学术论文的重要载体，其质量和影响力评价依然是学术评价的基础。全球科学共同体应致力于建立更加科学合理的学术期刊跨学科评价指标，以适应新时期跨学科学术评价的需要。

四 不同学科期刊 CiteScore 与影响因子的比较研究

2004 年 11 月，全球著名的爱思唯尔出版公司在全文数据库的基础上，推出了自己的引文数据库——Scopus。该数据库创立后迅速崛起，成为全球最大的引文数据库，打破了 WoS 在引文数据库建设领域的垄断地位。近年来，对 Scopus 数据库的研究①②和以 Scopus 数据库为数据来源的文献计量学和科学计量学研究越来越普遍③④。2016 年 12 月 8 日，爱思唯尔出版公司依托 Journal Metrics（JM）平台公布了衡量期刊影响力的重要指标——引用分值（Citescore，CS），再次受到学术界广泛关注。巧合的是，美国汤森路透集团于 1963 年创刊 *SCI*，1975 年创立了 *JCR*⑤，均在引文数据库推出 12 年

① Vendemiale G，“Indexed in Embase，Excerpta Medica Database and Scopus Elsevier Database”，*Giornale di Gerontologia*，Vol. 64，No. 1，2016.

② Moed H F *et al*，“A New Methodology for Comparing Google Scholar and Scopus”，*Journal of Informetrics*，Vol. 10，No. 2，2016.

③ Sanchez A D *et al*，“Bibliometric Analysis of Publications on Wine Tourism in the Databases Scopus and WoS”，*European Research on Management and Business Economics*，Vol. 23，No. 1，2017.

④ Moed H F，“Comprehensive Indicator Comparisons Intelligible to Non-experts：The Case of Two SNIP Versions”，*Scientometrics*，Vol. 106，No. 1，2016.

⑤ Garfield E，“No-growth Libraries And Citation Analysis；Or Publishing Weeds with ISI's Journal Citation Reports™”，*Current Contents*，Vol. 2，No. 26，1975.

后建立较为完善的期刊评价指标体系。*JCR* 中的核心指标是期刊影响因子（为了与 CS 表述一致，这一节中把影响因子缩略为 IF），而 Scopus 数据库的核心指标是 CS。CS 被定义为：某期刊前 3 年发表的文献在统计当年被引用次数除以该刊前 3 年发表的文献数（图 10－1），用公式表示如下：

$$\text{CiteScore} = \frac{C_{y-1} + C_{y-2} + C_{y-3}}{D_{y-1} + D_{y-2} + D_{y-3}} \qquad (10-4)$$

公式 10－4 中，y 为统计当年，C_{y-1}为某期刊第 $y-1$ 年的文献在 y 年的被引频次，以此类推；D_{y-1}为某期刊第 $y-1$ 年的所有文献数量，其他以此类推。

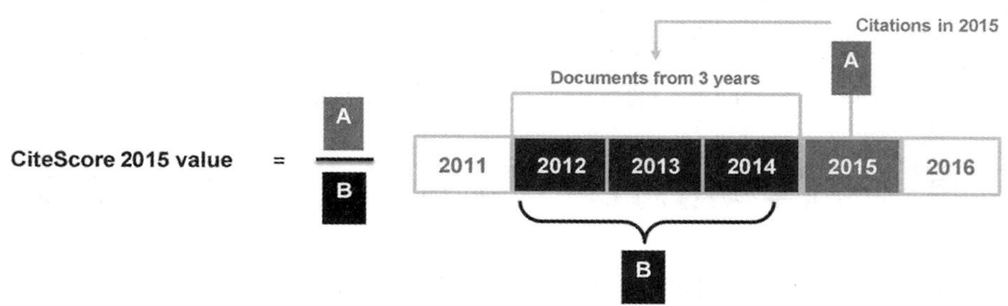

图 10－1 CiteScore 计算示意图

CS 和 IF 是同类指标，都是某期刊一定引证时间窗口内论文的篇均被引频次。二者的主要区别有三个方面：（1）引证时间窗口不同。影响因子的引证时间窗口为 2 年，而 CiteScore 为 3 年。（2）IF 的分子和分母所包含的文献类型不统一，分子为期刊所有类型文献被引频次，而分母仅计数可被引文献（论文和综述）。（3）引证数据来源不同。计算 IF 所用的被引频次来源于 WoS，而计算 CS 所用被引频次来源于 Scopus。该研究对不同学科期刊 CS 和 IF 进行了全方位比较，探讨 CS 的文献计量学特征及其在期刊评价中的作用。

（一）研究对象与方法

1. 研究对象

（1）学科的选择　依据 JCR 数据库中的学科分类，选择自然科学和社会科学学科各 4 个，选择标准：①集合半衰期有明显差异。②学科规模较大，期刊数量较多。最后确定的4个自然科学学科包括纳米与纳米技术、能源与燃料、统计与概率论、地球化学与地球物理学，4个社会科学学科包括伦理学、传播学、政治学、历史学。③两个特殊学科，是指发表非可被引文献较多的学科，主要包括医学（以综合性医学为代表）和交叉学科。

（2）期刊的选择　期刊选择的标准：①JCR和JM均收录，保证期刊既有IF又有CS；②JCR数据库中期刊自引率<10%。

2. 研究方法

（1）IF和CS的获取

从JCR下载选定学科的期刊2015年IF，从JM下载所有期刊的CS，均整理为Excel文档；剔除JCR数据库中自引率<10%的期刊，采用各期刊ISSN号在下载的JM的Excel文档中进行比对，获取相应期刊的CS。

（2）CS、IF与同行专家评分的比较

同行专家评分来源于前期对SCI数据库收录的眼科学和数学期刊进行的问卷调查结果，比较CS和IF与同行专家评分的相关度，以确定CS在期刊评价中的合理性。

（3）数据处理和统计学方法

采用Excel 2003进行一般的数据运算和处理，采用SPSS 18.0进行统计学处理。各学科期刊CS与IF的比较采用非参数检验中的Wilcoxon检验，二者相关度采用Spearman相关检验。检验水准：$\alpha=0.05$。

（二）结果和分析

1. CS与IF总体比较

纳入研究对象的8个学科期刊总数为380种，CS和IF的平均值分别为2.080和1.894，标准差分别为3.003和3.217；最大值分别为23.85和35.267，中位数分别为1.20和1.066。这些数据揭示，IF离散程度较大。Wilcoxon检验结果：CS>IF者274种，CS<IF者104种，CS=IF者2种，$Z=8.821$，$P=0.000$，说明380种期刊总体上CS>IF，差异有统计学意义。Spearman相关检验结果：$r=0.922$，$P=0.000$，二者呈现高度正相关。

2. 不同学科期刊CS与IF的比较

选定的4个自然科学学科中，纳米与纳米技术、能源与燃料2个学科集合被引半衰期较短，属于老化速度较快的学科，统计与概率论、地球化学与地球物理学 2 个学科集合被引半衰期都大于 10 年，属于老化速度较慢的学科。社会科学学科集合被引半衰期普遍较长，伦理学集合被引半衰期相对较短，在社会科学中属于老化较快的学科，历史学科则老化速度较慢。

由表 10 – 10 可知，各学科期刊 CS 中位数均大于 IF，Wilcoxon 检验结果显示，8 个学科中均为 CS > IF 的期刊居多，总体趋势是，老化速度越慢的学科 CS > IF 表现越突出，比如统计学与概率、传播学、政治学、历史学等，CS 和 IF 的差异有统计学意义。8 个学科中 CS 和 IF 均表现为高度正相关，相关系数最高达到了 0.982（纳米与纳米技术），相关系数最低者也达到 0.767（伦理学）。这说明，无论 CS 和 IF 绝对值大小，二者用于期刊影响力评价呈现高度一致性。

表 10 – 10　　**各学科期刊 CS 与 IF 的比较**

学科	期刊	集合半衰期	平均值		中位数		相关检验		Wilcoxon 检验			
			IF	CS	IF	CS	*r*	*P*	IF > CS 期刊数	CS > IF 期刊数	*Z*	*P*
纳米与纳米技术	44	4.4	5.065	4.72	2.046	2.800	0.982	0.000	20	24	0.07	0.944
能源与燃料	24	4.5	4.215	4.56	1.768	2.175	0.978	0.000	8	16	1.829	0.067
统计与概率论	94	10	1.157	1.26	0.920	0.985	0.873	0.000	27	65	3.442	0.001
地球化学与地球物理学	36	10	2.87	3.12	1.922	2.420	0.954	0.000	13	23	1.532	0.126
伦理学	20	7.6	0.914	1.04	0.840	0.895	0.767	0.000	7	13	1.605	0.108
传播学	28	8.8	1.447	2.14	1.229	1.885	0.918	0.000	1	27	4.6	0.000
政治学	65	9.4	1.305	1.7	1.104	1.380	0.908	0.000	11	54	5.574	0.000
历史学	69	10	0.577	0.74	0.418	0.590	0.784	0.000	17	52	4.742	0.000

由于 CS 采用 3 年引证时间窗口，使多数期刊被引频次在更长的时间窗口内得到充分释放，因此多数期刊 CS > IF，尤其是被引高峰来得较慢的学科（慢移动学科，即老化速度较慢的学科）表现更加明显。与 IF 相比，CS

更加有利于慢移动学科期刊的评价。

3. 交叉学科和综合性医学期刊 CS 与 IF 的比较

我们前期研究了 SCI 来源期刊非可被引文献对 IF 的贡献，结果显示，发表非可被引文献较多的、非可被引文献对 IF 贡献较大的期刊多集中在交叉学科和医学学科。由于非可被引文献在 IF 的计算中不计入分母，导致 IF 不同程度“膨胀”。所以，这两个学科多数期刊表现为 CS < IF（表 10－11）。

表 10－11　**交叉学科和综合性医学期刊 CS 和 IF 的比较**

学科	期刊数	平均值		中位数		相关检验		Wilcoxon 检验			
		IF	CS	IF	CS	*r*	*P*	IF > CS	CS > IF	Z	P
交叉学科	40	3.428	2.243	0.933	0.820	0.871	0.000	25	15	1.519	0.129
综合医学	94	3.57	1.739	1.486	1.075	0.871	0.000	63	31	4.508	0.000

对以上 2 个学科期刊进一步研究发现，在交叉学科领域，IF 高出 CS 一倍以上的期刊共 7 个（表 10－12），其中 *Scientist* 的 IF 高出 CS 17 倍以上，*Nature* 和 *Science* 两个国际权威期刊 IF 高出 CS 达 1.6 倍多。在综合医学学科，IF 高出 CS 一倍以上的期刊共 13 个（表 10－13），多数为全球著名的医学期刊，*CMAJ*、*Lancet*、*JAMA* 和 *NEJM* 四大医学周刊分列前 4 位。无疑，这些期刊都是发表非可被引文献较多的期刊。值得注意的是，交叉学科和综合性医学期刊中，IF“过度膨胀”的期刊绝大多数来自美国和英国。其实，

表 10－12　**交叉学科中 CS 和 IF 差异较大的期刊**

期刊名	出版语言	国家/地区	IF_{2015}	CS_{2015}	差异幅度*
Scientist	英语	美国	0.369	0.02	17.450
New Scientist	英语	英格兰	0.285	0.02	13.250
Scientific American	英语	美国	1.138	0.18	5.322
Technology Review	英语	美国	0.373	0.1	2.730
Nature	英语	英格兰	38.138	14.38	1.652
Science	英语	美国	34.661	13.12	1.642
R&D Magazine	英语	美国	0.042	0.02	1.100

注：*差异幅度 =（IF_{2015} － CS_{2015}）/CS_{2015}

表 10 - 13　　**综合性医学学科中 CS 和 IF 差异较大的期刊**

期刊名	出版语言	国家/地区	IF_{2015}	CS_{2015}	差异幅度
Canadian Medical Association Journal	多语种	加拿大	6.724	1.04	5.465
Lancet	英语	英格兰	44.002	7.72	4.700
Journal of the American Medical Association	英语	美国	37.684	6.75	4.583
New England Journal of Medicine	英语	美国	59.558	12.5	3.765
Annals of Internal Medicine	英语	美国	16.44	3.75	3.384
British Journal of General Practice	英语	英格兰	2.741	0.81	2.384
Medical Journal of Australia	英语	澳大利亚	3.369	1.05	2.209
American Family Physician	英语	美国	1.876	0.64	1.931
National Medical Journal of India	英语	印度	0.907	0.33	1.748
QJM-An International Journal of Medicine	英语	英格兰	2.824	1.07	1.639
Clinical Medicine	英语	英格兰	1.632	0.64	1.550
American Journal of Medicine	英语	美国	5.61	2.42	1.318
Libyan Journal of Medicine	英语	利比亚	1.429	0.68	1.101

早在 1999 年，著名科学计量学家 Moed 等①就研究过 *Nature*，*Science* 和 *Lancet* 等期刊 IF 的膨胀问题。因此，Liu 等②提出应对医学期刊和交叉学科期刊 IF 的分子和分母进行矫正，将 IF 的分子设定为可被引文献（Article 和 Review）在统计当年的被引频次，分母为可被引文献数。

4. CS 和 IF 与同行专家评分的比较

眼科学和数学期刊 CS、IF 和同行专家评分的比较见表 10 - 14。同行专家评分采用的是美国眼科医生给美国眼科学期刊的评分，美国数学研究者给美国数学期刊的评分，保证了调查对象对被调查的期刊有足够的了解，所以，结果相对比较可靠。由表 10 - 14 可知，30 种眼科学期刊 CS 与同行专家评分的相关度高于 IF，而 27 种数学期刊 IF 与同行专家评分的相关度则高于 CS，2015 年和 2014 年结果高度一致。这一差异的确切原因尚不清楚，推测可能是数学研究人员对数字有天然的情结，更钟情于期刊的文献计量学评价，他们给各期刊评分时会参考 JCR 中数学期刊的 IF。不过，二者与同行专

① Moed H F et al, "Towards Appropriate Indicators of Journal Impact", *Scientometrics*, Vol. 46, No. 3, 1999.

② Liu X L et al, "Journal Impact Factor: Do the Numerator and Denominator Need Correction?", *PloS ONE*, Vol. 11, No. 3, 2016.

家评分的相关系数差异并不明显，说明 CS 和 IF 的期刊评价效果大体相当。

表 10－14 **眼科学和数学期刊 CS、IF 与同行专家评分的相关度**

期刊	2015		2014	
	CS	IF	CS	IF
眼科学期刊（$n=30$）	0.689	0.632	0.716	0.687
数学期刊（$n=27$）	0.536	0.556	0.505	0.545

（三）研究结论

通过以上分析和讨论，得出如下结论：

1. CS 和 IF 具有高度相关性

不区分学科的情况下，380 种期刊的 CS 和 IF 的相关系数达 0.922；区分学科的情况下，在 8 个学科分别对期刊 CS 和 IF 进行相关分析，相关系数多数大于 0.9。尽管在交叉学科和综合性医学期刊，由于 CS 和 IF 分母计数的不同出现了多数期刊的 IF 大于 CS，但是，二者的相关度依然达到了 0.871。说明，无论 CS 和 IF 绝对值高还是低，用于期刊影响力评价和排序，二者呈现极高的相关度。

2. CS 与同行专家评分具有较高的一致性

无论是眼科学（快移动学科）还是数学（慢移动学科）期刊，CS 的期刊排序和同行专家评分排序之间呈现较高的一致性，尤其在眼科学期刊（相关系数均在 0.6 以上）。而且，眼科学期刊中 CS 与同行专家评分的相关性高于 IF。说明，CS 用于期刊影响力评价和排序具有较强的科学性。

3. 社会科学期刊 CS 比 IF 更有优越性

在选定的 8 个学科中，均表现为 CS > IF 的期刊占多数，慢移动学科（被引半衰期较长）尤其突出，如社会科学中的传播学、政治学和历史学，自然科学中的统计与概率论（学科集合被引半衰期 > 10 年），94 种期刊中 CS > IF 者达 65 种，CS < IF 者 27 种（另外两种期刊 CS = IF）。由于 CS 采用 3 年引证时间窗口，使得论文被引频次在较长的时间内得到充分释放，无疑对大多数慢移动学科，尤其是社会科学领域的期刊评价是非常合适的。

第十一章　影响因子：国外学者述评摘编

刚开始关注影响因子的时候，正是国内学者热烈讨论影响因子的时候，国内有学者撰文明确提出了中国的“SCI 现象”[①]。当时国内很多学者认为，采用 SCI 数据库收录和影响因子高低来评价科研绩效只存在于中国和东南亚国家和地区。很长一段时间我也这样认为，直到 2008 年我看到欧洲科学编辑学会网站上发布的“关于影响因子不合理使用的声明”[②]，才意识到所谓的“SCI 现象”不仅仅存在于中国，也不仅仅在东南亚国家和地区，而是全球性的。就此问题，我们做了详细而深入的调查，并撰文讨论全球性 SCI 现象与影响因子崇拜[③④]。其实，在中国的“SCI 现象”和影响因子崇拜之前，国外早已开始关注期刊影响因子，争议和讨论从来没有停止过。为了让国内读者全面了解全球性 SCI 现象与影响因子崇拜，这一章主要介绍国外学者对影响因子应用于期刊评价的态度。

需要说明的是：

（1）国外学者原文存在的明显错误，摘译整理过程中做了适当的修正。为最大限度地保持原作者的学术观点，对其微不足道的瑕疵，摘编时未进行改正。

（2）不同学者反复提到了影响因子的概念和计算公式，在不影响阅读和理解的情况下，尽可能删减，以避免重复。但是，还是不可避免地存在原作者在表述和论证自己观点的时候引用了相同的内容。考虑到内容的完整性，

---

① 苏玉华：《关于 SCI 现象的几点思考》，《情报杂志》2001 年第 6 期。

② 刘雪立：《解读“欧洲科学编辑学会关于影响因子不当使用的声明”》，《中国科技期刊研究》2009 年第 1 期。

③ 刘雪立：《全球性 SCI 现象与影响因子崇拜》，《中国科技期刊研究》2012 年第 2 期。

④ Liu X L, “Journal Impact Factor: Is It Only Used in China and South Asia?”, *Current Science*, Vol. 105, No. 1, 2013.

这样的重复没有刻意进行删减。

（3）不同年度SCI数据库收录的期刊数量有较大差异，各期刊不同年度的影响因子也各不相同。这一章我们摘编了不同学者不同时期的观点，因此关于SCI收录期刊数量、期刊影响因子值的高低、文献类型的划分等数据不要苛求与当前一致。

（4）摘编的都是国外期刊发表的关于影响因子研究的述评文章，重点在于汇聚和凝练国外学者对影响因子及其在期刊评价中应用的认知立场。个别学者文中的图、表、公式及统计学处理的内容尽可能省略。

（5）按述评发表的年代顺序由远及近摘编。

一　影响因子——比以往更有误导性

[Edwards，R G：1993. Impact factors：more misleading than ever]

影响因子被广泛用于衡量一份期刊与同一学科领域的其他期刊相比发表的论文的质量，它们在科学出版中已取得相当重要的地位。申请资助成功与否，可视申请人的履历所载的引文数目而定。即使是一个部门，也可以通过其工作人员的综合引文数据来判断，如果引文低于临界水平，可能会造成可怕的后果。因此，准确可靠地计算引文数据，保持期刊与作者之间的一致性至关重要。即使是一个小小的错误也会对一个毕业生的职业生涯或期刊的地位产生严重的影响。

我们在汇编中发现了一个重大不一致，期刊引文数据收录在《现代目次》（*Current Contents*）中但未包括在SCI中。据ISI统计，目前有近1000种期刊处于这种情况，其中8种是妇产科和生殖系统学科。

因为这些期刊不包括在SCI数据库中，其自引从数据库中被排除在外，被非SCI期刊引用的所有被引频次也是被排除在外的。

尽管这些修订后的影响因子（不包括自引）比ISI公布的JCR数据对期刊进行了更公平的比较，但它们仍然具有误导性，因为期刊间的自引程度差异很大。

我们计算出，在1989年和1990年期间，有200篇引用了发表在《人类生殖》杂志上的文章，这两年是ISI用来计算最近的影响因子的年份。这将使《人类生殖》的影响因子达到1.836，而不是公布的1.334。遗憾的是，我们无法计算《人类生殖》引文对其他期刊影响因子的影响。ISI最近同意从 1993 年 1 月起将《人类生殖》纳入 SCI。

对影响因子的价值已经有所保留。它们受到文章性质的影响，即它是一篇报告还是一篇综述，因为后者可能会被更频繁地引用。引用的价值也是2—3年过期的，这可能会对新建立的期刊引用指标产生不利影响。在所有这些不可估量的数据中，最不需要的是期刊之间影响因子计算方法有所不同。

二 影响因子可信吗?

[Peters，T J：1999. Impact factors：believe them or not]

《成瘾生物学》（*Addiction Biology*）杂志创刊已 3 年有余，并且已成为有影响因子的期刊。这个影响因子深受研究人员、管理人员以及其他学术研究评估人员的喜爱。影响因子的出现让研究者的求职任命可用两个数字来概括，即他/她发表文章的资助项目总额以及综合影响因子。因此，通过影响因子，任命委员会/研究小组可以进行可控的任命。影响因子也鼓励了研究人员进行高产研究，在提前发表研究结果和小专业研究中可作出权衡。

令人鼓舞的是，《成瘾生物学》以影响因子为 1. 38 的成绩出现在成瘾研究的所有期刊排名中，并且仅略低于其姐妹期刊 *Addiction*。

然而，在这 10 年的公关、斡旋和起起落落中，我们不能忘记期刊的最终成就将取决于我们的作者和读者。只有通过持续提供高质量的科学知识和及时、周到的评论，《成瘾生物学》才能蓬勃发展。这也是我们最重要的承诺。

随着 20 世纪末思想的转变，印刷品逐渐转向电子产品。由于我们出版商的努力，我们在电子出版领域也取得了长足的进步。1999 年，我们越来越鼓励作者以电子格式提交他们的论文，特别是他们论文的最终修订版。这将加快出版并降低办刊成本。

三 影响因子：单纯的数字游戏

[Rogers，L F：2002. Impact Factor：The Numbers Game]

您熟悉影响因子吗?

科研人员在投稿时，影响因子已成为选择投稿期刊的一个重要的考虑因素。这种趋势对于我们欧洲和亚洲的同事来说尤其如此。某一期刊影响因子越高，作者越想投稿，即使该期刊未在该投稿者的本国出版，或者甚至不在他居住和工作的区域出版。只要在有高影响因子的期刊上发表文章，尽管该期刊在外国并且用非母语语言出版，即使该期刊可能并不在该投稿者的国内广泛使用，他也可能会比在自己国家的科学期刊上发表同样的文章获得更高的学术评分。从表面上看，这简直让人难以置信。

那么，影响因子是如何拥有今天的突出作用呢？它为什么能有这样的突出作用从而对研究人员变得如此重要呢？现解读如下。

影响因子是由ISI所创立的一个期刊评价指标。ISI成立于1958年，是一家完全独立的非政府私营商业公司，通过其旗下数据库创建待售产品。如果您需要来自ISI的信息，您必须购买才能获取。该数据库创建的最初目的是将当前世界科学文献中选定主题的列表卖给想要了解其特定感兴趣领域的科研人员。此后，随着数据库的发展，它的其他用途逐渐被发现，其中就包括影响因子。

影响因子最初的建立仅作为科学期刊相对质量的内部ISI指数，是用来帮助公司决定ISI是否应将该期刊收录到其数据库。某期刊的影响因子是通过该刊前两年发表的所有文献的总被引量除以这两年发表的可被引文献的总数，所有数据均来自于ISI数据库。所以，总被引量越多、发表的可被引文献越少，期刊影响因子就越高。其中也有人对ISI的期刊排名提出质疑，并且提供了充分的证据。ISI排名前25位的期刊涵盖了许多知名的精英期刊，如*Nature*、*Science*，*N Engl J Med*和*Lancet*。但是，奇怪的是，这些排名前25的期刊中60%是综述类期刊，他们仅发表对过去文献的综述性和摘要性的文献。也就是说，这些期刊发表的文章没有新的研究，真的并没有什么新的研究！那么，怎么会这样？如果你不发表新的研究，怎么能有“影响”呢？这就是影响因子评估出来的结果啊，这真的是一个不完美的世界。

影响因子也有其他用途，其中一些是原始用途的延伸。图书馆员可以将影响因子作为文献计量参数，用于本机构的图书馆购买期刊的评判标准。出版商也可以使用影响因子来检测和比较期刊和期刊编辑工作的情况。另外，科研人员也可以根据影响因子来选择所要投稿的期刊。

然而遗憾的是，影响因子的应用越来越偏离它最初的设计目的——影响因子居然成为评估科研人员工作的手段。这种情况在欧洲比在亚洲更为普遍。影响因子在美国教师评估中的使用频率较低。但是，在欧洲和亚洲，医学院的院长和管理人员竟然将影响因子作为教师发表文章的质量和重要性的客观证据。某些医学院校采用教师的累积影响因子作为教师级别、职称晋升和薪水的决定因素。因此，科研人员不愿意向影响因子较低的期刊投稿，这便很容易理解了。但是，除英语之外的其他语言出版的期刊很少有很高的影响因子，所以，这就使得他们在这方面处于不利的局面。

一般而言，英文文章更容易被录用。因此，影响因子的广泛使用给非英语国家的医学期刊带来了很大困扰。现今，许多非英语语言期刊均提供英语摘要，以增加引用的机会。世界各地的科研人员都在利用美国国家医学图书馆数据库 MEDLINE（PubMed）进行文献检索，其实并非所有医学期刊都符合入选 MEDLINE 的标准。

所以，科研人员追踪期刊影响因子的变化，并在具有较高影响因子的期刊上发表他们的文章，以获得较高的学术学分。同时，部门领导也鼓励他们的科研人员向这些期刊投稿，以获得较高的关注度。

另外，也有故意操纵影响因子的行为发生。某些类型的文章，例如综述和技术报告，比其他类型文献，如病例报告更易被引用。所以，为了增加期刊的影响因子，编辑便刻意加大出版综述的数量，并降低病例报告文章的发表数量。编辑甚至可能会建议或要求投稿作者在其要发表在该期刊上的文章中采用该刊之前发表过的文章作为参考文献，人为操纵期刊的影响因子。

由此可以看出，影响因子在某种程度上就是一个游戏，但我们并不想参与这个游戏，因为我们的作者和读者对本刊非常满意。因此，我们不愿意为了单纯操纵本刊影响因子而修改本刊的栏目设置。

四　影响因子：事实和传说

[Whitehouse G H：2002. Impact factors：facts and myths]

科学论文的质量最好是通过严格的同行评议来判断，然而，这对繁忙的专家来说是一个费时耗力的工作。因此，人们开始寻求更容易获取的评估科技期刊和论文的定量方法。这就带来了论文或期刊引用率和影响因子的评估实践。“影响因子”这一术语是 1963 年出版的 1961 年版 SCI 中引入的。随后从科学引文中收集数据建立了一个数据库，而这些引文是指出现在大量科学期刊中列出的文章的参考文献。该数据库由费城的 ISI 开发，数据库中列出了其收录期刊发表论文的参考文献，用以显示某一特定时间每篇文章被谁引用过，以及被引用的次数。

期刊的引用率被量化为影响因子，它实质上就是期刊所发表的文章的篇均被引频次。期刊每年的影响因子都会在JCR公布。这一结果具有重要意义，因为它能决定研究经费、人员任期变动、各部委和大学评审、图书馆采购或停购期刊以及科研人员投稿时期刊选择等。目前很多决策通常都是基于科学和医学期刊的影响因子。资助机构和其他组织认为，被SCI数据库收录的特定学术领域的期刊是质量较高的期刊，并把其影响因子作为比较医学和科学期刊质量评价的一种方便、准确、新颖的方法。那么，试问这种假设真的有效吗？

现实情况是，该系统存在较大缺陷。比如，已发表文章对期刊影响因子的贡献有很大差异。Seglen通过对生物化学期刊文献的引用研究发现，被引最高的前50%论文平均被引次数是引用最少的50%文献的10倍。因此，影响因子仅仅是由相对较少但被引较高的文献决定的。Chew等通过研究发现，放射学期刊中10%的论文贡献了50%的被引量。

另外，由于不恰当的可被引文献的定义，SCI中许多期刊的影响因子是不准确的。影响因子计算公式中，分母中仅包含研究论文和综述。但是，分子是所有已发表的文献类型的总被引量，例如述评、信稿和会议摘要。这就会导致影响因子大幅增加。这种情况在*Lancet*这样的杂志中会更明显，因为*Lancet*每年都发表大量的信稿和述评。如果分子只包括研究论文和综述的被引频次，而不是所有文献类型的被引频次，1995年*Lancet*的影响因子将减少35%。那么，同年各种医学和科技期刊更正后的影响因子的差异变化为5%—39%。另外，期刊影响因子可以通过频繁引用以前发表的文献来提高，因为数据库没有区分自引。综述性论文通常会比研究性论文获得更高的被引，因此将有助于增加影响因子。引用率与论文的长度呈正相关，因此较长的论文会提升期刊影响因子。一些方法论性质的文章可能会经常被引用，并会增加影响因子。而多作者和多国合作文章似乎也会对影响因子产生更大的影响。

同时，SCI数据库也存在固有的局限性。全世界大概有126000种科学期刊，而只有少量期刊被SCI收录。SCI数据库的不一致性可能会导致同一大学内不同部门对科学产出的比较存在较大差异。而SCI数据库对英语为出版语言期刊的偏好以及美国作者间的互引和自引可能会产生更大的偏差。

另外，数据库中存在的不准确之处也不可避免。作者可能会引用错误的引文或在参考文献的引用过程中出错。被引用论文可能被数据库遗漏。ISI

也承认他们也没有办法在 1300 万条记录的数据库中识别和纠正错误的引用数据。

文献出版后 2 年内的被引量对影响因子最为重要。较活跃的学科以及快速发展领域的期刊，如分子生物学和免疫学，其文献在发表后的 2 年内会迅速获得较高的被引量，但之后会迅速下降，并且有自引的倾向。这些因素会严重影响影响因子的计算，但与期刊的科学质量相关性不大。大多数学期刊，其文献发表后发挥最大影响的平均时间为 3 年，而放射学和核医学期刊的文献被引达到高峰时间平均为 4 年。然而，文献的老化特征，比如引用高峰和引用下降率均因期刊不同而不同，即使在相同的学科领域其老化特征也不尽相同。《英国放射学杂志》（*BJR*）的引用情况显示，文献发表后的最初 2 年内被引率相对较低，但此后逐年增长。引用半衰期是指某期刊在当年的总被引频次中，较新的 50% 被引文献发表的时长。*BJR* 的被引半衰期为 9.1 年，这比许多期刊的被引半衰期要长得多，从而反映了放射学领域文献的“保质期”。1999 年 *BJR* 的总被引量中只有 12% 来自过去 2 年发表的论文。由于 *BJR* 具有较长的被引半衰期，因此典型论文的引用总数将会比从期刊的影响因子（1.067）推断出的高出 6 倍多。

由于数据库的固有局限性，可以采取哪些措施来改善影响因子评价系统呢？其实影响因子可以从多个方面进行改善。首先，影响因子计算公式的分子应该进行标准化，仅包括在分母中计算的那些文献类型即可。ISI 现在可根据论文和引文提供作者和机构的基本“概况”。这意味着个人或团体在 ISI 数据库中检查其论文的正确性和完整性相对较容易。另外，建立较长引证时间窗口的影响因子可能会让人更加信服。

使用影响因子评价系统的人有责任去对影响因子进行改进。作者投稿时也不必要仅依据影响因子高低来选择期刊，还应该考虑例如在线发表，最合适的受众以及文献的出版方式和出版速度等多方面因素。作者也应确保其参考文献应全面且相关。期刊编辑应就引用论文向作者提供明确的指示。校对者应对参考文献的平衡性和适当性作出指示和改正。图书馆应参考 ISI 近几年的期刊影响因子，并应考虑较长引证时间窗口的影响因子。资助机构应结合申请人和候选人不同研究方向的概况进行评价。评价数据也可以通过同行评审进行补充，从而对个人或团体进行全面评估。

总之，ISI 可以从多个角度去解决影响因子评价系统的一些缺陷和错误。而采用影响因子评价系统获取信息的作者必须了解其局限性；为医学和科学研究提供科研信息的作者必须以恰当和负责任的方式使用被引频次。

五　影响因子：事实和幻想

[Whitfield，H：2002. The impact factor：fact and fantasy]

影响因子对于大多数读者来说是一个谜，对许多作者来说无关痛痒，但对有些作者来说却至关重要。任何一种期刊想要获得影响因子，第一步就是先要入选 SCI 或 SSCI 数据库。想要入选该数据库必须满足几个标准：必须通过同行评审决策过程，期刊发稿内容必须有主题以及主题相关性，期刊必须定期出版，编辑团队应有水准。其实，在这个过程的早期，很明显有一些主观标准会影响决策。那么，ISI 当局的这种自治程度甚至是独断专行都会影响他们作出其他决策。

ISI 工作人员会检索他们数据库中所有期刊的参考文献所涉及的期刊列表，即引用期刊，并通过计算所有引用条目以记录每个目标期刊，即被引期刊的总数。然后分析被引期刊，并确定它们所发表文献的总量，那么，这些文章被认为很有价值，可以作为源文献，即可被引文献。

直观感觉，没有什么比影响因子更简单、更公平的了。但是影响因子确实存在问题。首先，每一种期刊的可被引文献的设置都不相同，例如信稿、摘要、评论和述评的定义方式是不一致的。虽然摘要从未被视为可被引文献，但是如果信稿被视为论文的话，那么它们是要被作为可被引文献参与影响因子计算的。

影响因子的操纵

这就可以理解编辑们为什么把追求高影响因子作为他们的最高目标。如果某一种期刊获得较高的影响因子，那么该期刊的主任或主编会非常高兴。另外，那些来自科研机构的作者，将会根据他们发表文章数量和期刊的影响因子来评价他们所在的部门，因此这些作者期盼在影响因子较高的期刊上发表文章。而另外一些作者可能会对追求高影响因子期刊感到失望，因为他们选择的期刊将不再录用他们想要投稿的那种文章。最好的例子便是病例报告类文章，由于这种类型的文献很少被引用，而且还会作为可被引文献增加影响因子计算公式中的分母，从而降低影响因子。我们只能推测有多少这样失望的作者和读者，本来是某一期刊的忠实订阅者和读者，却不得不订阅和阅读另一期刊。

编辑通过一些方法可以人为操纵期刊的影响因子，这是不道德的。在稿件正式录用之前，编辑们要求作者引用自己期刊的论文作为参考文献，也可以通过审稿人向作者建议引用自己期刊的参考文献，这种做法是违反出版道德委员会（COPE）的规则的，但是这些现象仍旧存在，甚至出现在看似负责任的期刊中。

影响因子的缺陷

（1）其实引用某篇文章并不一定意味着该文章是质量高的文章。反之亦然，学术不端性文献之所以被引用只是因为它们是学术不端文献，是反面的例子。

（2）该期刊的订阅者数量并不影响该期刊的影响因子。

（3）仅发表或主要发表综述性文章的期刊的被引量常常较大。因为对于作者来说，与其研究相关的内容更容易在综述性文章中找到，而不是去费劲查找原始文献。

在这个电子化时代，单篇文献被引用的次数是可以测量的，但并不一定保证这篇文献被引用者所阅读。所以文献被阅读的人数可能是衡量其价值的更现实的方式。

在英国，那些负责监督医学学术部门的人逐渐意识到他们正在使用一个本来就不准确的系统。科研评估是衡量学术部门质量的过程，采用的这种方法至少存在两个方面的缺陷。论文被引的次数是评估文献科学价值的极其粗略且可能具有误导性的方式。其实，影响因子仅适用于期刊评价而不适用于具体一篇文献的评价。所以，高影响因子期刊中质量较差的文章将会人为地受到较高的评价。相反，低影响因子期刊中的一篇有价值的文章会被错误地低估。

那么，这个时间写这篇述评的原因之一，是一些读者和作者可能想知道本刊的影响因子发生的变化。另一种杂志的编辑最近写信给我，说他们的期刊影响因子高于本刊，一个原因可能是我刊的编辑团队没有对作者或审稿人施加压力，要求他们引用本刊之前发表的文章作为参考文献。另一个重要的原因是，随着 1999 年本刊刊名的改变，影响因子的时间窗口变成了一年而非两年。这种异常在计算影响因子时会有影响，并且仅在 Web 上发表一些病例报告和技术操作性文章可能会产生有益的影响。但我们认为变更为目前刊名，对反映国际作者群和订阅者至关重要。本刊主要发行英文版 7000 册，另外 2000 册英文版将在印度印刷且在当地发行，西班牙语版发行 2000 册，土耳其语版发行1500册。

明年，我们的计划是务必确保本刊将继续在世界泌尿学教育中发挥重要作用。我们的出版社也将会一如既往地提供更专业的服务和基金资助。因为，本刊既不属于某一出版公司，也不属于某一学术团体，而是由慈善公司所管理，所以本刊有绝对自由的决策权。

匿名同行评审

在过去几年中，为了提高透明度和公平性，我刊尝试了多种编辑实践。首先，我们引入了一种开放性政策，比如，一篇论文的审稿意见发送给作者，并让审稿人签名。但是，审稿人并不喜欢这种方式，并且造成文章接受率太高，同时也增加了编辑的工作量：一些审稿人碍于面子或人情给出的审稿意见并不真实，但给出退稿意见的评论对编辑来说是机密！由于这些缺点，我们采取了双盲审稿，审稿人对论文的来源不知情，而作者对审稿人的身份也不知情。这项措施在审稿人中很受欢迎，并且对于审稿过程更加公平。

六　评估研究质量的期刊影响因子：恶棍，替罪羊或无辜的旁观者？

[Zwahlen，M：2004. The journal impact factor in the evaluation of research quality：villain，scapegoat or innocent bystander?]

Decker和他的同事在本期期刊中表达了他们对期刊影响因子在评价科研成果质量中的作用。根据他们的研究可知，影响因子在德国发挥了特别突出的作用，不仅用于评价机构，也用于评价科学家个人。他们没有详细地描述德国的情况，而是继续评价期刊影响因子作为一种评估程序的“心理测量属性”，并得出结论：影响因子的使用是有限的，我们不得不通过阅读论文来评估它们的质量。

在这篇评论中，我们将讨论引文分析的一些潜力，并认为需要对研究评估的目标、标准和程序进行更广泛的讨论。我们将英国2001年的研究评估工作作为一个案例展开分析。

引文分析

发表科研成果是研究过程中的关键阶段，但不是最后一步。对发表论文的评价也很重要，例如编审的意见、其他人员的使用和研究人员的引用。研究是一个累积的过程，每一篇论文的发表都是研究成果的积累。未发表或已发表但未引起科学家注意的科研成果几乎没有什么贡献，甚至可能对已发表和已被引用的论文带来偏见。显然，没有办法精确地量化某项研究的价值，但是一篇论文的被引频次是衡量它对其他研究人员影响的替代指标，虽然引用的动机可能是多样的；引文分析是识别重要知识模块的有用工具；许多科学论文从来没有被引用过，而经常被引用的论文趋向于发表在有限数量的期刊上。这些期刊具有很高的影响因子，但这并不意味着它们发表的每一篇论文都能被广泛引用；引文率的分布是不均衡的，它们的影响因子几乎是由相对较少的高被引论文驱动的。换句话说，发表某篇论文的期刊影响因子并不能很好地预测这篇文章可能被引用的次数。此外，期刊的影响因子是可以被操纵的。人们早就发现影响因子不能被用来评价科研产出。

期刊影响因子的心理测量属性

根据定义，影响因子从来都不是测量或衡量研究成果质量的指标。1997年 Seglen 发表了一篇被广泛引用的论文，该文总结了反对使用影响因子一词的论点。Decker 等在评估影响因子“心理测量属性”的框架下重新审视了这些论点。他们这样做的原因有两点：一是这种方法的使用越来越不恰当，二是它受到分子和分母差异的影响。这似乎遥不可及，也难以令人信服。Decker 等没有意识到影响因子是“穷人的引文分析”，它仅被过去两年的数据所定义，而没有考虑长期因素的影响。最后，他们认为科研成果的质量与它发表期刊的影响因子之间没有关联。

英国的研究评估工作

自 1986 年起，英国已对公立大学和高等教育学院进行了正式评估，以提供它们的科研评价活动（Research Assessment Exercise，RAE）。为评估高等教育的学习和教学质量，已经建立了一个独立的系统。RAE 不仅是为了管理资金的分配，而且为了促进高质量的研究。

RAE 的工作方式是由高水平的专业人士进行同行评审。每一所公立大学和高等学院都被邀请提交其科研活动信息以供评估。2001 年共有 68 个评估单元，每个单元涵盖的学科范围都很广泛。大量的专家小组和分小组负责评估这些单位提交的资料。每个小组都编写了一份关于审查标准和工作方法的说明。所有形式的研究（如期刊论文、书籍章节）都被平等对待。评价小组关心的是质量而不是数量。最后，虽然对研究成果的质量给予了最大的重视，但也考虑了其他措施，如外部资助的收入和同行尊重的证据。

结　论

我们认为英国基于同行评审的评价系统是有趣的，这可能是对偏袒和裙带关系开放的，已经得到了广泛的接受。而在德国，对研究质量的评估似乎是以期刊影响因子为基础的，尽管他们都知道影响因子的价值是有限的。有必要对不同国家采取的科研评价方法进行系统的比较分析，以便就如何最好地评价科研成果的质量进行讨论。显然，在任何国家都需要就评估的程序和标准进行公开辩论，并在研究过程中和完成后保持透明度，以防出现如Decker及其同事所表达的那种不满。然而，那些反对一种评价方法的人不得不提出一种更加可靠的替代方法来负责分配社会在研究机构投入的大笔资金。

七　影响因子的有效性和公平性

[Kaltenborn K F：2004. Validity and fairness of the impact factor]

Decker等人的文章讨论了一个非常重要的主题，因为影响因子作为科学评价指标在德国和其他欧洲国家被广泛用于科学家和医学科学的评价。作者选择了一种新颖的评价影响因子的方法作为评价程序，突出了影响因子的心理测量特性。虽然处理文章中所描述的影响因子的所有方面超出了简短评论的范围，但我想重点讨论它的有效性和由此产生的不公平性。正如作者所准确概括的，影响因子缺乏有效性：它基于两年时间跨度的计算，对生物化学和分子生物学等学科是有利的，而对那些半衰期很长的学科是极其不利的。此外，引文行为也取决于具体的研究领域（社会医学研究倾向于引用本民族语言的期刊；对文章、书籍或互联网资源等不同的、基于学科的引用偏好；不同领域每篇文章引用参考文献数量的差异等）。因此，基于影响因子的跨学科比较不仅是不公平的，它实际上也是不可行的。但是，如果医学院利用影响因子为其院系分配财政资源——将分子遗传学、外科、牙科医学、医学信息学和社会医学等多门学科集中在一起，就会产生这种比较。我们需要更多地了解基于影响因子评估的后果。这是特别必要的，因为影响因子与有关人群和机构的政策适用有关，例如，影响因子是作者、期刊和医学学科行为的反馈，最终影响着社会的知识转移。更多的基于定性方面、面向多维评价的方法引起了讨论和应用，而不像影响因子那样是单一的定量参数。对科学家个人的这种定性的、多维的评价可能依赖于：

（1）科学作品的数量与国际影响力（国家和国际语言的文章数量及其他媒体文章数量，以及入选 MEDLINE、SSCI、SCI、Embase、Psychological Abstract 等数据库的论文及其影响力）。

（2）科学作品质量（由专家阅读并评价有限数量的相关文章）。

（3）科学作品对医学知识的贡献和对医疗保健改进的影响（合理使用引用，包括引用本国语言；奖项和荣誉；对专利、指南和医疗实践的贡献；为医疗仪器、医院资讯系统等作出的贡献；列入法律评论和用于社会政策；获得额外的研究经费等）。

（4）医学及高级科学教育的质量（学位论文、博士论文、博士后论文及资格等的指导）。

并非所有项目的影响都相同，例如，科学产出的数量和国际可见度可能比其他的影响要小得多。然而，与美国相比，德国医学长期以来忽视了对医学信息、知识的生产和转移的研究，对科学工作的正确评价似乎将取决于在这些基本过程中是否获得更多的经验和技能。

八 影响因子——可疑的科学质量衡量标准

[Hakansson, A：2005. The impact factor-a dubious measure of scientific quality]

我们期刊2004年的影响因子已经上升到了1.030。这重要吗？是的，当然重要，但不幸的是，近年来影响因子在所有可以想象和不可想象的背景下都获得了不应有的重要价值。我阅读了一篇关于该主题的优秀调查，在本述评中，我想讨论影响因子的使用，尤其是它的滥用。

简单的计算

那么 ISI 是如何为我们的期刊计算 2004 年影响因子的呢？他们把 2002 年和 2003 年发表在《斯堪的纳维亚初级卫生保健杂志》（*Scandinavian Journal of Primary Health Care*，*SJPHC*）上的文章在 2004 年已知的被引用的次数作为分子，把 2002 年和 2003 年发表在 *SJPHC* 上的文章的数量作为分母。然而，事实上，分子包含所有文献的被引频次，而分母只包含研究论文和综述文献。

在本述评中，我没有引用我们期刊过去两年的内容，但这一事实并不会产生负面影响，因为述评并不会计入分母中。另一方面，如果我在 2003 年和/或2004年从*SJPHC*中找到了两个相关的参考文献，并参考了它们，分子将增加2，假设我们每年发表40篇研究论文，本期刊2005年的影响因子将上升0.025。

许多局限性

关于影响因子的使用和滥用有很多研究。在这里，我将简要地描述最重要的局限性，并对它们在实践中的意义作出结论。想要了解更多的相关内容，可以参考原始文献。

因为其两年时间窗口的选择，ISI的影响因子有利于具有较高科学活跃度领域的期刊，并且涵盖期刊较多的领域也会从中受益。因此，不能借助影响因子来比较不同学科领域的期刊。

此外，影响因子偏爱英语期刊，尤其是美国的主流期刊。它也喜欢综述，每25个高影响因子的期刊中有15个是综述类期刊。1997年ISI的SCI估计只覆盖了全球2.5%的科学期刊。

不用说，期刊的影响因子并不能代表每一篇文章的质量。15%的文章贡献了50%的被引频次，50%的文章贡献了90%。因此，"期刊影响因子不应该用来评价科学研究"的原因有很多。

很明显，人们无法用影响因子来比较单个机构的科研绩效，更无法用影响因子比较单个研究人员的研究水平。然而，全世界都在这样做，基于这个有争议的、有50年历史的文献计量指标，许多研究人员获得了科学声誉，也获得了许多资源。

家庭医学期刊

在欧洲的家庭医学领域的期刊中，《英国全科医学杂志》（*British Journal of General Practice*）是最重要的，紧随其后的是《家庭医疗》（*Family Practice*），然后是我们自己的*SJPHC*。另一方面，我发现很难判断三份影响因子差不多的美国期刊的重要性，尤其是当我只知道它们的名字时。基于上述推理，他们的影响因子可能被高估了，至少从欧洲的角度来看是这样的。

编辑的提示

作为一名编辑，你能做些什么来改善期刊的影响因子，即使你知道影响因子是一种可疑的科学质量衡量标准。首先，应该发表更多的文章，尤其是综述文章，以及更多的述评和信稿，同时应该删除所有的病例报告。此外，应该增加可被引用文献的总量，并确保作者不会忘记对您自己期刊的相关引用。最后，应该让您的期刊立即在互联网上即时可见。

九　影响因子游戏——是时候寻找更好的方法来评估科学文献了

[PLoS Med Editors：2006. The impact factor game-It is time to find a better way to assess the scientific literature]

众所周知，影响因子是一个被广泛使用和滥用的科学计量学指标。然而，令人惊讶的是很少有人知道影响因子是怎么计算的，更重要的是不知道用影响因子评估期刊中单篇论文的影响力是极其不科学的。

期刊影响因子关键取决于汤森路透集团数据库所认为的“可被引文献”数量，可被引文献数越少，影响因子就越高。

由于期刊影响因子的大小依赖于期刊中所有文献的被引频次，因此影响因子不能反映该期刊中某篇特定论文的质量，也不能反映某个特定作者的研究质量。当了解到期刊影响因子可以被期刊发表综述（通常比科研论文获得更高的被引频次）的数量或仅仅发表几篇高被引论文而改变，这些观点就变得很容易理解了。

此外，一种期刊的影响因子根本不能说明该期刊在核心科学界之外的阅读和讨论情况如何，也不能说明它是否可以影响科技政策的制定。

尽管影响因子的局限性很明显，但是作者发表论文的期刊的影响因子还是很有影响力的。汤森路透集团也承认，影响因子的发展已经超出了他们的控制，并以许多不适当的方式使用。例如，期刊影响因子被用来决定科研人员能否升职或获得资助。在一些国家，政府资助与否取决于科研机构在高影响因子期刊上发表的论文数量。因此，作者在提交论文时如此关注期刊影响因子也不足为奇了。

编辑部通常会采取一些策略以保持或提高期刊影响因子。例如，通过鼓励作者多引用本刊发表的论文或增加可以获得高被引频次的综述文章数量等方式来增加影响因子计算公式中的分子。又如，编辑部可通过尝试增加发表非可被引文献，减少发表可被引文献的方式来降低影响因子计算公式中的分母。玩这个影响因子游戏的方式有很多，这只是其中很小的一部分。

抛开道德因素不说，这个游戏的一个问题是它的规则是不明确的。例如，编辑试图说服汤森路透集团减小分母，但是该公司拒绝公开他们选择“可被引文献类型”的过程。虽然我们没有想要玩这个游戏，但是因为作者对它的重视我们还是参与了，并尝试去理解它的规则。在经过一次面对面会议、一次电话交谈和一连串的电子邮件交流后，我们意识到汤森路透集团并没有明确的流程来决定哪些文献属于可被引文献。因此，我们的结论是，科学目前是由一个本身不科学、主观和神秘的过程来评价的。

现在是时候重新考虑评估一篇论文价值的整个过程了。第一，虽然任何评价影响力的方法在某种程度上都存在缺陷，但在评估单篇文章、个人或科学家小组的论文的影响力时，使用单篇论文的被引频次评价比使用期刊影响因子更有意义。第二，我们敦促汤森路透集团认真承担责任，提高透明度和引入问责制。第三，我们建议公司员工参与到学者和出版商之间的争论中，并认识到还有其他的方法来衡量学术论文的影响力和可见性。其他衡量科学影响力的方法也可能被广泛采用，例如利用 Y 因子。

随着互联网用户更直接地与已发表文章进行交互，这样的措施可能也会过时。期刊发展越来越迈向电子化，人们可以直接判断论文的质量而不需要影响因子这样的指标来替代。如果作者想要使用一种期刊的影响因子，他们应该理解它能评价什么，不能评价什么。文献的开放获取意味着更好的评估论文和期刊的方法正在出现——我们应该拥抱它们。

十　我们应该抛弃影响因子吗？是的

[Williams, G: 2007. Should we ditch impact factors? Yes]

是的，我们应该抛弃影响因子。对研究质量的适当测度要求对课题有透彻的理解，对证据的平衡评估（可能需要数年才能获得）并最终在专家之间达成共识。总而言之，一个大难题，就像诺贝尔奖委员会几十年来习惯于承认成就和伴随他们所作决定带来的争议。

采用影响因子，表面看这是个比较受欢迎的解决方案。影响因子已经成为期刊科学地位的通用评价标准，含蓄一点说，成为它发表的论文的通用货币。有些杂志喜欢炫耀自己的影响因子，尤其是当像 *Nature* 这样的大牌杂志也这样做时，他们更能原谅自己相信影响因子是可信的和重要的。

遗憾的是，情况并非如此。甚至在大肆炒作的情况下也显示出这种货币贬值得如此严重，恐怕只有天真的人才会认为它有任何价值。当前，影响因子反映期刊科学质量的基本假设在许多方面受到了挑战，包括大量引用评论、自引和 2 年时间窗口。即使一篇论文被证明是垃圾，或者哪怕引用它的唯一理由就是指出这一点，也无关紧要，因为所有的引用都同样重要，对期刊的影响因子也同样有贡献。

往更深层次考虑，一篇论文的地位等同于它所发表的期刊的影响因子，这存在致命的缺陷。每个科学家都知道，同行评议的变幻莫测可以将“不太好”的论文推入“好”期刊，反之亦然。仅仅因为一本“好”期刊的编辑对其大加赞赏，就认为一项研究的内在价值增加了，这显然是荒谬的，甚至连基本的数学也算不上。大量研究表明，一份期刊只有10%—20%的高被引论文贡献了大部分引用量；还有10%—50%的文章可能永远不会被引用。因此，影响因子使得那些没有给学术界留下明显印象的研究能够从碰巧出现在同一期刊上的更引人注目的文章中窃取威望。

在过去的几年里，影响因子的伪科学理论已经被全面推翻。在谷歌学术（Google Scholar）列出的前50篇文献中（访问日期：2007年2月27日），有33篇文献对影响因子有效性的一个或多个方面持批评态度。尽管列出的其他10篇参考文献是影响因子的先驱之一Garfield提出的，但任何实质性的批评似乎都没有得到充分的反驳。因此，不可避免的结论是，影响因子是毫无价值的。那么，为什么在这个批判性的、基于证据分析的时代，它仍然存在？

部分答案是，它是作为一种商业冒险而产生的，由学术界榨取利润驱动的。2003年，ISI对一个潜在的竞争对手进行了有力的法律辩护，这表明引文行业可以赚大钱。然而，最终只有得到学术界的默许和支持，影响因子才能幸存。更糟糕的是，它引出了三个学术界无法引以为豪的属性：易受骗、智力上的草率，以及（对于那些享受在这上面冲浪的人）虚荣心。

可以说，影响因子只是无害的数字干扰，就像音乐排行榜一样。不幸的是，有些人认为这个问题很重要，可能造成真正的损害。如今，许多求职者或晋升者把他们的论文贴上影响因子的标签，而易受影响的评估人员可能会认真对待。更令人担忧的是，有证据表明，大学和资助机构利用个别学者的影响因子概况来决定其就业能力和资助——尽管这在科学上是站不住脚的。

作为学者，我们应该具备评估工作质量所需的一切技能。影响因子是对时间、精力和金钱的无谓浪费，也是那些本应更了解情况的人作出反常行为的强大驱动力。它应该被抛弃，而且越快越好。学者们现在应该承认，我们被欺骗的时间已经够长了，整个学术界现在应该同意把影响因子扔进垃圾箱。至关重要的是，让引文行业保持活力的期刊和图书馆应该效仿。也许*Nature*可以带个头？

十一　我们应该抛弃影响因子吗？不！

[Hobbs, R: 2007. Should we ditch impact factors? No]

Williams认为我们应该抛弃影响因子，而我们则认为应该改良它。

从2008年起，英国对学术研究的资助将有所不同。基于同行评审（高强度、高成本）的研究评估工作将转变为文献计量评分。这类指标包括每年在JCR中公布的期刊影响因子。

当然，与大多数常规收集的数据一样，影响因子也存在问题。其中一些是基本的问题——只有2.5%的期刊被跟踪，并非所有学科都经常引用他人的工作。其他是非质量因素推动了文章的引用，从而改变了影响因子：综述引用的论文数量最多；基础科学引用的参考文献通常比临床科学更多；发展较快的学科（主要是基础科学）能在短期内被广泛引用（在有限的两年时间窗口中提高影响因子）；周刊的被引频次高于月刊（可能是因为周刊能被更广泛的阅读）；专业临床期刊的引用少于非专业期刊；因为国家偏见（尤其是美国）、学科差异和综合博弈产生的选择性引用也时常出现。

尽管存在这些问题，我们仍需要测度质量。我们希望期刊能够发布已经被筛选的资料，以确保它是可靠的、有趣的、相关的或重要的，并且阅读它会带来很多好处。当然，如果我们在工作中受到影响，我们是否想通过引用来确认来源？因此，引文分数能够说服我们通过论点或数据识别那些论文的某些价值和质量。

因此，我们应该考虑解决问题的方法，而不仅仅是抛弃影响因子。例如，将引用的时间窗口延长到两年以上或者调整发展速度较快的学科的引用量。权重可以用来调整期刊的平均引用数量（取决于学科），也可以用来调整国内引用与国际引用的比例。或者我们可以考虑只评价期刊发表的最重要的论文，因为引用率最高的15%的文献占引用量的50%，而引用率最高的50%的文章占引用量的90%。为什么不仅仅测量那些真正有影响的论文呢？毕竟，影响因子之父Garfeld在他1955年的原创论文中主张开发更为复杂的引文评分（以避免引发不可靠的研究和深化历史意义）。

更少，更好的论文

衡量和宣传期刊质量的一个更有说服力的理由是它们的数量太多了。据估计，在一个正在努力应对浪费的世界里有126000种期刊，这是荒谬的。谁会把它们全部读完？有多少期刊仅仅是为了满足“不惜一切代价出版”的不可阻挡的驱动力，而不管质量如何？学者需要产出许多论文的压力太大了，以至于为期刊创造了一个市场，但却消耗了知识、物质和环境成本。我们应该尝试在可被广泛阅读和引用的期刊数量减少的情况下，鼓励进行更加完整和高质量的工作。发表几篇发人深省的高质量论文比200篇低质量论文更适合作为一个有价值的职业目标。初步工作的电子出版可以在不影响引文分数的情况下，进一步激发迭代研究。如果可以免费获得高影响力期刊出版的电子版论文，就可以扩大读者群和期刊影响力。这个系统可能对碳排放更友好——我们打印的论文更少了，可能只占引文的15%。

所有的这一切并不是在说具有一定影响因子的期刊中被引频次较少的论文应该被忽视。而是应该鼓励期刊采取措施，减少部分期刊发表的论文数量。

因此，批评文献计量指标是很容易的，但我们应该试图改进它们，同时讨论如何追踪学术生涯，鼓励少部分更有价值的研究，从而影响更广泛的群体。毕竟，正如Wilde所说：“对于好的建议唯一能做的就是把它传递下去，因为它对自己来说永远不会有任何用处尽管他没有引用。”因此，可以自由引用值得引用的论文，并让调整后的指标对那些少数质量低的期刊也是有利的。

十二 愈发“膨胀”的影响因子

[Wilson，A E：2007. Journal impact factors are inflated]

有研究表明，由营利性出版物发表的科技论文每页的费用是非营利性出版物发表论文的5倍。鉴于图书馆的有限预算，图书馆员必须就哪些期刊需要订阅，哪些维持继续订阅，以及哪些应该取消订阅的问题作出艰难的决定。除了用户对其特定期刊兴趣的反馈之外，许多图书馆员还采用JCR提供的信息来对特定期刊的价值进行排名，进而作出选择。自1975年以来，JCR中给出了SCI收录期刊的影响因子指标。

影响因子是期刊质量的预期指标，因为它可以影响期刊的订阅、利润并能预测科学的重要性，以及影响其所有作者的信誉和声望。然而，影响因子作为期刊评价的一种客观标准的价值已经受到了质疑，因为计算公式中的模糊定义以及可人为操作的编辑实践均可能影响期刊影响因子的大小。

所有作者均希望在高质量且阅读量大的期刊上发表文章，所以他们对期刊影响因子的兴趣很可能会持续增长，并会影响他们的投稿和期刊订阅方式。那么，这将会让出版商采用一定策略来提高自己期刊的影响因子，比如通过提高每篇文章的被引量，或减少发文量但同时保持当前的被引频次等。而一些同行评审期刊的出版商通过：（1）缩短审稿和出版流程；（2）出版已经录用但未经编修的文章，或者在印刷出版之前优先在线出版；（3）免费提供在线论文；（4）定期审查论文；（5）约一些热点论文和大众感兴趣的文章；（6）将有关近期目录的信息邮寄或推送给读者等措施提高被引量和影响因子。同时，在审查过程中也可能发生一些令人不安的策略，例如期刊过度自引或限制对竞争期刊的引用，这些虽未曾报道但很普遍，应禁止此类做法以保护科学诚信。

虽然其中一些策略的初衷可能是降低成本并提高科学出版物的质量以及可用性，但这些策略却造成了影响因子的过度膨胀，所以同行评审文献的专家们应该对影响因子作为质量评价指标持谨慎态度。因此我建议，作者、项目资助机构和图书馆员应考虑采用其他替代性措施来评估文献的价值，例如期刊的范围、目标受众、成本、研究的质量等，而不仅仅是期刊影响因子。对于那些喜欢引文定量测量的人来说，特征因子可能是一个很好的选择。特征因子对期刊排名与谷歌对网站排名相似，采用迭代算法，更加重视来自高质量期刊的引文，并对跨领域引文模式的差异进行调整。因为特征因子对期刊层面自引的过滤作用，所以它较好地规避了对期刊影响因子的暗箱操作。

十三　影响因子强势来袭

［Smith，R：2008. Beware the tyranny of impact factors］

期刊影响因子的应用和解释充满了问题，本文将要讨论这些存在的问题。

影响因子真是一个神奇的数字！它可以将讲师变为教授，让编辑们高兴呐喊，为贫困人士带来财富，也使停滞不前的大学院系起死回生。但它也有黑暗的一面。与米其林之星不同，它还没有导致谁自杀，但这可能只是时间问题。它到底是一个怎样神奇的数字呢？为什么 *Journal of Bone and Joint Surgery*（*JBJS*）的所有读者都对它那么感兴趣呢？

影响因子在学术界，大学院系和学术期刊评价中具有重要意义。当影响因子应用于期刊评价时，它实质上是衡量某一特定期刊的学术论文在广泛的期刊界中的被引用次数。这个概念反映了如果一篇文章被其他文章所引用，那么这篇文章就一定具有价值。

Annual Review of Immunology 的影响因子为 54.445，*N Engl J Med* 约为 35，*Lancet* 约为 23，*BMJ* 约为 9。英国的 *JBJS Br* 表现还不差，影响因子为 1.79。

但是，*N Engl J Med* 真的比 *JBJS Br*“好”近 20 倍，而 *Lancet* 真的比 *JBJS Br*“好”10 倍之多吗？“依我看当然不是”，我想这是 *JBJS Br* 大多数读者的答案，这也是我必须开始解开影响因子的许多缺点的原因。那么，有些读者可能会在读完文章后得出结论，这个神奇的数字并不是仅有好处，它真的存在很多问题。

影响因子在各个学科之间差异较大。一般来说，自然科学，比如分子生物和细胞生物学，免疫学类期刊影响因子较高，另外，应用科学，比如手术类期刊相较前者影响因子低一些。因此，不同学科领域的期刊和学术机构之间要建立一个统一的比较原则相对较难。影响因子另一个缺陷是美国的期刊受益更多。这是因为 ISI 数据库中的期刊主要是美国的期刊，并且美国期刊更愿意引用美国期刊发表的文章，而英国的期刊更愿意引用英国期刊发表的文章。那么，美国的 *JBJS* 的影响因子（2.444）要比 *JBJS Br* 的高，这仅仅是因为它是美国期刊，而不是因为它是一个质量好的期刊。

另外，根据某一科研单位或个人发表的文章所在期刊的影响因子来对他们进行优劣比较，这存在根本性的问题。这是经常会发生的事情，这也解释了学术界对影响因子日益痴迷的状态。单篇文章的影响或被引与该文章所发表期刊的影响因子之间几乎没有相关性。这是因为期刊的影响因子是由少量高被引文章所决定的。*Nature* 杂志研究发现，该刊一年内 89% 的被引量是由其 25% 的文章贡献的。有的一篇文章的被引次数超过 1000 次，而大多数文章被引次数不到 20 次。Garfield 通过对 1900 年至 2005 年间发表的 3800 万篇文章研究，发现只有 0.5% 的文章被引量超过 200 次，而 50% 的文章从未被引用过。因此，采用期刊的影响因子评价某一篇文章的影响力，这是完全不科学的，但目前这种做法却成为一种常规。

影响因子的另一个重要问题在于“可被引”文献的定义。正如许多编辑所发现的那样，增加期刊影响因子最简单、最快捷的方法是减少期刊可被引文献数量，从而减小影响因子计算公式中分母的大小。对于“可被引”文献缺乏可操作性的定义，因为期刊发表的文献类型多种多样，不仅包括研究型论文，还有信稿、评论、述评、新闻、观察类文章等。*PLoS Medicine* 杂志的编辑们指出，他们的期刊影响因子在 3 到 11 之间变化，这种巨大变化是因为他们与汤姆森路通公司辩论了什么是可被引文献。他们认为：“确定期刊影响因子的过程是不科学并且很随意，这一点很明显。我们认为，目前科学正被一个本身就不科学，主观且秘密的过程评定着，这很不合理。”

尽管影响因子的许多问题已被多次提出，但它在评估科学方面似乎越来越重要，许多期刊编辑的主要关注点是增加本刊的影响因子。编辑们“操纵”着影响因子，他们通过研究高被引文章，在自己的期刊上发表较多的基础类文章，即使这些文章对读者来说很晦涩难懂；同时拒绝那些被引量不高的文章，即使这些文章很受读者欢迎；同时发表较多的摘要，因为摘要的被引量算在计算影响因子的分子里，而不计在影响因子的分母里；鼓励甚至强迫作者在他们的文章中增加对其自己期刊文章的引用；最后还飞到费城以胁迫汤森路透集团在计算他们期刊影响因子时减少可被引文献数目。可是，不幸的是，这些期刊均成为了“受影响的期刊”，因为他们发表的是高被引文章，而非读者感兴趣的文章，因为影响因子是由研究人员而非读者定义的。因此，如果编辑们在像 *JBJS Br* 这样的期刊工作，或者是在主要是由临床医生而不是研究人员阅读的大多数临床应用型期刊工作，那么，他们最终可能还是试图增加期刊影响因子，结果是减少了读者量。

随着越来越多的人认识到影响因子的不足，也已有人在尝试寻找文献评价的替代策略，其中之一是测量除引用之外的影响，但还未达到影响因子这样的主导地位，影响因子的影响可能还会持续存在。那么，现在，学术界，编辑和期刊读者应该首先认识到影响因子的重要性，但也要意识到其缺陷并且不要对影响因子太过痴迷。

十四　期刊影响因子和文献被引量指标评价体系：忧虑现状

［Ketefian，S：2008. Impact factors and citations counts：A state of disquiet］

在过去的 10 年中，*International Journal of Nursing Studies*（*IJNS*）编辑和

学者的关注程度一直集中在文献的计量方法研究上，如“期刊影响因子”和“文献被引量”，这些内容在 *IJNS* 杂志前几期的述评中均有体现。期刊影响因子是计算美国汤森路透集团选定的期刊影响力的指标，该公司开发了“ISI WoS”数据库，对期刊是择优选择，而期刊获得“影响因子”的唯一方式是成为其 SCI 或 SSCI 数据库的一分子。目前，许多国家的高等教育机构正在使用期刊影响因子这一评价指标，这些机构的老师有意和无意地选择有影响因子的期刊发表他们的文章。同时，研究机构将影响因子评价指标应用于教师招聘、晋升和任期评估，个人或部门出版物质量的评价以及有关研究动态和部门资金分配的决策制定。同样，大学管理人员和基金资助机构也在用这些评价指标对国内外各机构建立排名，这又使这些指标的作用进一步扩大。例如，在英国，根据新引进的“卓越研究框架”下，研究成果的质量几乎完全由总被引频次决定，取代了传统的同行评议方法。

这种状况造成了世界范围的护理学期刊对他们处于不利地位的一种忧虑。其一，他们的机构和/或政府机关在对部门进行评比时没有对学科进行区分；其二，期刊影响因子和被引量的不当应用；其三，计算这些指标的数据库更青睐英语语言的期刊和美国期刊。这些不满也确实存在。

几年前，一位护理学期刊编辑（该述评的第二作者）意识到护理期刊在汤森路透集团期刊索引列表中代表性较差。她据理力争，并要求国际护理编辑学会（INANE）参与解决这一问题，让有资格的护理学期刊可以进入汤森路透集团期刊索引列表（2005 年仅有 31 种护理期刊）。医学图书馆协会也参与其中，要求汤森路透集团可以增加更多的护理期刊。他们认为，护理知识的传播对于护士改善公众的医疗保健意识至关重要，接触执业护士可使公众了解护理学专业的最佳实践标准，并在护理和医学科学与实践之间作出区分。医学，最重要的是，护理科学和实践并不是单一存在，而是具有多个维度和专业/亚专业的集合。最后，该小组的努力取得了丰硕成果。目前，汤森路透集团的数据库中已收录 75 种护理学期刊，均有影响因子，虽然这些努力值得称道，但有影响因子的护理学期刊数量仅占全球数千种护理学优秀期刊的一小部分，而这 75 种期刊所属国家包括澳大利亚、巴西、日本、瑞士、英国和美国。那么，接下来的持续联系有望改善护理学期刊的纳入数量。

过分强调文献计量学指标评价措施将会对各国护理知识发展产生不利影响，这一问题在护理领域尚未受到充分关注。护理方面的文献综述表明，其他领域已进行了针对特定学科的文献计量学指标的研究，旨在解决文章质量问题及其与被引量和期刊影响因子或期刊知名度和声望的关系，以及为什么学者希望选择高影响因子期刊而不是依据研究方向进行投稿，并分析了这将如何影响他们对本国医疗保健的贡献。这些问题对于护理学至关重要。

总之，护理学有减轻病人痛苦以及解决世界范围内的公众医疗卫生问题和需求的巨大潜力，这一点可通过护理学的相关研究得以实现，而任何不利于这一总体目标的政策和做法都应引起全球护理界的关注。

十五　影响因子的愚蠢行为

[Rothenberg，R：2008. The impact factor follies]

期刊所发表文章的被引用频次除以期刊发表的文章数量，这仅仅是一个比值，该比值能解释的问题是很有限的。分子较大或分母较小，该比值就大，反之亦然。

影响因子中的缺陷较多，如计算中的偏差，非学术性文章的引用，对系统的任意操作，学术推广的不恰当应用等。而仅仅通过使分子和分母一致来矫正该比值并不能解决根本问题。正如道格拉斯·奥特曼在世界医学编辑协会上指出的那样，影响因子并不是质量的评价指标，而是作为引用频率的指标——这两者并不等同。为了与社会网络分析作类比，采用影响因子测量其中心性，即“中心节点”（在这种情况下为期刊）与其他节点联系的程度。只能通过更多的节点联系信息才能判断这种中心性（突出性、重要性，影响力）。

这些争论已经有一段时间了，为什么这个指标仍然存在？已被测试过，且证明其评价能力了吗？或者还要经过时间验证？还是被某一公司所控制？还是不得已而求其次呢？不，我建议应该保留影响因子，因为，毫无疑问，它可用于期刊分类。大型期刊的影响因子较大，小型期刊的影响因子较小。无论喜欢与否，影响因子反映了我们都能认识到的期刊的优劣排序。*N Engl J Med* 的影响力比 Hernán 引用的 3 种流行病学期刊都要大。而在流行病学领域内，这 3 种期刊的影响力比本刊更高。但更重要的是，这 3 种期刊显然彼此之间没有太大差异（影响因子的差别很小），为该领域的一级期刊。本刊和其他一些我们认可的期刊为该领域第二层次的期刊（影响因子也为第二层次）。

但如果影响因子能如此明显的指出期刊的层次，为什么还要为此烦恼呢？对于编辑、出版商和赞助商，它能定性判断期刊的类别，并可以对变更进行评估（本刊影响因子从“1”变为“2”）。那么我们应该抛弃其伪定量的外衣：修正扭曲，但放弃3位有效数字，仅留下整数（也不能四舍五入）。然后，影响因子可以更好地反映期刊层级，并且可以避免明显的微观区域。期刊可以由它所在的公司和它将要被收录的公司来评判。为使用最终的类比，就像哲学家拉姆齐先生在他的思想中设法得到“Q”，也许本刊的影响因子可达到“3”。

十六　期刊影响因子：仍然是个谜

[Bari, A U: 2008. Journal impact factor: still an enigma]

影响因子是因需要评价和比较期刊的影响或表现而发展起来的，到目前为止，影响因子仍是期刊分级、考评、分类和比较的主要定量工具，但影响因子的计算本身就有一些内在的缺陷。影响因子的公式本身导致了一些令人遗憾的结果。因为它是一个比值，所以对分数的分子和分母项的定义必须清晰、明确。影响因子是期刊所有类型文献被引用次数（分子）与论文数量（分母）之比。一篇论文是什么？ISI将文献分为许多不同的类型，但影响因子的分母中只计算“论文”和“综述”的数量，而将所有文献（包括述评、新闻条目、信稿等）的引用数都作为分子。因此，有些期刊有很多书评、信稿、编辑述评和其他类型文献，而这些文献没有被计算在分母中，其影响因子可能比它们应得的要高。一篇综述文章可能不会给科学文献增加任何新的东西，但是它可能比一篇病例报告被引用的次数要多得多，而病例报告可能根本就不会被引用。此外，不发表病例报告的期刊有获得更高的影响因子的机会。即使是那些没有被引用的文章，也会因为决定影响因子的少数高被引文章的影响而得到很高的评级。此外，影响因子与个别科学家文章的实际被引用率之间的相关性往往很差。一些高度专业化的主题被引用的范围非常有限，而基础研究的文章却可以吸引到来自广泛研究学科的学者。虽然教科书的章节是由特定领域的专家编写的，但这些章节并不包括在作为引文来源的数据库中。影响因子也造成了一种将临床期刊视为次要期刊的倾向，因为基础科学期刊会因为其文献的类型而获得更高的影响因子。事实上，影响力需要从临床的角度来定义，也就是说，发表的信息如何从现在到将来帮助我们照顾我们的病人。无论何种刊物其所载的资料是否有助于医生继续接受医学教育，使临床医生能获得最新的知识。为了获得良好的影响因子，我们能否对期刊的内容进行操纵，从而对最终用户（读者和患者）产生不利影响？许多著名的期刊会发表病例报告，即使它们会拖累期刊的影响因子。但大多数读者喜欢病例报告，认为病例报告是一种重要的、经过实践检验的教育资源。我们还认为，它们在继续医学教育中发挥重要作用。有些病例报告确实没有提供任何新的信息，然而，如果没有病例报告，就不可能认识到在不断扩大的医学领域中的新的存在。一些发表在高影响因子期刊上的病例报告比研究论文有趣得多，并且赢得了广泛的读者群。对于发表在我们期刊上的一些病例报告，作者收到了西方世界大量研究者和图书馆的赞赏和转载请求。因此，尽管病例报告对影响因子有不利影响，但期刊不应放弃，因为它们是继续医学教育的有效信息资源。不幸的是，由于期刊论文被引用的多样性，单独使用影响因子不能判断单篇文章或单个作者的科研表现。它只由与文章的科学质量无关的技术细节决定。此外，单独使用影响因子不能为明智决策提供所需的知识信息。

考虑到影响因子巨大的局限性，我们真的应该追求影响因子吗？我们真正追求的影响因子是什么？我们真的应该为了“影响因子”而改变期刊吗？我们需要一个更好的选择来判断工作的质量、实用性和临床影响。

有一个替代指标是临床影响因子（Clinical Influence Factor，C 影响因子），它使用最新版本的教科书及其参考文献来计算临床影响。教科书的章节是由特定领域的专家撰写的，他们对某一主题发表的几乎所有文章都进行了全面的阅读和评判，然后引用更重要的、最新的论文来总结这些信息。为什么不使用他们的参考资料来确定 C 影响因子？这种计算可以消除分子与分母差异的问题以及发表后的时间（两年时间窗口）问题，而侧重于显著的和实际的影响。专业教科书是医学实践和学习的基础，它们对读者、从业者以及患者都有实际意义上的影响。这个 C 影响因子可以通过教科书给定的学科领域中对特定期刊的引用次数来计算。对任何学科领域（章节/主题）可以选择一个特定专业的、主要的且有良好参考文献的教科书。在计算每篇期刊的引用次数之后，我们可以根据它们被引用的频次（以百分比表示）对不同的期刊进行排序。因此，关注某一期刊的引用百分比，而不是总引用数，可以减轻地理因素或任何作者的可能偏倚。C 影响因子是一种比影响因子更具有临床相关性的期刊影响力测量方法，但尚未得到广泛的应用。从本质上说，我们还没有发现一个对期刊、论文或作者的质量进行全面评价和被普遍接受的量化评测指标，它可以被自信地用来替代同行评审和该领域有资格、有经验专家的评估。那些仍然选择使用影响因子作为比较工具的人，应该认识到它的性质及其产生的前提，以及其固有的缺陷和局限性。

十七 崇拜虚假偶像：影响因子困境

[Brumback, R A：2008. Worshiping false idols：The impact factor dilemma]

开始总是那么天真和纯洁！19 世纪中叶，采矿和土方是工业革命中越来越重要的企业。为了拆除岩石和打开矿井，需要一种炸药，但硝化甘油太不稳定，无法实际使用。瑞典科学家、发明家诺贝尔发现，将硝酸甘油与硅藻土混合生产出一种稳定的炸药产品，他申请了炸药专利，该产品很快被采矿业和建筑业采用。20 世纪初，意大利物理学家费米在试图了解原子核结构的同时，发现被中子轰击的原子核会分裂并释放出大量的能量。正如其他人应用这些发现一样，炸药和核裂变都对社会产生了破坏性影响，这是发现者最初无法想象的。宾夕法尼亚大学图书馆的科学家和结构语言学家 Garfield 在第一次核裂变核弹爆炸发生后的四分之一世纪，发现了一种可以用来为他的新出版物《遗传学引文索引》选择期刊的指标。这一期刊指标被命名为“影响因子”。尽管“影响因子”的诞生是无辜的，就像诺贝尔和费米的例子一样，Garfield 的影响因子现在正被其他人用来威胁、破坏我们所知的科学研究。

在人类历史的大部分时间里，科学家人数很少，常常相对孤立地工作，只向亲密的朋友或家人传达研究结果。因此，知识的积累是缓慢的，知识被重新发现了很多次，许多发现者永远不被知道（例如，谁发明了轮子？发现了火？驯养了牛？介绍了算术中的“零”?）。一些著名的发明者只是在死后才得到承认（最著名的例子之一是达·芬奇）。现代科学传播诞生于 1665 年，第一本广为传播的科学期刊、伦敦皇家学会的《哲学汇刊》，由 Boyle（以博伊尔的气体定律闻名，提出封闭系统中理想气体的体积和压力乘积为常数）支持。Boyle 担心，如果没有一份宣示优先权的出版物，其他人可能会窃取他的化学发现的声誉。

自 17 世纪以来，世界范围内科学和工程出版物的数量几乎呈指数增长。

估计各不相同，但据说目前约有40000种这类期刊，虽然只有大约15000种学术出版物，这种学术出版物在提交文章的过程中进行了某种形式的同行评议。而主要的科学索引服务机构选择了更少的期刊列入其数据库：汤森路透集团的WoS数据库收录约7500种期刊，爱思唯尔EMBASE收录5000多种期刊，美国国家生物技术信息中心/国家医学图书馆的PubMed有近5000种期刊。在这些数据库中，最负盛名的是国家医学图书馆，它实际上是Billings在19世纪创立的，他把图书馆扩大到了1876年被称为“国家医学图书馆”的程度，他制作了两份目录——外科总理府图书馆图书索引目录和一个平行的医学期刊索引，称为“医学索引”（*Index Medicus*）。入选国家医学图书馆数据库的期刊必须由同行科学家小组对其质量进行审查。因此，Garfield关于指标（如期刊影响因子，对期刊进行排序并确定哪些应该收录在索引中，或图书馆藏书中）的想法在同行评议过程中可以起到很大的作用。

不幸的是，在过去的10年里，期刊的影响因子被转化为单一的评级，不仅决定了期刊的价值，而且也决定了科学家、机构甚至科学研究的质量。目前，欧洲各委员会和政府广泛使用“影响因子’，北美的使用比例相对较小，用于决定基金的发放以及科学家的晋升和任期。显然，繁忙的委员会成员更愿意根据汤森路透集团提供的简单数字对候选人和机构进行排名，而不愿意承担更繁重的阅读和评估发表的科学论文质量的任务。

2006年*Lancet*杂志的影响因子为25.800，根据对776条“源”文献20021次引用的计算（2005年为360条，2004年为416条）。与此同时，2005年WoS共收录*Lancet*杂志1772篇文献，分别为述评（723）、信稿（474）、论文（348）、综述（86）、传记（77）、更正（43）、新闻（20）和软件评论（1）。PubMed数据库列出了1581个已发表的项目，其中92个被认为是综述。有趣的是，JCR只考虑了360条，即1772条文献中的20%作为分母的“来源”项目。如果调整其他80%的出版文献的分母，将把*Lancet*的影响因子从高傲的25降低到较低的5。然而，在过去5年*Lancet*的影响因子计算中，分母逐渐变小（减少了近40%），导致影响因子上升了65%以上。

很明显，增加期刊影响因子最简单的方法是发表会被引用的、同时又不被计入影响因子分母的文章（事实上，将分母减少到0将是理想的，即使只有一条引文，影响因子也将是∞［无穷大］）。期刊编辑已经认识到操纵期刊影响因子计算的潜力（甚至到了滑稽的程度），但直到最近，一些编辑才改变了发表文章的策略（以降低汤森路透集团将其计数为影响因子分母的可能性)，并在接受论文之前要求作者在论文里添加额外的引文。汤森路透集团拒绝透露其计算细节，其不透明性只会增加对可能的数据操纵的怀疑。在科学界和公众都在哀叹科学缺乏透明度的时候，学者们把自己的职业生涯交到汤森路透集团这样的造假公司手中是不合情理的。

在过去的几年里，已经有人提出了一些可以公开获得的替代“影响因子”的方法。3 年前，谷歌互联网搜索引擎推出了免费提供的谷歌学术，它对科学出版物进行了索引，并可用来识别被引用文章的次数。在线免费软件工具（http：//www. harzing. com/pop. htm）允许快速评估谷歌学术的数据。洛克菲勒大学出版社执行主任 Rossner 建议国家生物技术信息中心“授权出版商向他们发送引文数据”。这样，这些引文数据就可以公开获得，并且可以很容易地用于开发各种可验证的期刊度量标准。现在似乎是适当时机让学术界要求对已发表的科学文献进行有效评估并思考爱因斯坦这句话了：“不是所有可以计数的东西都重要，也不是所有重要的东西都能被计算出来”。

十八　影响因子的背信弃义

[Friedberg，E C：2008. The perfidy of impact factors]

在过去的几年里，我对科学期刊影响因子的不当使用和解释表示了关注和怀疑，影响因子是科学期刊“成功”的一个广泛使用的（但在我看来是不当的）衡量标准。在 2003 年发表的一篇述评中，我引用了一封写给 *Nature* 杂志关于这个话题的信，这封信让人们注意到这样一个事实：“个别论文的被引率基本上与发表论文的期刊的影响因子无关。”我还指出，期刊影响因子受到综述文章和技术论文的强烈影响，因为它们往往比同行评议的研究成果更容易被引用。最近发布的 2007 年影响因子突出了后者的细微差别，*DNA Repair* 的影响因子从 2006 年的 5. 868 降至 4. 018。

无论是好是坏，用于计算影响因子的算法只合并连续两年以上的期刊引用情况。2004 年 9 月/10 月，*DNA Repair* 出版了一期篇幅庞大、并显然被广泛阅读的“特刊”，发表了一些关于某一引起广泛关注的主题的综述文章，在那一期中，大量引用将影响因子从 3. 920 提高到 2005 年的 5. 016，并在 2006 年提高到 5. 868，这（尽管一直持怀疑态度）促使了一篇题为“不断提高的影响因子”令人愉快的述评的发表。在 2007 年，这些综述文章对计算期刊的影响因子已经过时，导致目前下降到 4. 018。这些数据转化为一个简单的事实：如果爱思唯尔希望关注期刊的影响因子作为学术价值的唯一或者主要决定因素，他们可能会支持在 *DNA Repair* 发表更多的综述文章，但明显为经济方面考虑，他们不会这样做。

那么，关心这个问题的读者们如何才能确定 *DNA Repair* 真正的“学术价值”呢？如果你是该期刊的忠实读者，我建议你对该期刊的内容及其自 2002 年以来的成果有自己的主观看法，这或许是最可靠的指标。如果你正在寻找更多客观的信息，你可能需要对以下数据进行反思。从 2006 年到 2007 年，*DNA Repair* 综述的被引量从 836 次显著下降到 162 次。然而，研究论文的被引用数量在上升（从 534 次上升到 766 次）。相应地，综述文章的平均被引次数从 12.116 次下降到 6.770 次，而研究论文的平均被引次数从 2.724 次上升到 3.330 次。期刊论文每年网络下载量是另一个普遍关注的指标。自 2004 年以来，*DNA Repair* 论文的网络下载量稳步增长。

十九　初级科学家寻求结束影响因子竞争

[Brischoux，F：2009. Juniors seek an end to the impact factor race]

由于“影响因子热”的兴起，科学家们面临越来越大的困难，由此引起了争论：这是一种只在高影响因子期刊上发表论文的不健康的痴迷行为。有关这一问题的讨论可在各种期刊上找到（例如，“科学与环境政治中的伦理学”和“生物科学”）。这个问题是科学家应该解决的问题，因为它代表了科学思维在科学本身中的应用。由于这场辩论主要由资深科学家进行，我们认为有必要提供两名初级科学家的观点。

显然，出版的压力是跟文化有关的。根据你所在的国家或你为之工作的机构类型，你可以有不同的体验。如果你在一个私人实验室工作，你可能不会被期望发表任何东西。在公共机构（特别是政府机构），你可能不得不撰写正式的内部报告，但从不发表你的调查结果。你可能会在一个实验室工作，就要在一些非常专业的非英文期刊上系统地发表论文。你可能不得不教很多课程，这本身就是一份工作，但不需要发表论文。最终，你可能会在一个竞争激烈的实验室里做全职研究，并感受到压力，发表全部的研究。尽管情况各不相同，但英语作为一种普遍的科学语言的出现，以及目前科学家（通常是博士和博士后）在各个实验室和国家之间的流动，往往已成为普遍现象。Anglo-Saxon 学术界形成的风俗习惯催生了今天的国际出版政策。

因此，在具有高影响因子的英语期刊上发表文章的压力适用于全球科学共同体。人们似乎普遍认为，它是对科学家必须“发表或灭亡”这句臭名昭著的格言的延伸。然而，初级科学家（博士和博士后）的压力更大，因为他们需要获得博士后职位或建立有竞争力的论文清单才能找到研究职位。世界范围内攻读博士的人数正在增加，这只是问题的一部分。研究职位的候选人知道他们的机会很少，除非他们能有在诸如 *Science* 或 *Nature* 等主要期刊上发表的论文，或者除非他们的研究课题非常的“热”。

这是不恰当的，因为你不能仅仅根据候选人在“大牌”杂志上发表论文的能力来判断一个职位的候选人。判断某人的研究是一个复杂的问题，因为质量取决于各种各样的标准。它不应该是一个主观的决定，但在实践中它通常是。在一位有影响力的研究员的监督下工作的博士生或博士后，在一个涉及许多合作者的大型研究项目中，或者在一个有经济实力的实验室里，被认为拥有比其他人更有吸引力的履历，因此有一个更好的开端。但这并不一定意味着研究人员更专业。这可能仅仅意味着他或她在正确的时间出现在了正确的地点。科学应该吸引有激情的人。那么，它是如何变成一个投机、政治、计算和营销的游戏呢？

显然，与出版相关的压力会消耗一些实践科学的乐趣。最引人注目的影响是在实验室内部，那里的初级科学家的气氛正在恶化，竞争非常激烈。它暗中破坏了同事或朋友之间的关系，使自尊受到损害。“你是否研究过一些性感的东西，并在一种领先的杂志上发表过？”这永远是个无法回答的问题。如果答案是“不”，你是不适合科学，还是只是不适合“时髦”的科学？

适应科学变得不重要，因为影响因子种族占主导地位。年轻的科学家认为，如果他们想生存下去，他们别无选择，只能加入踩踏者的行列。就在几年前，初级科学家还认为，获得高影响因子的论文是一种游戏，为了保持他们研究的可见性，必须偶尔进行。这并不是一个坏习惯，因为它迫使一些研究人员尝试解决比平时更普遍的问题，并将他们的工作提供给更广泛的科学家群体，而不仅仅是他们所在领域的专家。但在当代，年轻科学家将影响因子竞赛视为常态。他们认为，职业发展更多地取决于你发表了多少和在哪里发表论文，而不是你发表了什么论文。质量已经下降到追逐“时髦”科学和论文数量。职业生涯靠一些数字去维系。

这会带来可怕的后果。短期后果是近年来剽窃、“萨拉米切片”（Salami Slicing）论文和其他类型的学术不端行为明显增加。许多年轻的研究人员现在不愿意花时间写论文，而这些论文几乎不可能被高影响因子期刊接受。未能发表有效的研究是不恰当的科学行为，因为它减少了科学界的信息量。

长期的后果会更严重。如果科学家只关注他们的出版记录，那么科学的核心创造力就会受到影响。影响因子竞赛导致了很多科学家以成功发表在著名期刊上的可能性来引导他们的科学道路。随着时间的推移，由于他们必须要发表论文、评审科学手稿和项目、担任期刊编辑和培养学生，这些研究人员将成为决定他们领域未来方向的支点。

任何撰写过科学论文的人都知道，出版是一个缓慢而困难的过程。从初稿的撰写到最终被接受，这往往会让你感到谦逊（对于那些非英语母语的人来说，这是一个更长、更困难的过程）。除非你是个天才，否则匆忙写一篇论文通常会导致不完整的逻辑和糟糕的论述。一篇优秀的论文就像一瓶好酒，需要放松心情，才能真正尝到它的味道。因此，在最好的期刊上发表大量文章是不可能的。此外，我们中的一些人也享受私生活。正如 Clapham 所指出的，"论文是你对科学的遗产。"但按照他的建议，恰当地撰写研究报告需要时间。如果你有未发布的数据是新的，但不至于产生轰动，难道你就没有责任发布吗？什么是更重要的？发光和燃烧，或发展你的理论去捍卫他们？只要数据是隐藏的，你就是唯一知道你是对的人。

人们可以对研究人员感到同情，有证据表明，在学术界生存意味着要对培养一个影响因子分值产生狂热。然而，这是一个道德问题。在目前的背景下获得研究职位的成功是一次得不偿失的胜利。你赢得了一份工作，但你可能会觉得你失去了灵魂。这与最初的科学研究哲学背道而驰。

我们这些初级科学家是当前危机的主要受害者，是当前形势的人质，我们无法改变这种局面，因为我们缺乏权威。因此，我们要求资深研究人员在科学研究的不健康退化甚至永久化之前，帮助我们开发出一种治疗"影响因子热"的解药。我们都必须扪心自问，我们是如何达到如此境地的？就像军备竞赛一样，每个人都害怕停止，以防邻国继续升级。谁会是第一个叫停的人？

二十　期刊影响因子：它将很快消失

[Diamandis，E P：2009. Journal impact factor，it will go away soon]

像许多其他参与各种期刊编委会的研究者一样，我在过去 10 年见证了所谓的“期刊影响因子”的出现。在董事会上，影响因子主导着关于该期刊地位和福利的讨论。在这类会议上花费的大部分时间都是围绕着如何利用任何可能的手段来提高期刊影响因子的战略展开的。人们试图利用传统智慧或技巧寻求分子的最大化，包括寻找高影响力/高质量的论文或发表通常会收到更多引用的文章（例如综述、特刊等），或者尽量减小分母。一般来说，小于 2 的影响因子值被认为是差的，3 到 5 之间是好的，任何大于 5 的都是优秀的，突破 10 的意味着杰出的成功。当影响因子突破某些关口（如 5 或 10）时，就会开香槟庆祝。

关于影响因子及其局限性的文章已经写了很多，我无意重复这些讨论。众所周知，期刊的影响因子主要依赖于一些被引用非常高的少数论文，而不是发表的大量论文。但谁会在乎影响因子呢？出版商对此非常感兴趣，因为他们可以相应地在 2009 年 9 月 25 日将之前在网上出版的期刊推向市场，并宣称它们在该领域的重要性。编辑们感到自豪的是，他们的期刊可能与其他著名期刊处于同一水平。作者可以声称，如果他们的论文发表在高影响因子的期刊上，那么他们的论文就具有高影响力。

以下是一些值得考虑的问题：

（1）一篇发表在高影响力期刊上的论文应该被认为是一篇高影响力的论文吗？答案很简单。如果这篇论文确实具有很高的影响力（从被引用的次数来判断），那么，发表这篇论文的期刊是否具有影响力就无关紧要了。同样的道理也适用于一篇发表在高影响力期刊上的论文，但这篇论文本身被引用的次数很少，这表明，至少从表面上看，这篇论文没有影响力。总之，真正重要的是论文的影响，而不是期刊的影响。

（2）编辑和出版商要考虑的另一个问题是，他们是否愿意每年只发表数篇论文（甚至每年发表 1 – 2 篇论文），发表那种有影响的论文（例如，一种能导致新诊断或新治疗应用的技术或生物学进步），这些论文最终会被大量引用（或可能不会）。另一种情况是，是否要发表许多有一定被引频次（例如，每年 5 – 10 次）但实际上没有任何新突破的论文。如果我是出版商或编辑，我会更喜欢前者。

（3）在我看来，科学出版最终将不可避免地达到一种新的平衡，同行评议将被完全抛弃，作者将在电子期刊上发表论文，读者将有机会在网上发表对论文的评论。这样的模式已经存在（例如，PLoS）。在这一制度下，发表的论文将永远受到审查，这是一种比现行制度强大得多的同行评审形式。

（4）在我看来，期刊的影响因子最终也会失去它的人气。那些对“影响”感兴趣的人应该更倾向于找出能产生影响的论文，而不是那些没有影响的论文。至少可以这么说，将高影响力论文（通过引用次数来判断）与低影响力论文平均起来，并声称出版物的载体是“高影响力”或“低影响力”，似乎有些愚蠢。一些科学家不认为影响因子的消亡会很快，因为它的应用已经如此普遍。我预测影响因子在科学出版中称王的日子将很快消失。它将被真正的影响力指标所取代，即每一篇论文的影响，无论它是在哪里发表的。如果我关于同行评议过时的预测也被证明是正确的，这可能意味着未来将没有“好”或“坏”的期刊，只有期刊。或者，某种类型的存储库，其中的文本可以被存档、阅读和评论，永远！传统期刊，特别是由学会/协会出版的期刊，可能会承担发表新闻/评论/综述的新角色，可能还会刊登与该学科有关的论文摘要，全文可在电子资料库中找到。

二十一 影响因子：一个理性的呼唤

［Hernán，M A：2009. Impact factor：A call to reason］

增加 *Epidemiology* 影响因子的一个简单方法是发表有关影响因子的讨论。一年前，我们发表了一篇关于期刊影响因子缺陷的评论。影响因子是美国汤森路透集团每年为许多期刊计算的比值。其中一个缺点是，这个比值的分子包含了前2年发表在期刊上所有类型文献在当年的被引频次，而分母只包含了同一时期内发表的原始研究论文和其他有实际意义的综述的数量。例如，*Epidemiology* 未来影响因子的分母既不包括去年的述评，也不包括你目前正在阅读的这篇述评。然而，分子将包括我在前一句话中引用的1条文献。也就是说，期刊的影响因子可以通过发表述评和其他非实质性的文章轻易地被提高。

如果你认为这不是衡量科学影响的合理标准，请继续阅读，因为你会发现它会更糟。述评引用了述评。也就是说，述评本身在分子上又加了一次被引用。3篇回复每一篇都引用了这篇述评，则分子上又加了3次引用。此外，我们在对原评论的回复中发表了6篇信稿（在这句话后边引用了6条参考文献）。这些信稿还包括另外13条参考文献。如果你记错了，到目前为止，这一系列的述评、评论、回应和信稿已经产生了28次被引用，这些被引用将成为 *Epidemiology* 未来影响因子的分子，而不是分母。

假设我们每年就一些有趣的话题组织几次讨论，然后在像这样的述评中总结它们。我们可以很容易地增加 100 多篇引文，从而增加期刊的影响因子。交叉引用的评论与原始研究论文的比例越大，影响因子越大。然后呢？我们是否应该停止发表关于热门话题的讨论，以便使影响因子更真实地反映 *Epidemiology* 的真实影响？好吧，我们碰巧相信这种讨论在科学期刊上有正当的地位。与其消除它们以避免影响因子的某些度量标准的膨胀，我们更希望看到一个更合理的度量标准，一个不受评论、述评和观点影响的度量标准。毕竟，正如 Colditz IG 和 Colditz GA 在这个问题上所争论的那样，科学评价需要影响力指标。

一个简单的解决方案是重新定义影响因子，就像前面注释中所建议的那样，分子中只应包含对分母条目的引用。因为汤森路透集团已经收集了原始数据，重新计算修正后的影响因子可能只需要修改几行计算机代码。尽管还存在其他问题，这个简单的修改将是朝着正确方向迈出的一步。

一个重要的问题是，即使是修正后的影响因子也只包括最近 2 年的引用。想象一下，发表在这期 *Epidemiology* 上的一篇文章描述了一种方法上的进步，它改变了所有后续研究的设计和分析。不幸的是，由于后续研究结果的发表通常发生在 2 年以后，一篇对流行病学研究具有如此深远影响的文章将对 *Epidemiology* 未来的影响因子没有任何贡献。同样，修正这一限制也很容易：汤森路透集团不仅可以提供修正后的 2 年影响因子，也可以提供修正后的 5 年影响因子和 10 年影响因子。这种扩展不会有额外的成本。在电子发布的数据库中生成两个额外的列（在更改几行代码后自动生成）。除了更好地反映期刊的长期影响外，延长这一时间窗口可能会提供更加稳定、更加难以捏造篡改的影响因子。

汤森路透集团是一家以盈利为目的的公司，该公司正在为科学界做一项伟大的服务，它建立了一个引文数据库，并将许多信息提供给感兴趣的研究人员。然而，科学文献中提到汤森路透集团往往并不令人满意。在商业企业中，对合理的批评无动于衷和对透明度的无人关注可能是一种习惯，但科学家却不能接受。因此，许多科学家正在研究不依赖专有信息的替代影响力评价指标，这些指标是免费提供的。对于那些目前无法使期刊影响因子再次重现的编辑来说，这些新指标尤其具有吸引力，即使采用汤森路透集团提供的原始引用数据也是如此。在这些新指标出现后，影响因子可能无法生存。或者，汤森路透集团可以让他们的程序员按几个键来生成修正后的 2 年影响因子、5 年影响因子和 10 年影响因子，从而消除当前对影响因子的一些主要批评。为什么不这样做呢？

二十二　引文分析和期刊影响因子——是尾巴在摇狗吗？

［Gisvold，S E：1999. Citation analysis and journal impact factors：Is the tail wagging the dog?］

1961 年 ISI 发布了 *SCI*，它涵盖了大多数主要期刊，它根据 *SCI* 收录期刊的参考文献来计算单篇论文的引用次数。研究单篇论文、科研人员或科研小组被他人引用的频次是很有趣的，研究科学市场引用个别期刊的频率也可能很有趣。然而，在过去的几年里，将期刊影响因子作为衡量科研质量唯一标准的趋势越来越明显。尤其令人沮丧的是，这种情况发生在对此很有了解的学术界。与其他期刊一样，我们迫切需要启发读考、科学家和学术界的领导者了解正在发生的事情。

1. 什么是期刊影响因子？

期刊影响因子表示在给定时间段内期刊论文的平均被引频次。1997 年 *Acta Anaesthesiologica Scandinavica*（*AAS*）的影响因子是1.18。表11－1 中列出了麻醉学主要期刊的影响因子、总被引频次和被引半衰期。被引半衰期是指期刊从当前年度向前推算，引用数占截至当前年度被引总数 50% 的年数。当与总被引频次一起看时，它说明了出版物影响力持续的时间。

表 11－1　　一些麻醉学期刊 1997 年的引文指标和影响因子

期刊名称	总被引频次/次	影响因子	1997 年论文数/篇	被引半衰期/年
1. *Anesthesiology*	18882	4.625	348	6.5
2. *Anesth Analg*	11126	2.83	491	5.3
3. *Br J Anaesth*	7998	2.241	277	6.9
4. *Reg Anesth*	1099	1.513	85	4.7
5. *Anaesthesia*	5317	1.489	201	6.8
6. *J Neurosurg Anesth*	357	1.333	54	4.2
7. *Can J Anaesth*	2951	1.316	206	5.7
8. *Acta Anaesthesiol Scand*	3156	1.18	354	6.7
9. *J Clin Anesth*	816	0.916	127	4.2
10. *Eur J Anaesthesiol*	584	0.914	106	4.8
11. *Anaesthesist*	1168	0.888	160	5.1
12. *Anaesth Intensive Care*	1239	0.846	105	5.3

注：基于 1995 年和 1996 年发表的论文在 1997 年的被引频次。

期刊影响因子是基于论文被引频次计算的。在判断其有用性时，我们必须考虑两个基本假设：

一是引用的数量是否反映了质量？已经有人努力将同行评议与论文被引率联系起来。两者之间似乎存在微弱的相关性。对诺贝尔奖获得者的出版物进行调查，证实了在他们获得诺贝尔奖前就有很高的被引率。换句话说，至少对诺贝尔奖获得者来说论文的被引频次在一定程度上反映了质量。然而，还有许多其他因素也会影响论文的被引率。最重要的就是学科差异的影响。有些学科领域能比其他学科容易获得更多的引用；在免疫学和分子生物学等发展速度较快的学科领域更是如此。这些学科期刊的影响因子要比那些发展速度较慢的学科高得多。在一个快速发展的领域将会有大量的可被引论文自动得到高被引率（从众效应）。许多期刊也有较大数量的自引，北美人大多引用北美人的论文。有时你也会引用文献来恭维、讨论或反对。毫无疑问，除了质量外影响论文被引率的因素还有很多。

然而，论文多年来被引用的次数可以向我们反映这篇文章对科学市场的价值。质量只是其中的一部分。

二是期刊影响因子是否反映了某篇论文被引用的频率？这是一个关键问题。期刊影响因子被用来测量质量。如果一篇论文发表在影响因子为 4 的期刊上，那么数字 4 就被指定为这篇论文的质量指标。许多机构将其发表论文的数量与其所在期刊的影响因子相乘，并将得到的影响力分数相加作为评价期刊质量的主观指标。这样就公平了吗？当这样做时，需要假设期刊影响因子（期刊发表文章的平均被引次数）与相关论文的被引频次存在相关性。但这已经被研究证实过了，它们之间不存在这样的相关性。事实上 20% 的论文贡献了期刊总被引频次的 80%，很大一部分论文根本没有被引用过。换句话说：当用期刊影响因子评价论文质量时，它会提升不好的论文，低估好的论文。这几乎是不可取的，更令人吃惊的是这种方法被学术机构采用。很容易理解为什么要这样做，个别期刊的影响因子早已被人们熟知。论文的质量分数可以被即刻给出，任何人都不必通过读全文来判断其质量。如果要使用绝对被引频次（如果你认为被引频次可以反映质量的话，这是明智的做法），至少需要等 2－3 年才能知道某篇论文被引用的频率。公平地说，如果被引频次被用来衡量论文的质量，那么这就是你应该做的。

2. 是否允许用期刊影响因子对期刊质量进行评估？

推出期刊影响因子的目的是为新的和较小的期刊有机会在科学市场上得到认可。这有一定的价值。期刊影响因子表明了一些（并不是全部）关于期刊对科学市场的影响。然而，并不能把它当作衡量期刊质量的唯一指标。期刊影响因子是基于分子和分母构建的。尽管 *Regional Anesthesia* 和 *Journal of Neurosurgical Anesthesiology* 等期刊的论文和总被引频次都远低于我们期刊，但影响因子均高于我们的期刊。我们的总被引频次为 3156，而上述两种期刊的总被引频次分别为 1099 和 357。这个数字反映了用总被引频次衡量科学市场的总影响力。我并不是说"年龄和体重"应该被认为是衡量质量的指标，但把期刊影响因子作为衡量期刊质量的唯一标准似乎也是错的。它不能反映期刊总影响力，也不能反映期刊持续影响力，仅仅涵盖了一个非常狭窄的时间窗口（2 年）。还应补充其他信息，如总被引频次和总论文数。如果用总被引频次替代期刊影响因子来对期刊进行排名，那么排序差异将非常明显。

正如最近 *Acta Paediatrica* 一篇述评所指出的一样，一个人因为发表大量增刊而受到严厉惩罚。*AAS* 多年来将许多来自会议的论文作为增刊内容发表。期刊影响因子因此大大地降低了。尽管这些增刊具有一定的教育价值，但它们损害了期刊的名誉。

3. 为什么在高影响力的期刊上发表论文很重要?

在高影响力的期刊上发表论文可以给作者带来声望。即使没有进行文献计量学分析，我们也都知道在 *N Engl J Med* 和 *Lancet* 等期刊上发表一篇论文是件好事。然而，如果你发表论文的目的是让你的研究被科学界所知晓并建立一定的联系，那么最重要的是将它发表在可以被主要数据库索引的好期刊上。如果吉隆坡的 X 博士对你研究的主题感兴趣，他在电脑上输入关键词，你的论文就会出现在他的屏幕上，不管它是发表在 *N Engl J Med* 上还是 *Regional Anesthesia* 上。然后他将找到你的论文，而不考虑期刊的影响因子是多少。如果你的论文有趣，他将会引用它。记住：单篇论文的被引率决定了期刊影响因子——反之亦然。

4. 期刊影响因子决定了资金流向

如今，期刊影响因子被（错误地）用作研究质量的直接衡量指标。它被用来评价研究人员、研究团体和部门，也被用来指导发表论文的奖励标准。在斯堪的纳维亚和欧洲其他地区的许多大学都是如此。我确信图书馆员也是依据期刊影响因子来决定采购哪种期刊。在我看来，这几乎是犯罪行为，因为它是由学术机构实施的。正如依据多次证明的那样，期刊影响因子与单篇论文的实际被引率之间不存在相关关系。不能基于这一不完善的指标作出重要的政治和财政决定。

5. 我们应该故意杀死斯堪的纳维亚和欧洲医学期刊吗？

在美国，由于大学使用期刊影响因子来进行资金管理，自然而然地有许多人把他们最好的科研成果投给具有高影响力的期刊。通过这样做，我们系统地支持并进一步加强了美国的大型期刊，慢慢地、心甘情愿地砍掉我们自己的期刊，或者将它们降低为三流期刊。由于未来几年电子市场的竞争会非常激烈，期刊和出版商将面临巨大的挑战。美国可能逐渐成为一个科学超级大国，接管所有高质量科学出版物的控制权，这不符合多数人的利益。这不仅是你在哪里发表论文的问题，也是保护欧洲科学家和科研机构创造力的问题。

最后，我要引用 *BMJ* 名誉主编 Lock 在 1993 年瑞典医学会举办的关于医学期刊未来的研讨会上的话：“值得注意的是，科学家可以依靠这种非科学的方法来评估论文的科学质量，作为其发表的期刊的影响因子”。

正如 Garfield 自己在最近一次会议上所说的那样：“看起来似乎是尾巴在摇狗！”

二十三　影响因子：是维生素还是毒药？

[Pêgo-Fernande，P M：2010. Impact factor：vitamin or poison？]

文献计量指标是衡量科学知识产生和传播的工具。由于需要定量和定性地研究科学生产和交流活动，文献计量学于 20 世纪初开始出现。

尽管存在着各种各样的文献计量指标，但最突出的指标还是影响因子。自 1972 年以来，每年的影响因子由 ISI 计算，并通过 JCR 发布。

影响因子的发展历程可追溯到 1963 年，当时 ISI 的创始人 Garfeld 创造了第一个引文索引，即 *SCI*。然而，Garfeld 想要另一种工具，从某种程度上来说不仅可以评估文章的数量，还可以评估文章的相关性。影响因子表明给定的科学材料对论文被引频次而言是重要的。

当大学人员晋升协调办公室开始使用影响因子作为制定 Qualis（一个用于评估科研产出的系统，经常用来管理科研基金的分配）的最大权重指标时，影响因子在巴西科学界的重要性突然就提升了。从那时起，巴西研究人员为了在 Qualis 中实现更好的排名，从而确保获得基金的资助，在选择期刊发表论文时越来越谨慎，因此，影响因子在这种选择中发挥着重要的作用。

作者依据影响因子选择期刊的这一特点已经被转化为巴西期刊编辑新的考虑因素：使他们的期刊可在 ISI 数据库中进行索引，并以此作为巴西期刊在本国和国际科学界具有竞争力和吸引力的一种手段。巴西编辑的这项工作已经取得了成果：2008 年，巴西只有 31 种 ISI 期刊，但在 2009 年，巴西的 ISI 期刊跃升至 72 种，增幅为 132%。巴西期刊影响力提升的另一个措施是扩大在其他新兴国家期刊中的地位：2008 年，巴西有 8 种期刊在 BRICK 集团（巴西、俄罗斯、印度、中国和韩国）的 100 个最佳分类期刊中，而在 2009 年这个数字上升为 11 种。例如，依据目前的 JCR 版本（2009 年），《圣保罗医学杂志》（*The Säo Paulo Medical Journal*）的影响因子为 0.746，在所有巴西期刊中排名第 16 位。

目前，已经有学者对影响因子的使用提出了各种各样的批评，并且也讨论了引文计量的真正用处是什么。影响因子的有效性甚至也受到了质疑。之所以发生这种情况，是因为该指标可以通过某种方式，如自引或增加每篇文章可被引用次数来进行操控。另一个批评的观点认为，发表较多综述类文献的期刊可能比仅发表研究论文的期刊具有更高的影响因子。每个学科领域的期刊都有不同的影响力特点：期刊较少的学科如胸外科，期刊的影响因子低于那些主流学科如心脏病学的期刊。因此，在解释特定期刊影响因子的价值时需要考虑各种因素，尤其是关于如何使用影响因子对科学家或机构等进行评价时。其他一些不为熟知的文献计量学工具可用于尝试纠正一些对影响因子误用的情况，例如特征因子，它最大限度地减少了自引引起的问题。

在巴西，影响因子作为 Qualis 评价的主要指标是一个值得深思的问题。最近发表了一篇由巴西各期刊编辑联合签名的述评，该述评质疑了 Qualis 系统的标准并呼吁改变这些标准。

尽管如此，没有人反驳科学计量学指标仍然需要存在的事实，因为它们代表了现代科学的必要性。在目前情况下，尽管知道影响因子是不完美的，但它构成了最为广泛传播的工具来证明其作为主要的文献计量参考是合理的。

二十四　SSCI 及其影响因子："囚徒困境"？

［Svensson，G：2010. SSCI and its impact factors：a "prisoner's dilemma"?］

本文通过对 SSCI 及影响因子概念的分析，描述和讨论了可能影响或操纵期刊影响因子的一系列问题。

关于 SSCI 和它的影响因子，有许多“赞同”和“反对”的观点。例如 SSCI 和影响因子有一些明显的优点：

· 具有广泛的国际覆盖面；

· 可获得性（如网络）；

· 相对其他措施更具有扩散性和知名度（如声望、声誉或受欢迎程度）。

SSCI 和影响因子也有一些明显的缺点：

· 国际覆盖面不均衡；

· 很少收录英语之外的其他语言的期刊；

· 很少收录不发达国家的期刊；

· 在某些学科的应用方面，缺乏有特色的小众期刊和有影响力的期刊。

期刊发表论文的被引频次并不能真正地反映期刊的质量。影响因子仅仅是对期刊受欢迎程度和可用性的估计。发行量低的期刊很难达到绝对高的影响因子。影响因子只能反映期刊和论文影响力的部分情况。实际上，SSCI 和影响因子可能存在着潜在的误用。

遗憾的是，学术评估有时会建议学者在何处发表学术成果，这可能会对已经完成（或打算完成）的研究产生偏见，并影响每个学者工作的价值。影响因子不应该被视为一个绝对值，而是一个可能在不同学科具有不同含义的度量值。因此，直接比较学者、大学是毫无意义的。实际上，它的有效性和可靠性可能与实际情况存在偏差。

SSCI 包括多个学科的国际期刊，这些期刊都是经过申请和筛选后才被收录的。这种对市场营销期刊选择的限制可能会促使市场营销和研究工作产生偏差，也会增加被收录期刊和未收录期刊之间的隔阂。

此外，SSCI 和影响因子也可能受到其算法的影响，出版商、编辑部、编辑评审委员会甚至作者可以制定相应的策略，努力在实际操作中受益。

二十五　期刊影响因子：圣杯？

[van der Wall，E E：2012. Journal impact factor：holy grail?]

目前，科学界用一些文献计量学指标来确定科学期刊的影响力。其中一个就是 SCI，它是帮助图书馆员管理书目和规划采购费用的有效方式。SCI

量化了特定出版物的被引频次。其次是用于计算期刊影响力的特定参数——期刊影响因子。但这两个指标后来的发展与最初设计的本意不同，常被用于量化测量科学家和科学家发表论文的期刊的质量。第三个参数是h指数，试图衡量科学家的科研产出力与学术影响力。h指数是基于科学家高被引论文数以及引用次数建立的。对许多个人和机构来说，h指数已经变成了“炒作”指数。

影响因子到底有多重要？随着时间的推移，影响因子已成为科学期刊领域的圣杯。许多作者希望在影响因子最高的期刊上发表文章，因为这将提高他的科学形象、专业形象和学术生涯前景。在一些机构或部门中，发表论文在影响因子低于5的期刊上甚至被视为“平庸的科学作品”。因此，每一位期刊编辑都努力改善他们期刊的影响因子，因为它被出版商视为期刊质量好坏和成功与否的指标，决定了该期刊赞助商或出版商提供资源的程度。然而，有许多混杂因素可能会对影响因子产生干扰，至少会挑战影响因子的科学性。有几种方法可以人为地改善期刊的影响因子。从主编的角度来看，可以增加论文的被引频次，也可以减少发表论文的总数。有很多使用这种策略的例子，例如，编辑会鼓励（甚至是强迫）作者引用他们期刊发表的论文，故意发表大型企业支持的实验以增加更多的引用，从而操纵期刊的影响因子。这也通过转载销售增加了期刊的收入，因此可能成为期刊利益冲突的根源。此外，故意限制研究论文和综述论文的数量，成为了增加影响因子的另一种方式。年终发表一篇综述，通常涉及（引用）去年同一期刊上的100多篇论文，在许多期刊中已经成为一种“时尚”的方法。编辑们也越来越多地使用这些操纵方法来改善或维持期刊的影响因子。在我看来，这些编辑政策在诚信的边缘上保持平衡。

Darmoni等2002年提出了一个“阅读指数”来替代影响因子，“阅读指数”等于特定期刊内文章的电子页面浏览量与总体电子页面浏览量的比率。作者利用该比率对46种1997年影响因子变化很大的生物医学期刊进行了研究，发现期刊的影响因子与阅读指数之间没有相关性。这说明了影响因子的不足，即使它最初的目的是衡量期刊使用情况和吸引读者。

然而，目前还没有获得足够支持的可以替代影响因子的指标。由于影响因子的应用越来越制度化，无论是在学术上还是在商业上，都不太可能很快就开发出替代品。在那之前，我们只能任凭这个“穷人最好的”参数来决定一个真正的期刊质量指数。

二十六 影响因子和杰出论文奖

[Zhang，Z Y：2012. Impact factor and outstanding paper awards]

亲爱的读者：如您所知，IEEE《自主心理发展汇刊》（*TAMD*）创刊于2009年，旨在支持自然和人工智能的跨学科研究。汤森路透集团最近发布了2011年期刊引证报告，其中就包括*TAMD*的第一个影响因子（2.310）。这是本刊一个很好的开始，我要感谢大家的支持，并期待您的不断支持。您随时都可以阅读、下载和引用IEEE *TAMD*发表的论文，越多越好，并可以告诉您的朋友、同事支持本刊，在此表示诚挚的感谢。另外，期待您将大作投稿于本刊。

此外，我想与您分享我们在建立IEEE *TAMD*杰出论文奖方面所取得的进展，每年我们都将对发表于本刊的论文评选出最佳论文。该提案已经得到IEEE计算智能学会的批准，正在等待IEEE的最终审批。以下是该提案的一些要点：每年将颁发3个奖项。每个奖项包括1000美元的酬金，论文作者共同且平等分配，并向获奖论文的通讯作者和共同作者颁发证书。前2年和前3年所有在*TAMD*上发表论文的作者都有资格参加评选，并由论文的总体质量来判断。我们将成立一个奖励委员会。获奖名单将在杂志上公开宣布。在IEEE ICDL-EpiRob颁奖仪式上获奖作品将得到额外认可。

尽管我们在该刊的发展上已经走了很长一段路，但它仍然很年轻，仍然需要读者大量的关注和支持。亲爱的读者，我要感谢您对这个跨学科领域期刊的兴趣和支持。欢迎来稿，并提供论文审读帮助，并向最广泛的受众宣传*TAMD*。您的参与对*TAMD*的发展至关重要。谢谢！

二十七 影响因子和SASE年度大奖

[Streeck，W：2012. Impact Factor and SASE's annual prize]

2012年，《社会经济学评论》（*Socio-Economic Review*）拥有了首个影响因子，并且影响因子为1.78，这让我们感到非常骄傲和自豪。本刊在政治学领域排名第11位，在社会学领域排名第15位。所以，我们感谢所有为本刊作出贡献的人，并希望您继续支持本刊，让本刊在未来有更好的发展，更光明的未来。

我们也很荣幸地宣布，2011 年 SASE 年度大奖的最佳论文奖将授予 Daniel Oesch 的论文“职业升级还是两极化？1990—2008 年英国、德国、西班牙和瑞士的职业变化”。那么，1000 美元的奖金将会在马萨诸塞州的剑桥城举行的 2012 年 SASE 年会上颁发。

二十八 影响因子——一个有用的工具，但并非用于所有目的

［Baethge，C：2012. Impact factor—a useful tool，but not for all purposes］

一篇科学论文在其发表半个世纪后仍被引用的可能性有多大？由斯坦福大学的 Ioannidis 带领的团队调查了 1959 年以来 27 种医学期刊中 5000 多篇文献，并发现其中每 23 篇文献中至少有 1 篇在 2009 年有被引用。然而，正常状态下，达到至少 5 次引用的文献，每 400 篇里才有 1 篇。

然而，此研究也揭示了有些期刊的成功是非常短暂的。1959 年影响因子最高的 3 种期刊（*Medicine*，*American Journal of Medicine* 和 *British Medical Bulletin*）如今只徘徊在中游，还有 4 种期刊已经停刊了。另一个现象是医学期刊的英语化。在 20 世纪中期名单中有 4 种德语期刊，如今只剩下了一种。然而，最重要的是分析产生了一个关于影响因子的有趣结果：50 年影响因子和今天广泛使用的 2 年影响因子有显著相关性（相关系数为 0.87）。换言之，这个重要的并饱受争议的科学评价手段在预测论文 50 年影响力上表现不错，这与当前的很多观点相反。影响因子到底是不是一个科学的评价标准呢？今年中期，随着 2011 年影响因子的公布，以及影响因子对研究部门的资助意义重大，是时候去注意一两件关于影响因子的事实了。

影响力，而非质量

首先，由美国文献计量学家 Garfield 发明的影响因子并不是对期刊质量的绝对评价方法，而是评价其影响力的。因此，选择影响因子作为一种评价手段就相当于去衡量影响力，而不是，或者不是主要去衡量质量。诚然，影响力和质量之间应该有关联，但很难就科学质量的定义达成一致。有一点是显而易见的，比如当研究者们探究自己和同事们的工作质量时，如果想在没有已经达成共识的前提下评价研究质量，那么去找一个替代评价方法就成了很自然的事。

在众多的替代参数中，影响因子取得了显著的成功，尤其是在政府的研

究资助项目和医学院校里。这并不是不可避免的：一些主流数据库，例如汤森路透集团的 JCR 和爱思唯尔的 Scopus 也在提供一些更加精细的参数，诸如 h 指数和特征因子。

影响因子，一种把期刊被引量和其发表文章数量关联起来的参数，长久以来并不仅仅应用于 Garfield 最初设想的评价期刊，而且也应用于评价研究者和机构。无论如何，虽然影响因子可以很好地反映出期刊的科学影响力，但用于评价作者时则需要谨慎。莱顿大学科学与技术研究中心的 van Raan 确信，“如果文献计量学家们能在一件事上达成一致的话，那就是永远不要用影响因子去评价单篇文章或个人，那是致命的错误”。或者用 Garfield 本人的原话：“用影响因子去评价期刊是一回事，而用其去评价作者则是另一回事”。

引文的分布

缘何影响因子作为期刊评价时表现很好，但用于评价个人时却不合时宜呢？答案就在引文频率分布上。即便是非常有影响力的期刊，大部分的被引也仅来源于小部分的文章：比如 *Nature* 杂志 2002 年和 2003 年发表的文章在 2004 年的所有被引中，大约 90% 的被引来自于 25% 的文章。大部分文章的被引次数低于 20，高被引的大约总量四分之一的文章平均被引 24 次，而剩余的四分之三的文章平均被引只有 1 次。然而，在使用影响因子去评价个人时，*Nature* 的所有作者都被当成了一模一样的水平。

其他期刊的引证分析也印证了这些数据。期刊 *Deutsches Ärzteblatt International* 在 2009 年的所有被引数据中，65% 的被引来源于 15% 的科学论文。

因此，一个在较低影响因子的专业期刊上发表论文的作者，可能和一个在相对较高影响因子的期刊上发表论文的作者的被引量一样高，甚至会超过后者。

以两种数学期刊为例，国际数学协会的一个团队计算了在影响因子基础上进行研究者排名的错误风险。期刊 *Transactions of the American Mathematical Society*（*TAMS*）的影响因子大约是期刊 *Proceedings of the American Mathematical Society*（*PAMS*）的 2 倍，因此 *TAMS* 的作者比起 *PAMS* 的作者来说，在评价中就占有优势。然而，在实际情况中，*PAMS* 的作者有 62% 的概率和 *TAMS* 的作者享有相同的被引次数。因此，10 次中有 6 次，这种评价机制会导致不公平的排名。这个例子揭示了滥用和误用期刊影响因子带来的潜在风险。

替代方法

因此，必须考虑放弃期刊影响因子，而更多地考虑作者引文量，正如 h 指数的算法（h 指数是指有 h 篇论文分别被引用了至少 h 次）。但这样可能导致已经存在的友情引用和权术操作更加泛滥，进而使在其影响下的引文行为更加糟糕。这就是为何德国研究基金会正在致力于舍弃定量评价标准，并决定将其研究申请评价基于申请者的少数重要论文上，这样做的部分原因也是为了让同行评审人员能够真正阅读文本并欣赏其内容。是否能做到不考虑影响因子来评估这些文章，仍然是一个悬而未决的问题。最重要的是，我们不能排除这样一种可能性，即这种做法将重新出现支持客观评价标准（如影响因子）的人希望防止的事情：基于主观甚至随机标准作出的决定。

学科间的巨大差异

影响因子的一个显著特点是各专业之间的差异。不同专业的最高评级期刊的影响因子之间的梯度更显著。*CA*（排名第一的肿瘤学杂志）的影响因子是 *International Journal of Legal Medicine*（排名第一的法医学杂志）影响因子的 30 倍。

与 2005 年相比，学科专业的中位和最高影响因子几乎都有所上升，影响因子排行榜上排名靠前的期刊增量超过大多数期刊。这一上升本身延续了多年来观察到的影响因子的增长。影响因子激增的一个主要原因是研究成果的增长：越来越多的研究者在越来越多的来源期刊中发表了越来越多的论文。值得注意的是，在某一特定研究领域，影响因子与论文数量之间存在相关性：对 46 个医学亚学科（不包括基础学科）的最高评级期刊的影响因子与发表在这些领域的文章数量作相关性分析，相关系数 $r=0.67$。当使用中位影响因子代替排名最好的影响因子时，相关性下降（$r=0.2$）。这是对马太效应的进一步证实，在这里可以看到排名高的期刊从医学领域的发展中获得了特殊利益。然而，最重要的是，这些数字可能表明，影响因子的大小与一个研究领域的规模大小有关。这就是为什么许多文献计量学家建议谨慎地使用影响因子的原因，并建议使用经过学科标准化后的影响因子。

二十九 影响因子：一个大错觉

[Flemming, B W：2012. Impact Factors：the grand delusion]

自 1981 年 Bouma 创立《地质海洋快报》（*Geo-Marine Letters*，*GML*）以

来，2012 年该刊 32 岁了。虽然 *GML* 仍然是一个“小型”期刊，但它已经从最初的每年 4 期增长到了目前的每年 6 期。在此期间，期刊封面的设计改变了两次，目前的封面设计最早可以追溯到 2000 年。在过去的 10 年里，海洋科学取得了许多革命性的技术进步，尤其是数字海底成像技术取得了惊人的发展，*GML* 将以一幅引人注目的新封面图片出现在 2012 年第 32 卷第 1 期。

过去几年，所谓的影响因子和被引频次作为参数的使用也出现了戏剧性的发展，这两个参数与其他参数一起被认为反映了不同期刊的质量和科学家们的绩效差异。这两个指标有紧密联系，基于论文被引频次，即一份期刊在连续两年多的时间里累计被引用的次数。这里应当指出，由于参数基于数字，即数量而得来，而任何复杂的统计数字本身都不能把数量变成质量，所以在目前的情况下质量是由推测而得来的。通过一些模糊的过程，这个文献计量数字游戏不幸地被简化为一个简单的信息，即影响因子越高，期刊越好，或被引次数越多（或其衍生物，如 h 指数），科学家越厉害。这种评级方法从一开始就备受争议，而有关这一问题的论文大量出现，说明这一困局仍然远未得到解决。可悲的是，尽管如此，也可能是不知道早期的警告，科学管理者、资助机构和研究所负责人已将这些指标制度化，并将它们视为评价期刊，尤其是评价科学家的期待已久的、众望所归的、可能是客观的评价指标。

作为一名编辑，我对研究一些特定的参数非常感兴趣。与相同研究领域的相对大型的期刊相比，这些参数可能决定了一份小型期刊，如 *GML* 的影响因子。一个明显的方法是评估期刊的大小，或者更具体地说，每年发表的文章多少或期刊的页数。如果影响因子是一种客观的质量标准，那么它相对于期刊的大小来说应该是独立的，或者几乎是独立的。也就是说，这两个参数之间应该没有或者只有微弱的相关性，反之亦然。然而研究表明，影响因子与期刊大小的相关性在 75%（2010）和 85%（2009）之间，即影响因子的 75% –85% 可以用期刊大小来解释。而期刊页码比文献数量与影响因子的相关性更高。另一个引人注目的现象是年度变化，期刊的影响因子每年都有相当大的波动。

这基本上意味着，在目前的情况下，不管影响因子如何，回归线上或接近回归线上的所有期刊的表现都是一样的好。请注意，这一组中最小的期刊——*GML*，在这两年中都位于回归线上。我们可以认为，在回归线上方的期刊表现得稍好一些，而在回归线下方的期刊稍差一些。然而，正如上文所指出的，影响因子年度变化很大，这一事实反驳了质量上的内在差异，更多是由于论文“碰巧”在某一年获得高于或低于平均的引用次数。然而，期刊影响因子持续增高的现象可以被认为是一个质量标准。这个相当简单的分析表明，首先，影响因子和被引频次与期刊质量关系不大，但与纯技术参数之间的关系很大。这也适用于其他各种相关参数，如处理特定主题的团体规模，或每篇文章的平均作者数量。此外，对于文献数量相近的期刊，我注意到有其他类型的期刊的影响因子要高得多，例如评论性期刊或涉及大量不相关领域的期刊。这表明有明显不同的期刊类型，每个类型显然由一组不同的控制因素所控制。因此，将这些不同类别的期刊混合比较类似于将苹果和梨混为一谈。尽管有研究者尝试去标准化这种差异，提出一个客观的解决方案需要付出巨大的努力去抵消混杂因素的影响，例如，期刊的不同引用习惯、期刊自引、研究小组互引、友情引用、同行引用、倾向支持或反对科学问题争议的引用偏倚以及忽视非英语出版物。即使是一篇文章中的引用也可以分为几个不同的类别（例如关键问题的引用、示例引用、方法引用、评论引用等）。

当提出关于如何应对旨在提高期刊影响因子排名的编辑和提高个人评级的作者的操纵问题时，这种讨论还可以继续下去。此外，有明确的证据表明，引文操纵对科学本身产生了负面影响。这种现象可能导致小的（但可能重要的）研究领域正在被边缘化，年轻的科学家被驱动到可以在最短的时间内最大化他们的被引频次的热门研究领域。虽然影响因子和被引频次本身可能在文献计量统计、科学计量学、信息论、社会学、市场营销等科学研究中是有效的因素，但考虑到上述技术细节和不确定性，它们在期刊和科学家质量排名中的应用是相当不恰当的。就目前而言，它们不过是一个巨大的错觉。

至于*GML*，我很高兴地看到，目前的影响因子为1.730，与大多数同类期刊相当。

三十　期刊影响因子：期望与希望

[Nóbrega, J A：2013. Journal impact factor：expectations and hopes]

现代数字化时代里，6月份对于所有科学出版人来说都是焦虑的一个月，因为这个月 JCR 要发布其数据库所选期刊的最新影响因子，所有办刊人都希望自己杂志的影响因子能有较大的提升。如果说对高影响因子的期望可能是想让 JCR 发布影响因子的动力，那么 JCR 发布数据后影响因子降低便成为期望的破灭和无尽的挫败感。

科学研究中提供一定量的数据是至关重要的。我经常说，当你知道你在表述什么，并用数据来表达时，说明你对你所说的话已经懂了；但是当你无法用数据来表达时，你对你自己所说的话便是不甚了解，表达出想说的内容仅仅是科学知识的开始，但在你的心里，你还没有进入科学的阶段，无论你说的事情是什么。

大多数有某些具体学科背景并在这一领域工作的人往往同意这种观点，当然我们必须谨慎评估数据，并理解其背后的历史。但是，另一方面，在分析化学中，老师告诉所有数据均包含误差，我们应该尽可能减少误差完善数据。

那么下面就以《巴西化学学会杂志》（*JBCS*）的影响因子为例进行说明。从 2008 年到 2012 年，*JBCS* 的影响因子分别为：1. 438，1. 458，1. 334，1. 434 和 1. 283。那么，看到这些一年高一年低的数据是不是让人很迷惑呢?

然而，需要说的一个关键点是，由于该刊出版周期变为月刊的原因，*JBCS* 发表的论文从 2010 年开始增加了 20%，当然出版周期的变化对依赖该指标的任何数据都有巨大影响。

结合这些数据，可以认为，尽管该刊已发表的论文数量增加了 20%，但其影响因子仅下降了 10%。值得注意的一点是，2012 年的影响因子是由 2010 年和 2011 年所发文献的总被引频次除以这两年发表的论文数量。这 3 年中文献的总被引频次增加了 34%，但论文的数量增加了 39%。有人提出观点认为，我们可以仅用 8% 的自引达到了这样的影响因子。

然而，每一个指标均有其特定的缺陷，而且这些指标仅能显示部分特征。例如，众所周知，即使对于综合质量较好的学术期刊，其总被引量也会随着期刊发表文献量的减少而降低。在 2005 年 *Nature* 杂志发表的一篇述评中强调，2002—2003 年该刊发表的文章中引用最多的论文是 2002 年 12 月发表的小鼠基因组研究的论文。该论文代表了一个优秀企业的发展高潮，所以这篇文章不可避免成为一篇重要的论文。目前为止，该文章的被引频次已达到 1000 次，其被引次数还将会增加。而本刊在 2002—2003 年度被引次数第二的文章（关于酵母蛋白质组的功能组织）当年的总被引为351次。在这两年中本刊所刊出的约1800篇可被引文献中，只有50条文献在2004年获得了超过100次引用，而绝大多数论文的引用次数不到20次。

维基百科引用*Nature*杂志的这篇述评时指出：2004年，*Nature*杂志影响因子的大约90%仅基于其发表的总文献的四分之一，因此不同文献对影响因子的贡献是不同的。

所以，在各评价指标的建立上请深入认真分析，谨慎推断。当然本刊想继续前进，但我们希望在期刊合理正确评价的康庄大路上前行。虽然这是一个漫长的旅程，但是本刊质量的提升将依赖您的竭诚支持，非常感谢您的所有努力！

三十一　一个没有规则的游戏：影响因子系统

[Heindel, W：2013. A game without rules：the impact factor system]

事实上，我们计划，按照标准惯例，在这里向您报告2012年*RöFo*的期刊影响因子。一贯如此，因为到目前为止，我们已经参与了影响因子游戏，并屈从于影响因子体系。但实际上，正如你们中的一些人已经惊讶地注意到的那样，没有2012年的期刊影响因子，至少对于*RöFo*来说是这样。

2013年6月，汤森路透集团在没有事先通知的情况下，将*RöFo*从其JCR中删除。因此，一家营利性公司在影响因子诞生的国家作出了一个孤立的决定，一个将对放射学诞生的国家的放射研究、科学和工业产生影响的决定。

*RöFo*作为世界领先的德语放射学杂志，作为反映整个放射学领域现状的出版物，如果汤森路透集团能够始终如一、准确地统计全年的所有文章，那么2011年*RöFo*的影响因子应该是3.075。然而，汤森路透集团在2012年年JCR中公布的*RöFo*的2011年影响因子为2.758，并在2013年年中（整整一年后）控诉其2011年的自引率过高。这尤其令人惊讶，因为引用所有相关的文章是科学期刊的关键质量标准之一，很自然的，其中许多引文都可以引用到某一特定语言的领先期刊。即使没有一条自我引用，*RöFo*杂志2011年的影响因子也会是一个值得尊敬的1.057，超过了116种期刊中的36种，这一排名排除了自引。在不考虑这些事实的情况下，根据一套未定义的规则，*RöFo*的影响因子现在已经在未来两年被重置为0.000。谁在处理那些

数据，又根据哪些规则？

事情发展至此似乎是一个很好的理由去再一次质疑：影响因子到底使用的什么规则，又是如何确定的？这些规则目前受到来自多方面的质疑。今天，影响因子的使用方式远远超出了其发明者 Garfield 博士的初衷。科学家和研究组织对期刊影响因子的滥用提出了警告："不要使用基于期刊的指标，如期刊影响因子，作为衡量单篇研究论文质量的替代指标，不要用于去评估单个科学家的贡献，或用于聘用、晋升、资助。"然而，在大学和科学机构的现实是完全不同的。我们必须扪心自问，为什么我们使用看似客观的方法来评估学术质量和表现。

虽然汤森路透集团在对旧金山宣言的答复中强调，旧金山宣言的批评是针对如何使用影响因子，而不是它的计算方法。但很明显，计算结果不一致，主要是因为现有数据不够透明。人为数据收集和处理错误加剧了这种情况。举个荒谬的例子，如汤森路透集团的产品广告文献类型被确定为"述评"，并将产品口号的翻译作为述评的标题，而不做任何努力去减轻对影响因子数据质量的怀疑。2011 年的影响因子计算不正确就是数据收集不全面的一个结果。目前确定哪些期刊被列入或排除的规则与那些将影响未来决定的规则一样晦涩难懂。鉴于此，"给我看数据"的要求应该和"给我看规则"的要求同样重要。

在 2012 年的 JCR 中，*RöFo* 突然消失了。然而，现实恰恰相反，过去 116 年来 *RöFo* 产生了巨大影响，并将继续下去。现在它是德语放射学领域的主要出版物，将来依然会保持领先。

"我们不会把 *RöFo* 添加到当前版本的 JCR"，美国人的这个决定没有改变任何事情。*RöFo* 仍然是那份一如既往的杂志，它是一份集学术卓越和高质量继续教育于一体的出版物。我们所有人（读者、作者、评审专家、编辑和出版人）将不得不比以往任何时候都更加努力地继续将 *RöFo* 作为一份科学期刊而进一步发展。更多阅读 *RöFo*，请访问 http：//roefo. thieme. de，提交您的文章，并请您对 *RöFo* 有自己的评价。

我们仍然希望，越来越多的批评将促进新的替代评估方法的发展，一种采用现代工具、方法和程序来衡量和报告期刊、作者和文章的真正科学影响力的科学方法。作为放射学的摇篮并拥有其他无数的科学成果，我们难道不应该为制定未来的规则作出宝贵的贡献吗？

三十二　结束影响因子的暴政

[Licht，R W：2014. Ending the tyranny of the impact factor]

旧金山研究评价宣言（Declaration on Research Assessment，DORA）是由美国细胞生物学会（American Society for Cell Biology）牵头的一项倡议，旨在改革研究评估。

在过去的一年中，细胞生物学领域研究取得了一些重要的进展，其中最引人注目的是 2013 年 12 月份的诺贝尔生理学或医学奖授予 Rothman、Schekman 和 Südhof 博士，以表彰他们在细胞转运领域的突破性贡献。我们和其他许多人一起祝贺获奖者，并且毫不怀疑他们的工作将激励下一代细胞生物学家。

今年早些时候，由美国细胞生物学会牵头，期刊编辑、出版商和其他利益相关者共同发起的一项倡议导致了 DORA 的发布。这是一项摆脱对影响因子的过度依赖、寻求新的科研成果评价方法的承诺。为此，DORA 为包括资助者、出版商、研究人员和机构在内的所有利益相关者提供建议。

多年来，我们和其他 *Nature* 系列杂志发表了大量强调期刊影响因子局限性、并哀叹将其作为衡量论文质量指标的述评。因此，我们欢迎一个更为全面的研究评估模型，该模型考虑评估研究人员不同科研产出的影响力需要不同的评价标准，并评估各项工作的优点。事实上，我们的编辑政策大体上符合 DORA 的精神，尤其是符合出版商制定的原则。例如，改善为作者提供评分的机制一直是 Nature 出版集团（Nature Publishing Group，NPG）的优先考虑事项。自 2009 年以来，*Nature* 期刊要求出版的稿件必须包含一份“作者贡献”声明来概述各个作者的贡献。最近，我们与 Altmetric LLP 合作，开始提供包括被引频次、页面浏览量、新闻机构的报道、博客帖子、推特等在线关注度指标。然而，在线使用的度量标准也有其局限性。高度活跃领域或公众感兴趣方向的研究论文更容易获得网上关注。自 2009 年以来，*Nature Cell Biology* 也将其参考文献的限制提高了 40%，现在的论文格式允许多达 70 条参考文献——我们强烈鼓励作者在讨论特定的发现时尽可能多地引用参考文献。在 *Nature* 上发表的所有论文的参考文献也可以通过 NPG 的关联数据平台在知识共享弃权声明书下重复使用。我们的政策还可以通过在线显示不同选项卡的登录代码链接到论文中的数据集，进而提高对数据集的可见性和访问权限。

如今，期刊影响因子通常与期刊声誉混为一谈，随之而来的是期刊编辑和研究者的挫败感。我们无法在 *Nature Cell Biology* 避免这些挫折，但是，我们的长期目标依然是在广泛的细胞生物学领域发表高质量的研究论文。尽管现在期刊影响因子主要用于作者选择投稿期刊，我们也反复听取研究人员的观点，即特定学科的期刊在特定学科领域发表的论文质量以及研究人员与编辑的互动，仍然是重要的评估标准，就像他们前几年对影响因子的痴迷。

三十三　我们应该淘汰影响因子吗?

[Blow，N S：2014. Should we eliminate the impact factor?]

越来越多关于论文和期刊指标价值的辩论让我思考：在当今时代我们真的需要一个像影响因子这样的指标吗？我的意思是，每个人都知道有方法可以“改变”被引频次，对吧？更不用说这些指标相当简单，只考虑了论文在 2 年或 5 年内得到的引用。

但是，有哪些选择呢？以下是我最近听到的一些想法。

1. 除了被引频次，还可以使用下载量和推特或者其他的网络指标

乍一看，这似乎是互联网时代的一个好方法。然而，这样的计算很容易产生另一个与今天的影响因子相当的度量指标。与当前基于引文的影响因子引起的关注类似，在线指标几乎没有说明论文或期刊的质量或影响。如果一篇研究论文在发表后一周就获得了数十万次的下载量，那该怎么办？在这种情况下可以调整下载量指标吗？另一个主要的问题是评估时间。下载量和推特的峰值期到来得非常快，通常在论文发表后的一个月或者两个月之内，通常比计算影响因子的两年引证时间窗口短很多。那么，你如何解释一个人下载了一篇论文但在接下来的 5 年里有 10 篇论文引用了它？下载量可能是衡量即时兴趣的好方法，但是它不能说明论文的质量和影响力，因此也不能解决那些倡导淘汰被引频次和影响因子的人所关心的问题。

2. 应该评价论文本身的价值：淘汰影响因子，忽略被引频次

虽然让年轻的研究者关注论文真正的科学价值是一个明显而又完美的想法，但这并不意味着其他度量指标需要或将要被淘汰。如果影响因子和其他引证指标被淘汰了，论文的下载量很可能成为衡量其质量的指标。如果下载量指标消失了，那么推文和转发的数量就会取而代之。如果这些都被淘汰了

……然后，你就会明白了。评价论文并在公共论坛讨论其研究发现的重要性永远是有必要的。但如上所述，这些“更时髦”的措施并没有带来多大的价值。

3. 使用不同的方法：被引频次和影响因子不能反映期刊的质量

也是也不是。你难道没有发现一件有趣的事情吗？期刊的影响因子或者被引频次在大多数情况下都不会超过前5年的数值。当然也有例外，但大多数期刊的影响因子都稳定在一个特定的范围内，这是为什么呢？最有可能的原因是科学家需要某种系统来决定如何在不断扩大的期刊海洋中选择合适的期刊来发表论文。不管你喜欢还是不喜欢，也不管多少新创建的开放获取期刊出现在互联网上，科学家们都坚持使用自己利用影响因子和被引频次建立的期刊的“优先顺序”。我强烈怀疑，如果我们消除了正式的引文数据库和影响因子，那么当涉及已有期刊的排序时，什么都不会改变。

因此，我们还需要引证指标和影响因子吗？我认为需要，因为科学家需要一些东西作为他们发表论文的参考。因此，我们需要改变科学家们看待这些指标的方式：也许在影响因子为30的期刊上发表论文是一件好事，但是如果你的论文仅得到了两次引用，这意味着什么？反之亦然，如果你的论文发表在影响因子为2的期刊上，但是在2年内被引用了500次，你应该因为你选择发表的期刊而受到惩罚吗？从根本上说，获得2次被引用和500次被引用意味着什么？任何统计或分析工具的有效性都取决于用户的仔细和恰当的使用。也许科学家们需要把目光从单纯的数字转向他们的研究对“社会团体”的影响。在这里，基于深层次的引文分析来显示论文影响力的网络分析可能会提供更深刻的见解。任期委员会成员还需要超越简单的“30对2”影响因子辩论，并利用他们的经验和知识来看看科学家对他们研究领域作出的真正贡献——你不能要求年轻的科学家去做你自己都不愿意做的事情！最后，影响因子等指标只是“懒惰”的统计数据，因为我们使它们变得懒惰。

三十四　影响因子：昨天的指标？

[Haddad, F S: 2014. The impact factor: yesterday's metric?]

期刊 *The Bone & Joint Journal*（*BJJ*）的核心目标之一仍然是尽可能发表最好、最高影响力和与临床最相关的论文。我们相信我们发表的论文涵盖了临床上最具挑战性的领域，并且许多研究成果改变了临床实践。然而，这并不会自动转化为反映发表论文重要性的传统的两年影响因子。

影响因子是嵌入在学术思维中的，尤其是因为它很容易计算并且大多数人都可以理解它的概念。遗憾的是，影响因子并不能完全衡量像 *BJJ* 这样拥有大量临床读者的期刊的真实影响力。许多人读了这些文章，并根据文章内容改变了日常实践操作，却没有引用它们。

影响因子仍然是一个研究人员、出版商和学术机构之间激烈竞争的领域。与具有较高基础科学和较少工艺重点的专业相比，创伤和整形外科期刊以及其他外科专业期刊往往具有较低的影响因子。影响因子是职称晋升和任职决策的一部分。它被研究人员用来决定给哪本期刊投稿，被大学管理人员用来对本校和外校的学术研究项目进行排名，被资助机构用来评估研究人员。影响因子被期刊和出版商用来吸引订阅、赞助和广告。

有一些排名靠前的临床期刊，对大多数从业者来说，它们的发行量和临床相关性远远低于 *BMJ*（2012 年影响因子为 17. 215）、*N Engl J Med*（影响因子 51. 658）、*The Lancet*（影响因子 39. 060）和 *JAMA*（影响因子 29. 978）。相比之下，排名最高的骨科杂志是 *Journal of Sports Medicine*（影响因子 4. 439），仅仅领先于 *Osteoartbritis and Cartilage*（影响因子 4. 262），该期刊多年来一直是这个领域中的佼佼者。另一方面，*BJJ* 科研成果的转化效果如产品专利和临床实践的变化是巨大的。因此，影响因子本身并不能真正地反映其临床实际影响力。

在这一时期，Kodumuri 等评估了 13 种创伤和骨科领域期刊的影响，观察了其出版物的长期影响力。与基础科学或临床医学论文相比，外科论文在 2 年内的引用率较低，计算临床外科期刊的引用率或影响因子时需要较长的时间窗口，而 2 年影响因子可能不是评价诸如 *BJJ* 之类期刊的最佳方法。

目前，影响因子的局限性包括以下 9 点：

（1）期刊发表综述性论文更有利。这些论文往往比研究性论文获得的引用更多。

（2）由于引文方式不同，不同学科领域的影响因子存在很大差异。例如，数学研究者很少引用超过 1 篇或 2 篇的参考文献，而分子生物学的论文通常引用超过 10 篇的参考文献。

（3）用于计算影响因子的两年时间窗口对于骨科等发展速度缓慢的学科而言太短，无法测度出期刊的真实影响力。这一结论被这样一个事实支持，即某些期刊在计算影响因子的时间窗口由两年增加到 5 年或者更长时间后，具有更高的影响力。例如，*BJJ* 的 5 年影响因子是 3.353，而 2 年影响因子是 2.735。

（4）期刊的高影响因子与期刊每篇文章的高被引率无关。2005 年 *Nature* 上的一项研究表明，期刊 89% 的被引频次来源于 25% 的论文。可被引文献的概念未得到充分的实施。例如述评、书评和信稿不被算作“可被引文献”，但对此类文献的引用被计算在影响因子的分子中。

（5）不同学科领域的参考文献没有标准化。

（6）关于施引期刊的质量和性质方面没有区分，这一点已经通过特征因子来矫正。

（7）影响因子也与同行评议过程无关。

（8）影响因子也有可能被作者和编辑操纵（如自引、强制引用）。

（9）引文规律也存在差异。有些科研论文倾向于只引用研究性论文，而临床论文倾向于同时引用这两种类型的文献。

目前已经采取了措施改善这种情况，期刊影响因子可以在同一学科领域的期刊之间进行比较。现在对于自引率较高的作者和期刊也有了较高的透明度。许多人认为 5 年数据比 2 年数据更有意义。

我们需要解决的问题是临床医生和科学家等读者可能存在巨大差异。临床的影响力不是基于引用的知识转移，与影响因子无关。根据期刊和论文在不同行业中的角色来寻找评估方法，对改善影响因子而言是至关重要的。我们需要定义新的评估标准，以评价目前未被引用的科研论文的影响力，并努力在科学影响力和临床实用性之间取得平衡。

通过对期刊的实际使用率而不是被引频次进行排名的计划得到了很好的发展，许多领先的科学和医学出版商进行了试验。我们现在还提供来自网络计量学的 *BJJ* 论文等级指标，包括下载量、推文、其他社交和新闻媒体提及率、被引频次等。此外，*BJJ* 是其他出版商的测试合作伙伴，他们新开发的服务 Kudos 于 2014 年 5 月推出。这将为我们的作者提供一个简单的工具包，使用电子邮件和社交媒体将他们的文章推广到他们自己的研究网络，以及将文章链接到其他相关网站——例如作者自己的网站、会议程序和演示文稿、视频等。

与此同时，越来越多生物医学研究资助者寻求新的评估方式，不仅要测量研究在引用方面的学术影响力，而且还要测量研究在现实中对临床实践和患者的影响。这在英国新的卓越研究框架（REF）的新评估标准中很明显，其中包括对研究的“范围和重要性”及其原创性和严谨性的评估。

在短期内，我们将继续使用当前的影响因子来评价我们的同行，但我们也会继续努力寻找评估任何一项工作或一组研究真正影响力的最佳方法。这是另一个在未来几年可能看到重大变化的领域。在此期间，我们不会偏离出版创伤和骨科领域最新的、临床相关的和改变实践工作的科研成果的目标。

三十五　期刊影响因子对期刊质量造成的灾难

[Khaled，M：2015. The disaster of the impact factor]

Garfield 于 1955 年创立了影响因子，但他未曾想到有一天影响因子会成为一个备受争议和被滥用的评价措施，这一点他自己在 44 年后的 1999 年也承认了。影响因子成为期刊质量的主要不利因素，也给作者、编辑和项目资助单位带来巨大压力。更有甚者，一些国家的某些机构在“高影响因子”期刊上发表文献的数量决定了政府对该机构的资金分配。影响因子可反映期刊质量的这一说法让影响因子产生了巨大影响力，然而并没有实验数据支持这一说法。

其实，最初影响因子指标仅仅是作为一种文献计量评估工具而建立，主要为出版商和图书馆员订阅文献和图书馆馆藏提供有用信息。但多年来，它不仅被滥用和误用为期刊、大学和机构质量的评价，而且也用于个人和国家学术水平高低的评定。影响因子的不足和负面影响是显而易见的，这不禁让人怀疑为什么这种有偏见的指标可以继续存在于科学评价之中。实际上，除了技术和商业导向的原因外，影响因子还受到两个重要缺陷的影响，这两个缺陷常常被人忽视，但却需要加以强调，因为这两个因素有违基本的学术道德。

首先，如果一篇关于影响因子的文章（基于算术平均值计算影响因子）投稿到“高影响因子”的期刊，那么这篇文章就会遭到拒稿。编辑和/或审稿人会认为，纳入比较的期刊之间存在较大的差异性和异质性，统计方法和结果就会有偏倚，用于计算影响因子的算术平均值不适用于这种分析。除此之外，计算影响因子的数据既不透明也不公开，这就造成了公众对影响因子的各种猜测和批评。

其次，影响因子指标可能会造成学术期刊文献引文的一些基本道德规则的偏离。在科学文献写作标准中，参考文献应该是指首次报道某一结果的原始或主要来源文献。然而，许多作者则更倾向于引用该原始文献的综述者而不是原始作者。因此，与主要发表论著期刊相比，仅发表文献综述的期刊可能获得更高的影响因子。那么，倘若仅有这种矛盾，把影响因子从科学计量评价指标中去除即可。但是，怎样证明综述类期刊比论著类期刊有更高的“影响力”？此外，在大多数情况下，如果排除了文章与其所发表期刊之间的内在联系，那么只有少数文章有助于获得更高的影响因子。例如，2004年 *Nature* 杂志影响因子的 90% 是由当年发表的 25% 论文贡献的。

这些问题导致了编辑政策层面上的其他问题。编辑往往在投稿者提交论文、稿件录用或拒稿政策方面存在不公平的选择性。这些期刊的编辑们试图通过各种编辑策略，比如让作者引用他们期刊的文章等方法来提升期刊影响因子。同时，期刊为了提高影响因子往往发表有资历作者的文章或者仅发表约稿的文章。另一方面，初级作者如果没有至少一位资深同行的推荐，往往会被拒稿。

影响因子风靡的另一个灾难性影响是产生了基于影响因子的大学排名系统。该系统比影响因子本身更加反常。与影响因子的缺陷相似，大学排名系统基于主观的偏颇标准，从科学的角度看，其用于比较异质性机构是无效的，因为几乎所有机构都有所不同，其中包括员工，学生和教授人数，工作常规和节奏，基础设施，专业设置和学校设备。想要进行有效的比较，应该比较同质的组织或项目，而且仅观察计算所检测的一个或两个变量。一个国家内或国家间的机构往往在许多指标上存在差异，所以不同质的比较往往没有意义。

影响因子也成为了可以商量的游戏，其缺点也越来越多地暴露出来。为了得到较高的评价，科研人员往往选择影响因子较高的期刊投稿，但是却可能会长期陷入投稿/拒稿的不良周期中，从而浪费时间和精力，进而导致在科研过程中不够专注。这就会让科研人员认为科学期刊是一个开放的商业市场，而不是传播知识的媒介。因此，获得期刊的发行权可能会迫使一些人和机构进行不道德的腐败行为。值得注意的是，对影响因子的痴迷在某些国家甚为明显。

影响因子产生的主观崇拜程度也造成了不良后果。科研人员更倾向于关注“热门研究课题”，这样的课题可作出较为满意的结果，而且论文能发在影响因子较高的期刊上。因此，潜在的非热点但却很重要的研究课题就会无人问津。

影响因子的其他不良影响还包括：（1）有些期刊用影响因子来炫耀他们期刊所发表文章的被引情况；（2）在期刊文章中宣传该刊的影响因子是多少；（3）期刊出版商给期刊征订者大肆强调其影响因子不断提升；（4）依据申请者所发表的文章数决定招聘人才、资助项目和职称晋升，特别是在高影响因子期刊中发表的文章数；（5）相对于较低级别的期刊，高影响因子期刊更容易产生学术不端。因此，最有可能的情况是，这些操纵者中没有一个或最多只有这些操纵者自己在“高影响因子”期刊上发表。尽管多处文献都在讨论影响因子的缺陷，那么，它是否是一种隐性噱头来弥补某些缺陷，进而导致“高影响因子”被过分强调？另一方面，资历较深的研究人员并不太强调这种有缺陷的评估标准，因为他们知道影响因子可能是为某种隐性目的才创建的，并且也了解影响因子以及影响因子的滥用情况。

近来，为了矫正基于影响因子指标的评价缺陷并将科学评价引向正途，美国细胞生物学会在230多位科学家和科研机构的支持下，发起了一项“科研评价宣言”。该宣言主张通过评估个人的科学工作来抵制期刊影响因子，并强调文献的科学性内容而不是出版指标。

总之，使用非科学方法评估科学是不可靠的。影响因子即是一种不科学的方法。它的出现打破了文献引用和科学标准的基本规则。特别是在应用科学中，影响因子高估了综述类期刊的价值，相对低估了基础研究类期刊的价值。科研人员在数据分析中往往不能接受影响因子的计算方法，但却在不知不觉中掌握了这种方法。期刊内和各学科领域间（例如应用科学与人文科学之间）的引用百分比分布存在极大差异。影响因子对个人和机构层面水平评价存在不良影响，或许效果适得其反。其实，影响因子也可以通过一些编辑策略被人为地操纵。出于这些原因，影响因子应该简单而纯粹地从期刊评价或科学评价指标中剔除。重要的是，科学内容和期刊的完整性应该在评价中发挥重要作用，而不是用缺陷的技术和违反某些基本科学伦理方法计算的抽象数字。如果影响因子或任何其他的排名系统继续被用于人才和机构评价，那么过度追求高职称将会贻害无穷，而高水平期刊将继续拒绝普通作者，这样不利于期刊的质量和客观性。

那么，同行评审过程可作为解决方案，另外读者应该作为最终的评判者，而不是影响因子。最有力的证据是，历史上的主要发明（例如汽车、电话、电视、飞机、火车等）是在影响因子提出之前发明的。

三十六　影响因子是唯一的游戏吗？

[Smart, P：2015. Is the impact factor the only game in town?]

Garfield 于 1955 年创立了影响因子，以帮助人们选择期刊。它应该是一个衡量期刊质量而不是文章质量的指标。Garfield 承认影响因子偏差的本质是一种 80/20 现象。他解释说，20% 的文章可能占有 80% 的被引频次，1900－2005 年共有 3800 万篇论文，但仅有 0.5% 的论文被引用次数超过 200，还有一半的论文没有被引用过。那么出版业为什么如此专注于这一指标呢？

如何判断期刊的质量？

下面有几种方法可以评估期刊的质量：

（1）最重要的标准是期刊发表文章的质量，你认为其质量符合你的标准吗？

（2）总编是谁？编委会成员是谁？他们是你认识和尊敬的人吗？

（3）你的同事熟悉这种期刊吗？他们有没有读过？他们曾在该刊发表过自己的研究成果吗？

（4）该刊是否被 MEDLINE 索引？

（5）期刊的影响因子是多少？

影响因子是什么？

影响因子是计算期刊发表论文的平均被引频次的指标。它被用来衡量期刊的质量。如果一种期刊的影响因子是 5，就可以假定每篇文章在发表的前两年内平均被引用 5 次左右。也可以认为，影响因子为 5 的期刊的质量是影响因子为 1 的期刊的 5 倍。但是，作者和读者应该注意以下几点：

（1）影响因子是一个平均值，它很容易被高被引论文所歪曲。

（2）计算影响因子的时间窗口为 2 年，不能考虑到后来文章引用的激增。

（3）一些社会团体可能阅读文献但是不写论文，所以他们可能从没有引用过的文章中受益。低影响因子的期刊仍然可能包含有对读者实践有很大影响的高价值内容。

（4）影响因子因文章类型而异。综述类文献更易被引用，所以发表综述多的期刊往往具有更高的影响因子。

（5）影响因子也存在学科差异。与医学期刊相比，即使最好的数学期刊也往往有较低的影响因子，因为很少人引用它们。

（6）影响因子是从一个很小规模的索引期刊列表中计算出来的，没有考虑出现在非索引期刊中的引用。

谁来计算影响因子？

影响因子的值是由汤森路透集团计算，作为其商业数据库 WoS 的一部分。影响因子每年 6 月份在 JCR 发布。汤森路透集团将该指数作为其系列产品的一部分进行评级和维护，为世界各地的机构提供文献计量信息。汤森路透集团收录了大约 12000 种期刊及少量的书籍和论文集。虽然不知道目前共有多少种期刊，但 WoS 可检索的期刊仅占期刊总数的 20%，这也意味着全世界发行的大多数期刊并没有被计算在内。此外，还严重偏向西方以英语为出版语言的期刊，只有 11.6% 的科技期刊是非英语语言的。

为什么不是所有的期刊都有影响因子？

汤森路透集团最初的任务是收录最好的期刊，并实施严格的质量标准。所有期刊都有专家小组进行评估，以判断其质量。此外，还有包括论文发表的时效性。如果期刊不符合评价标准（如晚于计划出版的时间出版），可以从索引中删除。值得注意的是，2013 年有 66 种期刊因过度自引而被剔除。

还有其他方式可以评估期刊和科研人员的影响力吗？

PubMed

在生物医学领域，被 MEDLINE 索引可能比有影响因子更重要。然而，PubMed 只索引它认为质量好的期刊。

其他指标

影响因子、5 年影响因子、论文影响分值、即年指数、特征因子、被引半衰期、g 指数、h 指数、Y 指数、谷歌学术网络指标、网络计量学指标等。

可以信任引证指标吗？

对任何的指标都应心存芥蒂。它们可以被当作指标使用，但不是绝对的质量标准，因为这些指标的计算方法、索引的范围有限，数据的错误等因素均会造成度量的误差。在查看期刊的影响因子时，应该只比较同一学科内的期刊，因为不同学科的引用行为是不同的。某个特定的影响因子数值可能在一些领域被认为是极好的，而在另外一些领域被认为是极差的。

三十七　提高影响因子而做的“蠢事”

[van Krieken, J H: 2015. The folly of impact factors]

期刊的影响因子是基于其某一出版年中发表的文章数量以及文章出版后两年内的被引频次计算得到。那么，引用数量与文章的影响力有关这一想法有一定道理。由于高影响因子被看作高质量的标志，所以，期刊和作者都在努力争取提高影响因子。

一些期刊采用很多方法来增加自己期刊的影响因子，然而这些方法与提升首创学术文章的质量并无任何关联。比如增加综述文章，综述能获得较多的被引次数，但它并不是原创论文，所以就谈不上科学质量；在开年的1月份发表综述，那么几乎额外一年的引用量均可用于计算影响因子；强迫投稿者在文章录用之前引用该期刊的文章来增加被引次数；强迫作者将他们的数据写成信稿的形式投于该刊，因为信稿在计算影响因子时并不计入影响因子的分母，但是信稿的被引次数却可计入计算影响因子的分子中。另外，我最近发现了一些新的增加影响因子的策略。

令我惊讶的是，我的一篇文章被录用后，立即就在网上优先出版，但文章并没有经过编辑编修，它仅仅就是一个文本文件。尽管快速获取研究的最新数据本身是很大进步，但编辑通常只需花费一周左右的时间对文章稍微加工，那么就能给读者提供可读性更强的文章。我其实并不认为这样做是在为读者服务，而是该期刊为了在该文章全文出版前能获得更多的被引量，从而达到提高影响因子的目的。我想提出的另外一件事情是，将2014年我发表的全部论文提交给我单位进行年度统计时，我注意到我发表的文章最少。那么，我承认随着年龄的增加，我也开始缺乏创造力了，效率也可能降低了，当然这也在情理之中，年轻的同事对科学发展的贡献越来越大。但是，我仔细观察之后发现，我的许多文章都仅仅是数字出版，并没有正式出版。难道我2015年底会比之前更活跃？然后我看到该部门的科研论文量大幅下降。而后，我的一位同事告诉我，她的一篇论文自2014年1月数字出版后，被广泛引用，被引量很高，但是直到2015年1月才正式出版。那么期刊这么做的目的是什么呢？期刊先进行文章的优先出版，然后再把那些被引较高的文章在第二年的一月份进行正式出版，这样就大大提高了期刊的影响因子，然而却不是期刊的质量！

去年我们了解到，大多数发表在 *Science* 与 *Nature* 上的作品都无法复制，但由于两个期刊影响因子很高，所以它们仍被认为是对科学研究很重要的期刊。我想大家也可能和我有相同的经历：*Science* 与 *Nature* 的同行评审更注重文章的新闻价值而非文章质量；如果只关注那些期刊中组织学论文的质量，很明显，对数据质量的同行评审相对就很少。专业期刊的同行评审比高影响力的期刊做得更好，这一点我有亲身体会。实际上，我对 *Journal of Hematopathology* 的同行评审深感欣慰。该刊拒稿率非常高，审稿人的评论非常详细，这样就会大大提高所录用文章的质量。

如果期刊的影响因子并不可靠，那么，我们将如何衡量科学的质量？这不是一个简单的问题，但我会在下一篇述评中提出一些建议。

三十八　提高影响因子而做的“蠢事”：解决方案

[van Krieken，J H：2015. The folly of impact factors：some solutions]

上一篇关于提高影响因子而做的“蠢事”的述评中，我着重介绍了期刊为提高影响因子所做的一些“蠢事”。如今，期刊的排名几乎只取决于影响因子。而许多提高影响因子的伎俩仅仅“调戏”了影响因子，其中一些我在前一篇述评中已经讨论过。那么什么才可能是评估科学工作价值更好的工具呢？

其实，一些简单的方法策略便可以较好地评估科学工作的价值。单篇文章的引用是很容易获得的，这个引用便可以有效评价科学工作，而不是查看期刊的影响因子。也许被引频次不是密切相关的标志，但却能凸显作品的实际用途。例如，下载次数可以很好地衡量作品引起注意的频率。但这些仍然只是最佳指标的定量测量，不是学术论文质量的真正结果的测度。

定性方法对科学评价可能会更有价值，但是这种方法也很不容易，而且主观性是不可避免的。然而，数值方法的客观性也不免让人怀疑。真正的科学突破并不一定总是出现在最好的期刊上，并能很快得到认可，以往的经验就可佐证这一观点。

各领域的人员可以作出优秀的成绩吗？据我们了解，有几个领域的研究人员的发现很有价值。除了实际的被引量外，如何看待他们，比如血液病理学专家，他们阅读和使用的内容？或者他们所阅读和使用的文献中的实验结果是否已经得到确认？是正确还是错误的呢？我相信在这个大数据时代，这样的方法可以提供非常有趣的新数据。

三十九　期刊评价的独裁者：影响因子

[Vieira-Sousa，E：2015. The impact factor dictatorship]

影响因子可作为科学期刊质量的评估指标，多年来在科学界获得了巨大的影响。影响因子设计之初仅仅是作为帮助编辑和出版商定位期刊的工具，抑或为图书管理员管理其图书馆期刊馆藏提供帮助，而现今已然成为了用于评估个人和学术机构绩效的更广泛的评价指标。

学术期刊是科研人员高度依赖的学术交流的主要载体。为了保证其论文的影响力最高，科研人员选择向顶级期刊投稿，若没被影响因子较高的期刊录用，便会按照影响因子从高到低的排名来选择投稿期刊，直到他们的论文录用为止，这往往会大大改变原始创作论文的结构和内容。

然而，除了已发表手稿的科学相关性和质量之外，期刊影响因子可能受到其他因素的影响。最常见的干扰因素包括：（1）出版领域：生物学文献的被引量普遍高于社会科学中的文献；（2）文章类型：综述类文章往往比原创论著能获得更高的被引量，而且这两类文献类型均比临床病例报告的被引量要高；（3）数据库权限：即 MEDLINE、EBSCO、WoS、Scielo、Lilacs 等。解释这种混杂因素对影响因子的影响的一个很好的例子就是《葡萄牙风湿病学报》（*ARP*）的经历。2012 年至 2013 年间，*ARP* 不得不处理其网站地址的变更，即从 ALERT 公司转移到 MemóriaVisual 公司。由于这个过渡期便导致了该期刊文章在出版循环周期过程中的一系列不稳定问题的出现，并且，在几个月内，PubMed 上该刊的文章获取明显受阻，所以潜在的被引用就明显延迟。那么，这肯定会导致 *ARP* 本就增长缓慢的影响因子从 2013 年的 0.83 降至 2014 年的 0.29。考虑到 2014 年的影响因子到 2015 年中期才发布，其反映的是 2014 年一整年产生的被引量，那么，前两年（2012 年和 2013 年）发表的文章也会影响 2015 年的影响因子计算。所以，毫无疑问，由于文章不易获取，通过 PubMed 访问 *ARP* 期刊文章的次数从 2011 年的大约 27500 次减少到 2013 年的 20000 次；（4）可被引文献：在影响因子的计算公式中，分子和分母都会影响最终结果。由于信稿、述评、会议摘要引用率较低，所以在计算影响因子时通常不被视为可被引文献。此外，可被引文献的数量从 2010 年的 65 篇减少到 2012 年和 2013 年的 42 篇和 35 篇，这可能是这些年出版版本的特征不同导致的。因此，在解释影响因子时，必须认识到有许多变量均可以影响影响因子的计算结果。那么，这个文献计量学指标用作评估和评级的快速、方便的衡量标准，并用于决定大学的晋升、雇员的雇用以及奖金和奖励的发放，这都是不正确的。在某一领域内，JCR 可以与一些信用评级机构进行比较，均可对公众舆论产生深远影响。科学信息的重要性在很大程度上取决于期刊的名称及其影响因子。与此同时，人们对滥用影响因子及其后果提出了各种批判。因此，JCR 实施了新指标，旨在提高该衡量标准的真实性，例如期刊影响因子百分位、标准化特征因子和可被引文献中的论文百分比。此外，诸如欧洲科学编辑学会（EASE）、国际科学理事会（ICSU）、科学行为自由与责任委员会（CFRS）和德国研究基金会等众多实体单位发出声明，认为应该理性地应用影响因子。因此，思考和重新思考影响因子影响的时刻到了，也应该谨慎地考虑这一评价指标对科学本身产生的重大影响。

四十　期刊影响因子：开创一个鼓舞人心的新时代

[Abdo，A A：2015. Journal's impact factor：setting the stage for an inspiring new era]

没有被赋予影响因子对于一份科学期刊来说可能是一种可怕的折磨。影响因子无疑是每个期刊及其编辑的一个重要目标。它是对最近发表在期刊上的文章的平均引用量的一种度量，因此它被用作衡量期刊在其领域内的相对重要性，有较高影响因子的期刊比影响因子较低的期刊更重要。一般对于期刊来说，影响因子发布之际可能是一个令人焦虑的时刻，由此可以看出一种期刊是积极还是消极的命运。在此背景下，我们希望与大家分享《沙特胃肠病学杂志》（*SJG*）首个影响因子（1.220），超越了更成熟的地方性和地区性生物医学期刊的影响因子。

第一个影响因子的获得对于任何期刊来说都是一个重要的里程碑，但对于 *SJG* 来说，它更值得敬畏。这个期刊的旅程并非一帆风顺，它没有同时代期刊的确定性，而是在过去 20 年的大部分时间里都在苦苦挣扎、萎靡不振。

该期刊自 1995 年创刊以来，经历了多个阶段。创办这份期刊并不容易，是两位创始人 AlMofleh 和 Mouzan 在风雨飘摇中的勇气、激情和开拓精神开创了这份期刊。创刊的最初几年简直就像雕刻石头。编辑们不仅将他们的时间、精力和资源投入到杂志中，而且还从任何有研究的作者那里征求文章。沙特胃肠病学协会（SGA）的资源匮乏，全国对这项任务缺乏经验，以及该地区缺乏科学数据，这些都加剧了这些挑战。“我们会为杂志做广告，从各种各样的人那里征集文章，四处奔走，试图说服人们为我们撰稿。同样，我们过去也会亲自追踪审阅人员，通过电话、访问和其他任何方式来联系他们。每一个问题对我们来说都是一个巨大的挑战。”Mouzan 回忆道。没有经验丰富的技术人员为该期刊提供帮助，也没有英语编辑能够胜任所有的编辑和复印工作（这一工作在大多数情况下令人望而生畏，而在其他情况下则需要在这个地区重新撰写整篇论文）。校样需要编辑团队手工更正，逐字逐页地以最乏味的方式进行。这就是编辑们所面临的挑战，我们对他们今天所取得的成果感到自豪。

在该基金会成立 10 多年后，该期刊于 2006 年开始了一段更具进取精神的旅程，以更年轻的编辑团队的形式注入了新的血液，并将出版工作外包给了印度的 Medknow 出版物。他们利用横扫时代的技术革命，精心打造了期刊的国际化风格。随着论文质量和发表时间的一致性越来越强，2011 年这个期刊被 SCI 收录，为期刊质量的提高提供了重要的证明。这一步骤对沙特学术界来说尤其重要，因为大多数沙特大学只承认发表在 ISI 收录期刊上的论文，以供学术人员晋升。

这就把我们带到了现在这个时代。这份期刊在演变过程中的种种挣扎，为其未来的潜力提供了完美的衬托。入选 SCI 不是结束，而是旅程的另一个阶段的开始。然而，*SJG* 面临着严峻的挑战。其中许多挑战对所有的科学杂志来说都是相通的，但对这一地区有些期刊，特别是对 *SJG* 来说十分特殊。其中最重要的是吸引高质量稿件的挑战。一般来说，该期刊会收到一些出色的研究论文，但也有许多论文充其量只是被礼貌地称为“煮得不熟”。我们预计这将是编辑团队在未来 5 年面临的主要挑战。再一个问题是确保及时和专业的审稿。虽然这是一个普遍关注的问题，但对世界这一地区来说尤其困难。尽管如此，在我们面临这些和更多挑战时，我们仍然对光明的未来感到乐观。

感谢每一位为本期刊投稿的人，感谢那些让期刊值得一读的科学家和知识创造者，感谢我们以前编辑们在本期刊中留下了他们不懈的身影，也感谢我们的审稿专家。最重要的是，我们仍然感谢当前热情的编辑团队的不懈努力，如果没有他们，我们的目标将仍然是一个遥远的梦想。的确，我们都可以从这样一种观念中得到安慰：为人类的知识贡献一分力量也许是任何人都能做到的最光荣的工作。最后，我们还要感谢我们的出版商 Medknow 和 SGA 多年来的持续支持和指导。

在这里，没有人会比已故的 Al Mofleh 教授更快乐、更自豪。他从一开始就看到了这个项目，但不幸的是，今年他离开了我们，没有和我们分享这个时刻。我们只能祈祷他的全部奉献工作得到慷慨的回报。正是通过他的精神愿景、难以置信的自律和奉献精神，我们获得了灵感。

四十一　在影响因子狂热的时代运作

[Andersson，A：2015. Operating in an era of impact factor mania]

大约 60 年前，Garfield 首次提出为科学出版物建立引文索引时，他可能无法想象这些工具会对学术出版产生何种巨大的影响。他本人总结了使用期刊影响因子的经验和感受，并引用 Hoeffel 的一篇论文最后一句话："使用影响因子作为衡量期刊质量的一种手段是很普遍的，因为它与各个领域中我们对某个专业中优秀期刊的观点很吻合"。对我们来说，早期研究教育的记忆中有一个非正式的期刊排名系统就"挂在实验室的墙上"。有些期刊受人尊敬，而另一些则极其受排斥，在实际投稿中甚至不把其列入考虑范围。在使用期刊影响因子对个体科学家，特别是对他们的具体论文进行评估时，问题就出现了。因此，尽管有各种各样的不同观点，我们都要重视期刊本身的影响力，或许还需调整刊物的运作，使之维持与受人尊崇的衡量标准更加协调一致。

值得高兴的是，自 2003 年以来，我们的影响因子每年都在或多或少地增加。第一个通过的关键级别是 1.0，在我们内部员工预算公式中，这是一个非常重要的数值。2011 年，我们可以庆祝达到了这一目标，为了表示感谢，我们在当年的年度编辑委员会会议上喝了香槟。回顾过去 10 年，我们可以看到影响因子增加了 10 倍，目前正在接近 2.0 的水平，曾经被认为是瑞典资助机构定义的"受尊敬的期刊"的最低标准。

在使用影响因子工具时应牢记的一项不同看法是，其整个业务是由一家私营商业公司经营的。不同的科学组织对其运作模式的影响可能会很小。然而，我们自己的经验是，在你建议纠正汤森路透集团数据库中的错误（缺失的问题、无效的引用等）时，他们是热衷于提供帮助的。不管怎么说，把一些注意力引向其他数据库也是令人感兴趣的。在现存的少数几个数据库中，爱思唯尔的Scopus数据库已经有几年了。正如我们在最近发表的一篇有关新公布的影响因子的述评中指出，有一个主要的问题是，我们对这些数字是如何计算的知之甚少。尽管如此，我们发现，我们期刊的影响因子和科学期刊排名的前移是平行同步的。

在这种背景下，另一个令人感兴趣的问题是，这种类型的数字中包含了多少自引。汤森路透集团在7月底发布的传统指标中，包括了影响因子数据的自引，但每一份期刊都有关于其自引率的信息。在我们的总引文数中，有3%是自引，这个比例在我们医学学科类别的期刊中相当常见。编辑是否可能使用所谓的强制引用（强制在他们期刊上发论文的作者引用其期刊的文章），是否会在很大程度上影响这些数字，都是很难判断的。然而，有证据表明，如果证明了有使用这种行为，那么期刊会被排除在这些排名名单之外。我们没有采用这种做法，对此我们感到很欣慰。

引文数据对刊物发行特性的影响

当编辑们与科学家谈论起影响因子较小的问题时，答案总会是：发表更多的综述。20世纪80年代中期，《糖尿病》（*Liabetologia*）出版商告诉我们，原创文章的数量应该尽可能减少，取而代之的是综述。这样做的目的是将影响因子提高到和美国一样高的水平。然而，这并不那么简单，所以我们决定看看期刊中不同类型文章的引文数量。然后，我们把所有近5年发表在我们期刊上的文章按照文献类型、研究主题和作者数量进行分类。在240篇文章中，有26篇综述，在这5年期间，这些综述的平均引用频率超过了11次。这个数字远远高于原创研究论文的平均被引次数，即3.8次。这个结果与先前关于这一问题的假设相吻合。然而，要成就一篇高被引综述，就必须由某一领域的一位非常杰出的人士就当前一个非常热门的专题撰写一篇综述。很明显，与通常的说法一致，病例报告的引月则很少。当注意到信稿是可以被引用而不会增加影响因子的分母时，牺牲经典的病例报告的发文量以增加信稿的数量，也就不足为奇了。然而，在我们的期刊中，我们打算对我们自己医院的病例报告保持窗口的畅通。

我们还试图弄清楚论文作者的数量是否在一定程度上影响了引文数量。在这一文章属性上没有发现明显的差异。但是值得注意的是，最高的引文量源于单个作者的论文。最有可能的是，这反映了这样一个事实，即这些单个作者的文章许多都是综述。我们还寻求对不同研究主题的影响，并界定了4

类研究主题，有些文章涉及多个主题领域。研究结果显示，不同研究主题之间被引频次没有统计学上的差异。

四十二 影响因子可能有缺陷，但很重要

[Dasgupta，P：2016. The impact factor may be flawed but important]

今年《英国国际泌尿杂志》（*BJUI*）经过了一个不错的夏天，因为其影响因子上升到了 4. 387，这是该期刊的历史最高值。我们以 1166 分的成绩首次进入 Altmetrics 前 50 名，其中 *Nature* 是第一名。感谢我们的编辑团队、读者、作者和审稿专家的奉献，是他们的奉献使这一切成为可能。

问题是我们是怎么做到的？对于一份没有官方背景的杂志来说，这并不容易。所以我们必须专注于原创文章，而不是综述和指南类文献。想要做到有三个基本步骤：

（1）发表高质量的、可引用的论文，无论其地理位置如何——例如，本月我们强调了来自台湾的 BPH 个体化药物的重要性，作者证明了内皮一氧化氮合酶（eNOS）基因多态性对 α-阻滞剂的反应有负面影响。

（2）减少发表论文的数量而选择临床相关的大型前瞻性研究和试验——这方面的一个例子是来自瑞典的研究。研究表明，即使非常低风险的前列腺癌，超过三分之一的患者在根治性前列腺切除术后会发生扩散并且功能检测结果不如预期。

（3）通过社交媒体放大我们的内容——这意味着我们与更广泛的受众进行互动，获取即时的反应，不害怕偶尔的争论和辩论。一个例子是对组织状芽孢杆菌胶原酶的评论，随后发表了一篇简短的述评。

许多人认为，期刊的影响因子是一种“游戏”活动，本质上是有缺陷的。我很高兴收到我的一个同事发来的消息，他说他很高兴在 *BJUI* 工作，我们总是用“直球拍”打球。一个重要的考虑因素是，大学经常把最好的期刊上的原创论文作为衡量学术产出的指标，而学术产出反过来又会推动各种来源的收入。在英国，一个被称为“卓越研究框架”（REF）的系统中有一个术语叫“可返还”。我真的很高兴，*BJUI* 现在有了新的影响因子，符合 REF 中规定的“可返还”的标准，而且在一个要求很高的系统中被承认。我知道，其他国际机构也是如此，这些机构符合我们作为一份无国界杂志的全球存在。

四十三　影响因子：期刊或科学家的评估工具？

[Slim, K：2017. Impact factor：an assessment tool for journals or for scientists?]

影响因子是1955年为衡量科学论文的影响力而开发的。2016年9月15日，用检索词“Journal Impact Factor”在PubMed搜索，共检索到3098篇文章，表明影响因子仍然是科学家和实践者的热门话题。

但是影响因子有一定的局限性，因为编辑们可以使用几种方法人为地增加它（例如，发表更多的综述、增加自引，减少发表病例报告）。尽管影响因子的发明者提出了建议，但科研人员（编辑、图书馆员、作者、大学、医院、研究所、资助机构、制药公司等）都将影响因子作为主要目标。人们普遍认为影响因子是期刊、发表的论文甚至是作者的质量标准。我们现在面临的是最高影响因子的竞争，这是一种真正的影响因子痴迷，有些人称之为“影响因子炎症”（Impactitis）。

1. 影响因子的暴政

每年6月，编辑和科学家们都焦急地等待着JCR的发布，该报告中包含了它们数据库收录的9000多种期刊的影响因子。如果一个科学家期待一个成功的职业，他所面临的情况不再是“发表或灭亡”，而是“发表在高影响因子期刊或灭亡”。如今，几乎所有科学研究的主角都是影响因子暴政的附属物。在法国，被评为正教授的申请人的平均影响因子应该高于2。在巴西，“Qualis”系统也是基于影响因子建立的，在一些国家，论文发表在影响因子低于5的期刊上相当于论文不会被引用。

这种对影响因子的痴迷在亚洲是最明显的。那里的激励政策得到了广泛应用：在中国，国家机构会奖励提高期刊影响因子的编辑人员。在中国、韩国和土耳其也会奖励在高影响因子期刊上发表论文的作者。

影响因子暴政的危害在于，它会吸引年轻的科学家在可以发表高影响因子期刊论文的领域工作，并放弃他们几乎没有机会在知名期刊（等同于高影响因子）发表论文的领域。在知名期刊上发表文章为科学家提供了一个进入“黄金俱乐部”的机会，这种俱乐部拥有众多专业、职业、经济和道德利益、更高的知名度和更高的声誉。

2. 影响因子构成了“新闻学”的一部分

我们不会在这里讨论影响因子的局限性，但是我们必须坚持认为把影响因子作为科研评估的工具是不恰当的。解决这个问题的一个简单方法是提高对科学界定义的影响因子的概念的认识，也就是说放弃使用“影响因子”这个术语，用“期刊影响因子”来替代。对于图书馆员和编辑而言，影响因子或多或少也是一个评价指标，应该被保留在新闻学领域。

与通常的看法不同，期刊的影响因子并不能预测特定论文的被引频次，因为众所周知，20%的论文提供了80%的被引频次。另外，被引频次通常意味着这篇论文是有意义的，但情况并非总是如此，一篇论文也可能会因为存在争议而被引用。最后一个原因是影响因子的计算被限制在某篇论文发表之后的两年之内，尽管人们普遍认为承认一项重大的科学发现可能需要更长时间，从这一方面来看，5 年影响因子可能更有价值。

3. 最近的和有价值的措施

影响因子作为评估科学研究质量甚至是科学家影响力的工具，其潜在的缺点让一些编辑、学术团体和研究组织开始反对影响因子。2016 年，美国微生物学会决定从其网站上删除影响因子。德国研究基金会也放弃了定量指标（影响因子），仅考虑专注于科学家研究领域的部分文章。在英国，科学技术委员会提出了一项建议，即评审团应先阅读科学家的论文再进行评价，而不是仅仅依靠指标。最重要的倡议可能是美国细胞生物学会与一组编辑在 2012 年 12 月提出的旧金山宣言。

根据这些倡议，我们现在可能正在目睹影响因子的漫长死亡过程。

4. 影响因子的替代品

毫无疑问，影响因子是评价期刊的一个好工具，但它不应该被拿来评价科学家的水平。不幸的是，在我们认知范围内，没有其他简单可靠的指标可以用来评估科研人员了。

h 指数（一个研究人员发表了 5 篇论文的被引频次是 5，那么他的 h 指数为 5）可能比影响因子更适合评价科研成果。这个最近兴起的方法已被测试，结果令人满意（与其他指标相比）。

其他评价方法也是有必要的，但是已经超出了本文所关注的影响因子有效性的范围。让我们引用一下：Altmetric 评分积累了大量的在线资源（社交媒体、维基百科、公共政策文件、博客和主流新闻）。CiteScore 是爱思唯尔开发的一种新指标，用于对期刊而非科学家进行排名。

5. 结论

影响因子是一个有用的科学期刊评价工具，但它不应该对科学家的职业生涯产生影响。要评估甚至是给科学家打分，最好的方法是阅读和评论他们的科研成果。因此，科学家评价不应该把影响因子放在首位，而应该重点关注他们发表的是什么，而不是在哪里发表。

我们引用 Casdevall 的观点来总结本文："科学家们必须认识到一种重要的科学价值观，这种价值观强调研究的质量和可重复性、知识的进步以及对社会的贡献，而不是在著名期刊上发表论文"。

四十四 期刊影响因子不应被丢弃

[Bornmann, L：2017. The journal impact factor should not be discarded]

期刊编辑和科学计量学专家越来越关注期刊影响因子作为评估学术期刊影响力的工具的可信度。Lariviere 等的一篇存放在 arXiv 门户网站上并在 *Nature* 进行评论的论文提醒科学传播的所有利益相关者，SCI 来源期刊中大多数论文的可引用性与其期刊影响因子显著偏离。作者建议显示期刊引文分布来代替期刊影响因子，该提议在社交网络平台上引起广泛讨论。

关于期刊影响因子的讨论是无止境的。期刊影响因子和 h 指数是科学计量学中最简单、研究最多的参数。

然而，*Nature* 上的评论以及关于引文分布的争论重新激起了科学界对期刊影响因子及其在研究评价中的应用和误用实证分析的兴趣。

无休止的讨论后，研究评估者应该意识到期刊影响因子不应该被用来衡量单篇论文的影响。但仍有一些专家认为，期刊影响因子在单篇论文层面的使用不能简单地与期刊层面的使用区分开来。在某些情况下，期刊影响因子可以帮助作者和读者选择、阅读和引用某些论文。来自高影响力期刊的论文比来自低影响力期刊的同类论文更有可能被选中和引用。

期刊影响因子不应该被一味抹黑。通过对研究背景和学术环境的仔细考虑，期刊影响因子仍可用于研究评价目的。Scopus 数据库的供应商爱思唯尔认为期刊影响因子十分重要，以至于最近该公司引入了 CiteScore（见 https：//journalmetrics. scopus. com）。期刊影响因子衡量的是发表在期刊上的论文的平均影响，其引用窗口只有 2 年。影响因子公式中分母中的论文数是指统计当年的前 2 年发表论文的数量。与期刊影响因子相比，新的 CiteScore

度量标准考虑了 3 年（而不是 2 年）的论文。

因此，期刊影响因子以及 CiteScore 涵盖了对论文的相当短期的兴趣（例如，对研究前沿的兴趣）忽略了出版活动的长期影响。聚焦于特定领域的短期关注是有意义的，因为期刊影响因子最初的目的是指导图书馆员为他们的图书馆购买最常用的现代期刊。因此，期刊影响因子不能也不应该被用来评估期刊论文长期的平均影响。

期刊影响因子旨在揭示期刊影响力的集中趋势。因此，在两年内发表的一篇或几篇高被引论文可能会增加期刊影响因子。*Nature*、*Science* 等有影响力的期刊尤其如此。引文分布偏倚，说明期刊影响因子值并不能反映大多数发表在期刊上的论文的真实影响。一篇论文被引用的绝对数量是衡量其影响的正确标准。目前，WoS 和 Scopus 数据库可以为评估单篇论文的影响提供引用数据。

重要的是，期刊影响因子可以预测一篇论文的被引情况。有研究检测了期刊影响因子、作者数量和页数的预测价值而证实了这种看法。发表在高影响力期刊上的文章会比发表在低影响力期刊上的论文有更多的引用。

另一个重要的观点是引用对期刊影响因子的依赖性。不同学科领域有不同的被引率，与论文的科学质量无关，并且受到特定领域的作者规则、出版活动和引文模式的干扰。这种差异调整了用于评估个体研究人员、研究小组和机构的学科标准化指标的发展。由于期刊影响因子不是学科标准化的指标，它只能用于同一学科领域中的评估。

SCImago 期刊排名（SJR）指标是期刊影响因子的一个变体，被用于反映机构优秀程度，网址是 www. excellencemapping. net。对于世界各地的机构，本网站给出了两个指标。首先，“最佳论文率”以独立于论文大小的方式衡量论文的长期影响，使用百分位数作为学科标准化指标，以与规模无关的方式衡量论文的长期影响。其次是“最佳期刊率”，它是根据机构发表论文的期刊的引文影响而定的。这个指标是指在各专业领域前 25% 最佳期刊上发表论文所占的比率。从期刊的角度考虑，该指标是期刊层面的学科标准化的度量标准。该指标显示了学术机构在高影响力期刊上发表论文的成功程度。在 www. excellencemapping. net 上所谓的成功，是通过在高影响力的目标期刊上发表文章的能力以及获得科学界长期关注来衡量的。

期刊影响因子可以用来衡量个体研究人员和科研机构成功发表研究成果的能力。然而，期刊影响因子不应被用来衡量单篇论文的影响。在这方面，应该考虑更合适的指标（例如，科睿唯安的 ESI 中的“学科基准线”表中的数据）。基准线可以用来评估一篇特定的论文是否受到了远高于或低于某一领域的全球平均表现的影响。例如，2006 年化学领域的基线大约是 23。如果一篇 2006 年的化学论文被引用 50 次，那么这篇论文的影响将远远高于基线，反之被引用 10 次，其影响将远远低于基准线。

只在一种情况下期刊影响因子评估科学家个人的使用是合理的，它是指在最近发表的论文被考虑用于研究评价时，这通常用于内部员工生产率监测、学术晋升或招聘。评价者特别注意最近的出版物。但是对于这种项目来说，引用时间窗口太短，无法可靠地量化其引文影响，在这种情况下，可以有条件地使用发表期刊的声誉及其期刊影响因子来代表单篇论文影响。InCites JCR 已经发布了新的指标：期刊影响因子百分位（Journal Impact Factor Percentage），它反映了学科标准化的期刊影响力，可以用于评估最近发表的论文。

四十五　影响因子：一种奇怪而变幻无常的指标

[Fuster，V：2017. Impact factor：A curious and capricious metric]

2014 年，当我们期刊的影响因子首次在心血管期刊中排名第一时，我写道，一个编辑的首要责任是去发表对我们的读者和他们的临床实践产生最大影响的原始研究和综述文章。我认为，影响因子仍然是一个不完美的指标，但它是一个间接的指标。从那时起，我经常说，影响因子不能在选择稿件或创建新的内容策略时驱动《美国心脏病学会杂志》（*Journal of the American College of Cardiology*，*JACC*）编辑部的决策，因为我们一直在寻求发表与临床医生和临床研究人员最相关的论文。可以自豪地说，我们每周仍在继续追求去实现这一目标。

2013 年，3 个顶尖心血管期刊影响因子只相差不足 0.65。2016 年 6 月影响因子发布时，我们知道这 3 个期刊相差不足 0.587，鉴于每年期刊影响因子之间差异极小，这让我想到更多关于影响因子排名的可信度的问题。作为临床比较，如果一名患者第一年的尿素氮水平为 8.1 mg/dl，第二年的尿素氮水平为 8.9 mg/dl，您是否会改变治疗方法？我想说的是，由于顶级期刊之间的细微差别，我们需要另一种更好的方法来确定这些期刊对我们心血管临床医生和研究人员的价值。我建议你看看我们的主要心血管杂志的引文策略，看看这些杂志是如何获得引文，然后确定它们在你的职业生涯中的价值。

那些仅仅致力于改善影响因子而去策划编辑方案的期刊确实可以极大地提高影响因子。例如，在2011年至2012年期间，心血管领域的一个期刊的影响因子增加了35%，并通过两种不同的策略继续提高其排名：发布更多的指南和科学综述，而发表较少的原始研究论文。2012年，指南为这个期刊的引用贡献了18%，从那时起，指南的引用贡献没有低于过这个比例。事实上，在2015年和2016年之间，一篇获得高被引的指南帮助这个期刊的影响因子增加了31%。另一个原因是，它的原创学术论文在竞争对手中仍然处于最低水平。相比之下，对于*JACC*来说，2016年的影响因子可以分为原始研究论文72.9%，综述15.2%，指南12%。我们选择与每周出版的原始论文数量和综述保持一致，以免改变分母。然而，通过这种以“影响因子”为中心的策略来观察期刊的成功确实让我们对“影响因子”的价值产生了疑问。有趣的是，普通医学领域的黄金标准，即*N Engl J Med*和*Lancet*，在没有发表指南的情况下取得了成功，而是通过发表高质量的原创论文和综述取得了成功。特别是*Lancet*在其专题研讨会上取得了巨大的成功和实用性，这些研讨会涉及肥胖、污染或全球健康等相关议题。

在深入理解影响因子的原理之后，我现在能更清晰的理解为什么新指标不断出现并且挑战着影响因子的主导地位，如CiteScore（包含3年时间窗口的引用数据）、Eigenfactor（旨在量化期刊的使用）、Altemetric评分（能体现论文在社交媒体中的表现）或SciVal（相对较新的文献计量措施）。我不知道这些新指标在与处于主导地位的影响因子的竞争中如何发展，但它们都是我们应该关注的大趋势。

关于影响因子我持实事求是的态度——它可能是一个有缺陷的指标，但它会一直存在，特别是因为许多院长、政府机构和就业小组把它作为一种绩效衡量标准，尤其是在美国以外的国家。然而，当我成为*JACC*的主编时，我比以往任何时候都更坚定地要坚持我们建立的路线。我意识到这意味着基于“影响因子”，我们可能并不总是第一。无论排名如何，我为我们每周出版的杂志感到骄傲，因为*JACC*目标是用原始论文（学术成果）来描绘我们的杂志，并帮助临床医生和心血管研究人员照护患者，推动他们的研究向前发展。此外，我们未来的愿景是，推出一系列科学小组和重点研讨会，力求在心血管健康及相关的临床领域向读者提供有价值的信息。

最后，我们深刻地感受到3年前在我的编辑页面上提出的困惑：影响因子真的决定了对读者的影响吗？

四十六　影响因子是电子期刊世界即时引文计数的20世纪遗物

［Hewitt，S M：2017. The impact factor is a 20th-century relic in an electronic journal world of instant citation］

学术期刊在过去的20年里经历了巨大的转变。论文投稿和出版向电子投稿和电子出版的转变对学术出版产生了深远影响。曾经一页一页地阅读的纸质杂志是“前互联网时代”的遗留物，旧的、现有的阻碍信息可发现性的障碍现在已经被抛在一边。相反，我们有“大期刊”，致力于发表所有科学的有效的手稿，以便互联网搜索引擎能够迅速发现。最终的结果是出版的文献数量增加了，期刊数量也大幅增加。这些变化改变了科学期刊交流的性质，但是，在“用户”对科学期刊出版物的评价方式上却几乎没有什么改善。

这种信息和知识管理能力的发展为科学出版提供了一种新的模式，在这种模式下，任何有效的研究都值得发表。这本身就是一场真正的变革。期刊数量增加，以满足更大的科学经济的需求。然而，这种更大的经济规模导致了作者在成功认知上的差距扩大。如果科学家的“财富”是以发表的文章数量或获得的引文数量来衡量的，那么其总体效果是作者的手稿总数和获得的总引文数量的膨胀。这就构成了通货（引文）膨胀。然而，对该模型的更深层次的评估显示出了巨大的“成功差异”，高发文量和高被引的作者得到了最高的收益，而其余的科学家则继续挣扎着去争取认可。

这种膨胀的结果包括对工作可再现性的担忧、对同行评议性质的失望、对期刊评价指标的愤怒，以及对基于订阅、开放获取和混合期刊的出版成本的抱怨。最终，除了拥有更大的出版市场之外，几乎没有什么改变。退一步说，学术出版的变化直接反映了经济的全球化。选择范围更广，某些期刊价格更低，质量极其关键，与20年前相比学术出版中买方负担风险的范式在今天更加真实。在这个范式中，同行评议作为消费者在选择产品时所依赖的质量控制的关键，影响着论文引用。

如果把科学看作是信息的经济，那么这个信息的门户是谷歌或者其他搜索引擎。谷歌依赖于其他数据库，作为“中间体”来驱动可发现性。任何对生物医学科学主题的搜索都将证明，任何关于期刊索引上的研究都可以证明，谷歌把 PubMed 数据库来源期刊上的论文给予了更高的经济价值。“未发表，未完成”这句老话现在可以解释为“未在 PubMed 发表，未完成”。

科学经济的下一个层次是期刊，它本质上是科学研究产品的商人。期刊从发表所有学科的大型期刊，到拥有完善范围的高度专业化的期刊，都有自己的策略。大型期刊可以被视为出版业的亚马逊。几乎任何产品都可以在亚马逊网站上买到，产品的价值取决于消费者。亚马逊确保产品的最低规格，列出卖家希望列出的任何产品，但该产品在市场上的价值和可持续性取决于销售额。在大型期刊上发表论文也是如此。他们的成功主要是通过引文来衡量的，而不是他们发表论文的期刊。

相比之下，专业商家则精心策划自己的产品，以吸引市场上的专业消费者。奢侈品商家可以作为一个例子，名字和产品一样重要。商家试图避免那些无法卖给顾客的产品，但有时会出错。许多“一词标题期刊”可以归入这一类别，其特点是精心策划、高引用率和排他性。处于中间位置的是大量的期刊，其中许多是由学术团体出版的。社会期刊是经济的专业供应商，以公平的市场价格提供高质量、经过严格审查的产品。这些产品在更广泛的经济范围内的可销售性（销售额）可能是有限的，但是对它们的目标消费者来说有很大的价值。

这告诉我们什么？首先，基础经济学可以应用于许多场景。其次，产品的实际价值最好由它的经济状况来衡量。这颠覆了期刊定义其产品影响力的范式。质量很重要，专业供应商——社会期刊——通过严格的同行评审来培养高质量。这些专业期刊必须为生存提供增值效益，就像与亚马逊竞争的专业期刊供应商必须做的那样。这些利益与对作者和读者的客户服务相一致：质量审查、产品促销和通过增强内容、格式和数字化来加快论文的传播。

目前对期刊质量的评价是不切题、不恰当的。影响因子是纸质期刊世界的遗产。在纸质期刊世界里，确定一篇文章的引文是一件很费力的事情。目前对科学期刊的评价标准仍然是引文，可以在任何时间段内实时测量。任何拥有谷歌学术账户的作者都可以证明这一点。向电子出版物的转变是革命性的。这种经济的所有参与者都必须适应一种评估体系：科学团体的工作价值很少以期刊的声望为基础，而是以引文为基础的。从根本上说，评价方法、引文，并没有改变，但是期刊作为交流平台的角色已经改变了。

四十七 影响因子是一把双刃剑吗？

[Bel，P H：2018. Editorial decisions in dermatology journals：is the impact factor a double-edged sword?]

在众多可用于评估科学出版物质量的工具中，期刊影响因子仍然是最广泛用于反映期刊质量和声望的指标。然而，可以通过调整各种变量直接或间接地影响期刊的真实影响因子。例如，像皮肤病学这样的临床专业期刊可以倾向于发表具有一般医学意义主题的文章，以便吸引更多的引用，从而改善其影响因子指标。然而，这一决定可能会削弱他们向读者提供能够引导读者对特定疾病有更深入、更详尽解释的专业和次专业化主题的使命。

本期我们发表了一篇关于编辑决策背后的原因的优秀研究。作者解释了为什么如今的专业期刊更重视特定类型的论文。他们还讨论了怎么让编辑委员会仔细思考如何平衡期刊发表读者真正需要的新内容，以保持读者兴趣和需求以及提高期刊影响因子。

在正式医疗培训中，我们通常被要求进行批判性思考，以获得对疾病的深入理解。但是，我们还必须在最权威的期刊上发表论文来继续报告我们的临床经验和研究成果。很有必要进行文献计量学研究，因为它可以帮我们制定策略，从而实现将研究成果发表在高影响因子期刊上的目标。

四十八 如果不用影响因子你将如何评价我？

[Tregoning，J：2018. How will you judge me if not by impact factor?]

初级教员中的谣言是影响因子的死亡报告被过度夸大了。在今年早些时候申请资助时，我的研究成果被一位评审人称为“高影响力期刊”，而另一位评审人称之为“中层期刊”，对他们的拨款金额产生了一系列的连锁反应。人们被告知唯一可以计算的论文是发表在最高影响因子期刊上的论文，这一点并不是闻所未闻。或许更糟糕的是他们认为发表论文在低级期刊上会污染他们的简历。

即使签署了主张用更好、更公平的方式取代期刊影响因子的旧金山研究评估宣言（DORA）的机构也是如此。

实际上，几乎每个人都同意使用期刊影响因子作为评估研究的唯一工具是一件坏事。

尽管将期刊影响因子作为衡量标准充斥着大量谩骂，但是却没有其他选择。寻找其他指标所要耗费的精力太大了。尽管期刊影响因子在很多方面都是错误的，但它很容易用与实验数据相同的方式即数字对科学家和他们的科研产出进行排序。扫描一份期刊清单只需要很短的时间。此外，从宏观上看，这并非完全错误。平均来看，在具有较高影响因子的期刊上发表的论文，比在较低影响因子的期刊上发表论文更好、更重要。

我们被告知不应再使用影响因子，但是不知道要使用什么来替代它。那么，早期研究人员在哪里留意传统的学术轨迹呢？跨越不确定性和现状，导致压力大，效率低下。

理想情况下，只要将我们的研究放在那里就足以让人们辨别我们的才华并相应地推广它。但这个系统不是这样工作的。

我专注于在高影响力期刊上发表文章的同行似乎表现的优于那些在社交媒体上表现更好的人。但我判断他们成功的部分原因是他们有能力在高影响力的期刊上发表论文！

众所周知，做伟大的科学并不一定要与拥有伟大的职业重叠。当前的系统伪装成精英系统，但它是主观的、有偏见的、建立在个人网络之上并带有盲目的运气。为了取得成功，我们需要利用我们的声誉，而我们拥有的主要工具就是我们的研究成果。因此，我们需要对工作地点进行战略规划，以确保正确的人注意到这一点。而为了保持竞争力，我们需要一张路线图和时间表来导航。

影响因子被用来提供保持竞争力的路线图。对于发表论文较少的人来说，期刊影响因子的好处在于它是具有前瞻性的而不是回顾性的。期刊影响因子可提供即时验证；h 指数和被引频次都随着时间的推移而增加，对早期职业研究人员来说均尚未有积累。在旧系统中，如果你努力工作，你就会在具有高影响因子的期刊上发表你第一作者的论文。它将为你带来终身的职位，行政管理部门的钥匙和终身的幸福。当然，这是一条变幻无常的道路，它有利于那些找到这个罕见实验室的幸运学员快速通过。至少我们花的时间少了。

现在，谁知道什么是重要的？当我试图让某人为美国之行买单时，我提交给掠夺性期刊的摘要怎么样？与这本期刊中的完整论文相比如何？这篇文章是否精彩有趣？

尽管 DORA 在我心里，影响因子仍在我的脑海里。当然，我有一些广泛的建议可以融入其中。有不只一条的路线可以到达目的地，也有不止一个目的地。我们需要找到方法来评估和认可我们对社会的贡献（包括公众参与，内部委员会和教学）。事实上，如果招聘委员会想要奖励它，那么新一代科学家就有独特的优势，可以在较长的时期成就更强大的科学事业。这些属性包括一种更加社会化的科学网络化方法，以及一种利用信息技术共享数据、方法和信用的设施。招聘和审查委员会需要认识到，旧制度不适合选择未来的科学界领军人物。

但是现在，我认为不需要更多关于如何彻底改变游戏的想法。我希望更清楚地了解游戏的实际内容。它不一定是普遍的，但它必须是透明的。如果不同的机构按照不同的规则行事，那我可以找到一种方法来发挥自己的优势。但是当你不知道规则的时候就很难玩了，当你每次寻找新的位置时规则都会改变的时候就更难玩了。在这一点上，我认为影响因子是最不坏的选择，至少它是有意义的。

也许 DORA 倡导者会想出一种非常公平的方式来衡量 5 年或 10 年的科学产出。也许它将是整体的、被广泛接受的、被大家支持的和简单的方法。如果真的发生了，那就太好了。与此同时，对如何判断科学生产力的困惑正在削弱科学生产力。我们需要快速修复，而最快的解决方案必须是透明的。

附　录

一　欧洲科学编辑学会关于影响因子不当使用的声明

期刊的影响因子已经成为科技期刊影响力的评价方法之一。随着时间的推移，影响因子的应用延伸到了科技期刊质量评价、论文质量评价和研究者业绩评价等领域，甚至应用于学术职务任命、研究计划的基金资助和其他研究计划的资金支持。然而，影响因子不一定是期刊质量评价的可靠方法。它的应用没有达到预期的目的，甚至还产生了极大的不公平。

为此，我们欧洲科学编辑学会声明，影响因子只能慎重地用于比较和评价整个期刊的影响力，不能用于单篇论文的质量评估，当然也不应作为直接或间接评价研究者或研究项目的方法。

1. 影响因子是一个定量的测量方法，这一方法建立在 Gross 对科技期刊相对重要性评价的基础上。

2. 被引频次和影响因子对评价专业性和综合性期刊的总体水平是很有价值的。

尽管影响因子是被用来评价期刊的，但依然有很多的文献论述把影响因子用于评价研究者的工作。

3. 英国高等教育基金委员会认为，用期刊的影响因子作为代用品来评价发表在期刊上的论文的影响力，是极不科学的。

4. 评价的基础是美国科学信息研究所发布的固定不变的影响因子列表（各自的排名），这一影响因子按照申请人递交申请时最新一期 JCR 公布的为准。申请人以第一作者还是合作者身份发表和出版作品（在人才评价中）是有区别的。

5. 例如，在德国的大学里，把科学家发表论文的期刊的影响因子按照固定公式，常规加在一起，以此确定部门的研究基金。意大利癌症研究协会要求基金申请人填写一份工作单，计算出申请者发表论文所有期刊的平均影响因子。在芬兰，政府用于资助大学医院的基金在一定程度上依赖于研究者发表论文期刊的影响因子。

6. 所有的引证研究应该被用于解释诸如专业领域、引证密度和半衰期等变量。

7. 除了不具有代表性之外，期刊影响因子还受到几种技术性缺陷和多种基本特征的影响。因此，单纯从学术层面来讲，可以解释期刊在影响力方面几倍的差异。

8. 影响因子值是评价期刊论文短期和长期影响的最佳指标，然而当影响因子与其他指标结合在一起进行评价时，短期和长期影响力这一变量将会降低13%以上。

9. 的确，从1900年到2005年的3800万被引条目中，只有0.5%被引用超过200次。公开发表的论文，有一半根本没有被引用过。引用的不均衡性众所周知，而且反复受到影响因子评论家的质疑。期刊影响因子值取代论文实际被引用次数来评价科学家个人，是一个极其有争议的问题。资金和政策管理机构通常希望减少麻烦，不去统计单篇论文和作者的被引用次数。这样一来，期刊的影响因子常常被用来评价单篇论文，而不考虑期刊论文被引用的不均衡性。

10. 在芬兰，2000年发表于影响因子为3的杂志上的一篇论文可以获得比影响因子为2的期刊上的一篇论文多7000美元的医院基金。

11. 甚至从来没被引用的一些论文当时也获得了足够的荣誉，就因为少数高被引论文确定了期刊的高影响因子。然而，期刊的影响因子和科学家个人或者研究小组的论文实际被引用次数的关系通常是很微弱的。

二 关于科研评价的旧金山宣言——让科研评价更加科学

当前迫切需要改善资助机构、学术研究机构及其他各方用以评价科学研究产出的方法。为了解决这一问题，2012年12月16日，在美国细胞生物学会（ASCB）年会期间，一些学术期刊的编辑和出版者举行了会晤，提出了一系列建议。在此基础上形成了《关于科研评价的旧金山宣言》。我们邀请所有科学领域中感兴趣的各方签署本宣言，表明对此活动的支持。

科学研究的产出是多种多样的，包括：报道新知识的研究论文、数据、试剂和软件；知识产权以及经过严格训练的青年科学家。资助机构、聘用科学家的研究机构以及科学家自己，都希望、也需要去评价科学产出的质量与影响。因此，对科学产出进行准确测度和理智评价是非常必要的。期刊影响因子被频繁地用作比较个人和机构科学产出的基本指标。

由汤森路透集团计算的期刊影响因子，最初是作为帮助图书馆员确定购买哪些期刊的工具的，并不是测度研究论文科学质量的指标。鉴于此，需要清晰地了解如同很多文献分析过的期刊影响因子作为科研评价工具时存在的缺陷。这些缺陷包括：（1）期刊的引文分布是呈高度偏态的；（2）期刊影响因子的特性随学科领域而不同：它覆盖多种多样的文献类型，包括原始研究论文与评述；（3）期刊影响因子可以通过编辑政策被人为操纵（甚至“制造”）；（4）用于计算期刊影响因子的数据对于公众来说既不透明也不公开。我们将提出改善科研产出评价方法的一系列建议。在未来，研究论文之外的其他产出对于评价科研成效将越来越重要。但是，经过同行评议的研究论文仍将是科研评价所使用的核心研究产出。我们的建议首先是针对同行评议期刊研究论文相关的评价工作的，但也可以并应该扩展到作为重要研究产出而被承认的其他产品上，如数据集（Datasets）。这些建议是针对资助机构、学术研究机构、期刊、计量指标提供机构和科研人员个人的。这些建议贯穿着以下主题：（1）在考虑资助、聘用和晋升时，要停止使用基于期刊的计量指标，如期刊影响因子；（2）要评估科研工作本身的价值，而不是基于研究成果所发表的期刊；（3）要充分利用在线出版所提供的机会（例如，放宽对论文字数、图表和参考文献数量的不必要限制，开发反映重要意义和影响力的新指标）。我们发现，许多资助机构、研究机构、出版机构和科研人员已经在鼓励改善科研评价的工作，已形成积极的态势推动制定更加完善和有益的科研评价方法。现在，所有的关键相关方应共同制定并采纳这样的方法。《关于科研评价的旧金山宣言》的各签署方支持在科研评价过程中采取以下行动：

总体建议：

1. 停止应用基于期刊的计量指标（如影响因子）作为替代指标来测度单个研究文献的质量，或用以评估科学家个体的贡献，或作为聘用、晋升或资助等方面的决策依据。

对资助机构的建议：

2. 明示用于评估资助申请者科学生产力的标准，并明确强调（尤其是对于早期生涯的研究人员）一篇文献的科学内容要比出版物计量指标或所发表期刊的地位重要得多。

3. 针对科研评估，应考虑除了研究论文以外的所有研究产出（包括数据集和软件）的价值与影响，并考虑更广泛的影响测度方法，包括对研究影响的定性指标，如对政策和实践的影响。

对研究机构的建议：

4. 明示在聘用、终身聘用、晋升决策中所使用的标准，明确强调（尤其是对于早期生涯的研究人员）一篇文献的科学内容要比出版物计量指标或所发表期刊的地位重要得多。

5. 针对科研评估，应考虑除了研究论文以外的所有研究产出（包括数据集和软件）的价值和影响，并考虑更广泛的影响测度方法，包括对研究影响的定性指标，如对政策和实践的影响。

对出版机构的建议：

6. 大幅减少将期刊影响因子作为重点促销工具的行为。理想地，应该停止推广影响因子，或者只在众多基于期刊的计量指标集合（如5年影响因子、特征因子、SCImago期刊排名、h指数、编辑与出版时间等）中加入这一指标，这样可以以更多维的视角来评价期刊的表现。

7. 提供基于文章的计量指标，促使转向基于文献科学内容的评估，而不是基于所发表期刊的出版物计量指标。

8. 鼓励作者责任化的署名做法，提供有关每一位作者特定贡献的信息。

9. 不论一种期刊是开放获取还是订阅的，取消对于研究论文参考文献列表进行再利用的限制，按照“创作共用公共领域使用协议”（Creative Commons Public Domain Dedication）授权公开利用。

10. 取消或减少对研究论文参考文献数量的限制。在任何可行情况下，要求引用原始文献而不是第二手评述文献，以便把贡献归功于首次报道科研成果的团队。

对计量指标提供机构的建议：

11. 开放透明地提供用于计算所有计量指标的数据与方法。

12. 如果可能，许可对计量数据的无限制再利用，并提供计算机可读形式的计量数据。

13. 要明确对于计量指标的不适当操纵是不能被容忍的；还要明确什么样的行为将构成不适当操纵，为打击不适当操纵将采取什么样的措施。

14. 在对计量指标使用、汇总统计和比较时，对于不同的文献类型（如述评与研究论文）及学科领域要予以说明。

对科研人员的建议：

15. 在参加与资助、聘用、终身聘用或晋升有关的决策委员会时，要基于科学内容而不是期刊计量指标进行评价。

16. 在任何可行情况下，要引用首次报道科研成果的原始文献而不是评述文献，以便把贡献归功于应该享有它的人。

17. 在个人陈述和支持陈述中要使用多种关于论文的计量指标，以证明个人发表论文或其他研究产出所产生的影响。

18. 要反对不适当地依赖期刊影响因子作为科研评估指标的做法，推广和传播那些关注具体科研产出的价值与影响的最佳实践。

（李宏、王建芳编译. http：//blog. sciencenet. cn/blog-335532-758739. html）

三　关于科研指标的莱顿宣言

科研管理日益依赖于数据。建立在量化指标基础上的科研评估已经取代曾经的同行评议成为主流。随之而来的问题是，今日的评估已由数据而非判断主导。量化指标日益流行：通常是精心设计的，但并非总是被透彻理解，而且经常被错误地使用。主持科研评估的机构往往缺乏对于这些量化指标的透彻理解，因此这些指标虽然意在促进科学研究却经常适得其反。

2000 年之前，ISI 的 SCI 已为专家们所使用。2002 年，汤森路透集团整合其网络平台，使其 WoS 数据库更加普及。竞争者也随之而来，包括爱思唯尔的 Scopus（2004 年发布）和 Google 学术搜索（2004 年发布）。相关分析工具也如雨后春笋，使比较学术机构以及个人的研究产出和影响更为容易，例如基于 WoS 的 InCites、基于 Scopus 的 SciVal 以及基于 Google Scholar 的 Publish or Perish 软件（2007 年发布）。

2005 年，美国加州大学圣地亚哥分校的物理学家 Hirsch 提出了 h 指数，使得被引次数更为广泛地被用于评价学者的科研。自 1995 年起，期刊影响因子也日益盛行。

最近，关于社会使用和在线评论的量化指标日渐成势，比如 F1000Prime（2000）、Mendeley（2008）、和 Altmetric. com（2011，由麦克米伦集团支持）。

作为文献计量学者、社会科学家以及科研管理者，我们目睹了在科研评估中量化指标被愈发广泛和严重地滥用，以下仅举数例。各国的大学日益执迷于其在各大高校排名中的位置（如上海交通大学的世界大学学术排名和泰晤士高等教育世界大学排名），尽管很多排名在我们看来是建立在并不精确的数据和非常武断的指标的基础之上。

一些招聘者使用 h 指数来考察候选人。一些大学依靠 h 指数以及发表在高影响因子期刊上的论文数量来决定科研人员的晋升与否。学者们，尤其在生物医药领域，在简历中夸耀他们的 h 指数或者发表论文期刊的影响因子。教授们要求博士生在高影响因子的期刊上发表论文和申请科研经费，尽管他们还没有准备好。

在北欧和中国，一些大学根据学者个人的影响指数来分配科研经费，或者为发表在影响因子高于 15 的期刊上的论文提供金钱奖励。

虽然在很多情况下研究和评估人员还是会作出相对平衡的评议，但科研指标的滥用已经到了不容忽视的地步。

因此，我们提出莱顿宣言，源于在荷兰莱顿举行的一次国际会议。我们所提出的十大原则对于文献计量学者而言并非前所未闻，尽管我们当中没有人可以完整地罗列出这些原则，因为我们至今没有一个系统的文本阐述。

我们这一领域的启蒙者，比如 ISI 的创立者 Garfield，曾提到过这十大原则中的某些，但他们并未被科研评估和管理人员所知晓。同时，被评估的科学家们试图寻找相关的文献来驳斥某些评估结果，而这对于他们而言犹如大海捞针。

我们在此提出十大原则，凝练了基于指标的科研评估的规范。借此被评估者可以问责评估者，而评估者可以规范使用量化指标。

十大原则

1. 量化的评估应当支持而非取代质化的专家评审。量化指标可以降低同行评议中的偏见并促进更为深入的审议。量化指标可以提高同行评议的质量，因为在没有充足信息的情况下评价别人是非常困难的。但是评估者的判断不应让位于数字。量化指标不应取代建立在充分信息基础之上的判断。评估者仍应对其评估负责。

2. 科研绩效的考量应基于机构、团队以及个人的科研使命。应当首先明确评估的目标，而所采用的指标也应切合这些目标。同时，指标的选择和应用的方式应该考虑更为广泛的社会、经济、文化环境。科学家有着各式各样的科研使命，着眼于探索未知的尖端基础研究和立足于解决社会问题的应用研究有着截然不同的任务。在某些情况下，评估者应该考虑研究的社会和经济价值而非其科学价值。世上没有一个评估方法适用于所有的评价目的。

3. 保护卓越的本地化研究。在很多地方，研究的卓越性等同于在国际期刊上发表英文论文。比如，西班牙法律明文鼓励发表于高影响力的英文期刊的论文。然而期刊影响因子所依赖的 WoS 数据库主要是以美国和英文期刊为主。这一数据库覆盖期刊的偏差对于社会和人文学科造成了尤为严重的后果，而在这些领域很多研究是关于本国或者当地的课题。在很多其他的领域也有偏重于本地化的题目，比如撒哈拉以南非洲的 HIV 流行病学。这些本地化的课题往往并不为高影响因子的英文期刊所青睐。那些在 WoS 数据库中取得较高引用率的西班牙社会学家往往从事于抽象模型或者分析美国数据。西班牙语期刊的论文则通常关注更为相关的本地课题：本地劳动法，老年人家庭医疗，以及外来劳工等等。只有基于高质量本地语言期刊的指标才能正确评价和推动卓越的本地化研究。

4. 数据采集和分析过程应公开、透明、简单。数据库的建立应该遵循明确的规则，而这些规则应在评估之前就清晰阐述。这是以往数十年来相关学术和商业机构的惯例。而他们的数据处理流程也发表在同行评议的文献中。这样透明的流程保证了复查的可能性。比如，2010 年荷兰莱顿大学科学技术研究中心（CWTS）所创建的一项指标引发了一场学术争论，而这一指标随后被修改。这一领域的新进机构也应遵守此标准。我们不能接受评估中的暗箱操作。

对于指标而言，简单就是美，因为简单可以增强透明性。但简单化的指标也可能会导致偏颇的结论（参见原则 7）。因此评估者应竭力保持平衡，采用的指标应足够简单明了，但又不会曲解复杂的问题。

5. 允许被评估者检验和分析相关数据。为保证数据质量，所有的被评估者应当有机会查证评估所用的数据是否准确全面地包括了他们的相关研究产出。评估者则应通过自行验证或者第三方审查来确保数据的准确性。大学可以在他们的科研信息系统中执行这一原则，并以此作为一项重要标准来选择信息系统提供商。精确和高质量的数据耗费时间和经费去搜集和处理，因此需要足够的预算。

6. 考虑发表和引用的学科差异。最好能提供一套指标让不同的领域各取所需。几年前，一组欧洲的历史学家在全国的评审中得到了较差的结果，因为他们出版书籍而不是在被 WoS 索引的期刊中发表论文，另外他们不幸被划在了心理学系。历史学家和社会科学家往往要求学术评审考虑书籍和本国语言的论文，而计算机科学家则往往要求加入会议论文。

不同领域的引用率也有差别：数学期刊最高的影响因子大概是3，细胞生物学却高达30。因而相关指标需要根据学科来标准化，最可靠的学科标准化方法是通过百分位数：每一篇论文的得分取决于其在整个学科的被引次数分布中的位置（比如说最高的1%、10%或者20%）。在使用百分位数方法时，个别极其高被引的论文将略微地提高其大学的排名，但在使用被引次数均值时却可能会将其大学的排名从中等拔到顶级。

7. 对于学者个人的评估应基于对其整个作品辑的质化评判。年龄越大，h指数越高，即使是在没有新论文发表的情况下。h指数在不同的领域也有所不同：生命科学家可高达200，物理学家最高100，而社会学家最多只有20到30。这同时也取决于数据库：有些计算机科学家在WoS中的h指数只有10，但在Google学术中却有20到30。研读和评判一位学者的论文要远比仅仅依靠一个数字合适。即使在比较很多学者时，能够综合考虑多方面的信息更为适宜，比如个人专长、经验、活动、影响等等。

8. 避免不当的具体性和虚假的精确性。科技指标不可避免会在概念上有些模糊和不确定，并且建立在一些很强但并不普适的假设的基础之上。比如说，对于被引次数到底代表了什么这一问题就存在很大的争议。因此最好能使用多个指标来提供一个更为可靠和多元的呈现。如果不确定性和潜在错误可以被量化，那么应该在发表指标结果的同时提供置信区间。如若潜在错误率不可量化，那么研究人员至少不应盲目追求精确度。比如，官方发表的期刊影响因子精确到小数点后三位数，这样可以避免期刊之间打成平手。但考虑到被引次数所存在的概念上的模糊性和随机误差，实在没有必要在相差不大的期刊之间分个伯仲。在此情形下，避免虚假的精确度意味着精确到小数点后一位就已经足够了。

9. 认清科研评价指标对科研系统的影响。科研评价指标改变研究人员的动机进而改变整个科研系统，对这样的结果我们应有充分的预期。这意味着一套指标总胜于单个指标，因为单个指标更易于被操纵，也更容易取代真正的目标成为驱动研究的指挥棒。举例来说，在20世纪90年代，澳大利亚政府根据各高校的论文数量来分配经费，而大学可以估算出一篇论文的经济价值：在2000年一篇论文大约可以换来900澳元（折合450美元）的经费。可以预料的是澳大利亚的高校发表论文数据显著增加，但多发表于低被引的期刊，意味着论文质量的下降。

10. 定期审查指标并更新。研究的使命和评估的目标会随着时间而改变，科研体系也不停在变化演进。曾经有用的指标可能会变得不那么合适，而新的指标也会不断涌现。指标体系也应随之调整。意识到不良后果后，澳大利亚政府在2010年推出了更为复杂的科研评估体系，而这一体系更为重视科研质量。

遵循这十项原则，科研评估将在推动科学发展和社会进步方面发挥更为重要的作用。科研评价指标可以提供非常有价值的信息，但我们应谨记指标只是工具，不是目标。为作出最好的决定，我们同时需要可靠的统计数据和对研究对象的深入了解。量化和质化的证据二者不可或缺，并且这二者都是客观的。科学决策必须建立在高质量的评估过程和充分并可靠的数据基础之上。

（王健编译 . http：//blog. sciencenet. cn/blog-335532-906180. html）